Ueli Hurter, Justus Wittich (Hg.)

Perspektiven und Initiativen zur Coronazeit

Ueli Hurter, Justus Wittich (Hg.)

Perspektiven und Initiativen zur Coronazeit

VERLAG AM GOETHEANUM

Freie
Hochschule für
Geisteswissenschaft

Der Verlag am Goetheanum im Internet:
www.goetheanum-verlag.ch

Umschlag: Wolfram Schildt, Berlin
Druck und Bindung: Majuskel Medienproduktion GmbH, Wetzlar

ISBN 978-3-7235-1641-6

Inhaltsverzeichnis

Vorwort

Ein Virus hat die Welt in eine Krise gestürzt. Die stark zu erlebende Unsicherheit, wie wir weiter damit umgehen werden, bleibt bestehen. Die Expertise und Voraussagen der konsultierten Wissenschaftler und die in Zusammenhang mit der WHO national verankerten Pandemie-Vorkehrungen veranlassten die Regierungen nahezu jedes Landes, in einer Art ‹Wettlauf› drastische Einschränkungen des Alltags und jedweden sozialen Kontakts anzuordnen. Das hatte weltweit gravierende Folgen, insbesondere für die ärmere Bevölkerung in Asien, Afrika oder Südamerika Hungersnot und Existenzangst. In wenigen Wochen wurden die Schwächen und Problempunkte unserer gesellschaftlichen Systeme, unserer Haltung zur Umwelt, aber auch zu Krankheit und Tod und überhaupt unserer Lebens- und Weltanschauung deutlich.

Nicht zuletzt geriet auch die Autorität einer einseitig materiell ausgerichteten und immer stärker spezialisierten Wissenschaft in die Kritik und in eine erhebliche Rechtfertigungskrise. Die hochentwickelte Naturwissenschaft alleine reicht nicht aus, um die anstehenden Probleme des 21. Jahrhunderts befriedigend zu lösen.

In dieser Situation entschloss sich die Leitung der Freien Hochschule für Geisteswissenschaft während der amtlich angeordneten Schließung des Goetheanum in Dornach zu einer intensiven Klausurarbeit, um in der gegenwärtigen Lage Erkenntnisansätze und Handlungsorientierungen einer um die geistige Dimension erweiterten Wissenschaft aus Sicht der verschiedenen Fachsektionen zusammenzutragen. Mit dem hier veröffentlichten und in knapp zwei Wochen erstellten Arbeitsmaterial werden keine Lösungen für die Corona-Krise geliefert. Wohl aber zeigt sich der Versuch eines inneren wie äußeren Erkenntnisweges, bei dem die verschiedenen fachlichen Blicke auf das Covid-19-Problem die Gefährdungen, aber auch Richtungen einer notwendigen Bewusstseins- und

Lebensstil-Änderung aufzeigen, um zukünftigen Pandemien und ihrer medizinischen wie sozialen und politischen Folgen entgegen zu wirken. Hier möchte die anthroposophische Geisteswissenschaft zusammen mit anderen Forschungsbemühungen einen Beitrag leisten.

Auch wenn sich durch den parallelen Arbeitsvorgang der verschiedeneren Fachsektionen die eine oder andere thematische Überlagerung ergab und alle Beiträge bewusst vorläufigen Charakter tragen, kann zusammen mit dem einleitenden Text zur Freien Hochschule doch vielleicht ein Eindruck davon entstehen, welches Ziel Rudolf Steiner mit der Inauguration einer solchen Freien Hochschule für Geisteswissenschaft für unsere Zeit verfolgte und wie sie sich heute konkret in den Krisen der Zivilisation zeigen kann.

Wir hoffen damit einen Schritt zum fruchtbaren Austausch mit fachlich Interessierten zu tun und fühlen uns in der gemeinsamen Verantwortung mit allen Menschen verbunden, die sich für den Schutz und die Förderung unseres Lebensorganismus Erde und einer freiheitlich-sozialen Zivilgesellschaft einsetzen möchten.

Dornach, den 27. Mai 2020

Ueli Hurter und Justus Wittich
als Sprecher der Goetheanum-Leitung 2019/2020

Was will die Freie Hochschule des Goetheanum?

Das Goetheanum in Dornach ist der Sitz einer Freien Hochschule für Geisteswissenschaft. Sie wurde von Dr. phil. Rudolf Steiner (1861–1925), seinen Mitarbeiterinnen und Mitarbeitern Ende 1923 mit dem Ziel begründet, neue Aus- und Weiterbildungen sowie lebenspraktische Initiativen in verschiedenen Zivilisationsgebieten zu fördern. Die Entstehung dieser Hochschule gründete in der Einsicht, dass ein ausschließlich reduktionistischer Wissenschaftsansatz den komplexen Problemen der einzelnen Lebensgebiete nicht wirksam begegnen kann. Vielmehr wurde als notwendig erachtet, ganzheitliche, in ökologischen Kategorien denkende Konzepte in der produktiven Begegnung von Natur- und Geisteswissenschaft, von Kunst und Religion, in den gesellschaftlichen Prozess einzubringen. Von wesentlicher Bedeutung war dabei von Anfang an ein Neuverständnis des Lebendigen, der Entwicklungsprozesse in der Natur und im Menschen, die es zu verstehen, zu schützen und zu fördern gilt. Mit der Anthroposophie als einer modernen Wissenschaft des Geistes entwickelte Rudolf Steiner einen vertieften Forschungsansatz, der hierzu wichtige Perspektiven eröffnet.

Die Hochschule des Goetheanum ist in verschiedene Fachsektionen gegliedert und beinhaltet seit ihrer Begründung einen Weg der meditativen Selbstentwicklung. Diese wird nicht als Selbstzweck, sondern als integrierter, notwendiger und unverzichtbarer Teil einer verantwortlichen Forschungs-, Lebens- und Arbeitshaltung verstanden. Es geht darum, die eigenen seelischen Kräfte methodisch zu ihrer Entfaltung zu bringen, d. h. das Ich des Menschen zu stärken und in seinen differenzierten Beziehungen zur natürlichen wie geistigen Welt bewusst handhaben zu lernen. Der Weg der meditativen Selbstentwicklung, die konkrete innere Schulung des Menschen, ist für die Arbeit des Goetheanum in allen Bereichen von grundlegender Bedeutung. Ein besonderer Stellenwert kommt innerhalb der Hochschule auch der Kunst zu. Sie hat im Goetheanum produktive Arbeitsstätten, in denen die innovative Kraft der Anthroposophie durch verschiedene künstlerische Disziplinen erfahrbar und sichtbar wird. Darüber hinaus spielt die künstlerische Praxis in der Ausbildung und im Alltag in allen Fachsektionen der Hochschule eine wesentliche Rolle, da sie Geistesgegenwart und das Vermögen zur intuitiven wie initiativen Handlungsbereitschaft fördert sowie zum schöpferischen Umgang mit Problemlagen und zur sozialen Zusammenarbeit befähigt.

Die wissenschaftlichen und künstlerischen Forschungsaktivitäten, aber auch die Aus- und Weiterbildungswege des Goetheanum sind dezentral organisiert. Im Unterschied zu vielen anderen Hochschulen wird die Arbeit nicht nur am Ort selbst geleistet, sondern auch in international stattfindenden Kursen, Lehr- und Fortbildungsveranstaltungen, unter Beteiligung von Mitarbeiterinnen und Mitarbeitern des Dornacher Hochschulkollegiums. Weltweit finden beispielsweise Fortbildungsveranstaltungen zur Anthroposophischen Medizin und Heilpädagogik, zur Waldorfpädagogik und biologisch-dynamischen Landwirtschaft sowie Ausbildungen und Projekte in künstlerischen Arbeitsbereichen statt, die von den Fachsektionen des Goetheanum mitorganisiert werden. Weltweit werden auch Forschungsinitiativen und Projekte in diesen Bereichen koordiniert und mitbetreut.

In den regelmäßigen Treffen der entsprechenden Berufsgruppen am Goetheanum, mit Teilnehmern aus allen Kontinenten und Simultanübersetzungen in bis zu sieben Sprachen, werden Ergebnisse vorgestellt, Erfahrungen gemeinsam reflektiert, systematisiert und durch entsprechende Publikationen und Präsentationen der Öffentlichkeit vorgestellt. Aus der Praxis gewonnene Resultate finden auf diese Weise Eingang in die fortlaufende Ausbildungs- und Forschungsarbeit der Freien Hochschule für Geisteswissenschaft. Diese wird damit auch inhaltlich zu einem erheblichen Teil von der internationalen Zusammenarbeit getragen und mitgestaltet. Am Goetheanum selbst finden zusätzlich Einführungs- und Vertiefungskurse in die anthroposophische Geisteswissenschaft statt. Die Verbindung von Forschung, Lehre und Praxis, individueller und gemeinschaftlicher Verantwortung, von innerer Schulung und kosmopolitisch-sozialer Ausrichtung, zeichnet das Goetheanum in der Schweiz als Hochschulstätte aus.

In der Anthroposophischen Medizin, Pädagogik, Landwirtschaft, in der anthroposophischen Kunst sowie in weiteren Feldern und Bereichen haben sich die Forschungsansätze und -ergebnisse des Goetheanum als konstruktiv, lebensfördernd, ökologisch und nachhaltig erwiesen. Daraus sind Kontakte und produktive Arbeitszusammenhänge, auch mit zahlreichen nicht-anthroposophisch orientierten Berufsgruppen, Vertretern der Zivilgesellschaft, Wissenschaftlern und Hochschullehrern entstanden. Die Notwendigkeit kooperativer Projekte zum Schutz und Erhalt gefährdeten Lebens in ökologischer wie humanistischer Ausrichtung wird gesellschaftlich immer deutlicher gesehen. Auch wächst die Einsicht, dass diese Ziele nur durch eine außerordentliche, nicht nur fach-, sondern auch paradigmenübergreifende wissenschaftliche Anstrengung und Kooperation zu erreichen sein werden.

Ideell und finanziell wird die Arbeit der Freien Hochschule für Geisteswissenschaft von den Mitgliedern der Anthroposophischen Gesellschaft in aller Welt unterstützt, in ihren internationalen Projekten aber auch von privaten Spendern und gemeinnützigen Stiftungen gefördert.

Räume innerer Freiheit bilden – Schulungsansätze in Zeiten von Ungewissheit und Furcht

Eine der Signaturen des Corona-Lockdowns bestand in der Herausforderung, vor starke, kaum zu vereinbarende Gegensätze gestellt zu werden: Auf der einen Seite erlebten viele Menschen im Herunterfahren der Geschäftigkeit, der Arbeitshektik, des Motorenlärms und des Verkehrsrauschens ungewohnte Räume und Landschaften der Stille. Die unmittelbare Reaktion der Natur, insbesondere der Tierwelt darauf war mit Sinnen zu greifen: Rehe, Wildgänse, Reiher und Nachtigallen füllten die sich bildenden Räume bald mit ihrem Leben. Andererseits warnten zugleich die halbstündigen Nachrichten vor der kommenden ‹Welle›, verkündeten dramatisch steigende Zahlen der Infizierten, die noch dramatischeren Situationen in manchen Krankenhäusern und die politische Suche nach den angemessenen Konsequenzen bis hin zu Ausgangsverboten und Grenzschließungen.

Ein solches Spannungsfeld zwischen den verändernden Sinnes-Erfahrungen einerseits und den täglich sich steigernden alarmierenden Meldungen andererseits muss zu starken seelischen Verunsicherungen und Bewegungen führen: Den Urteilsgewohnheiten, durch welche die Seele das Geistig-Individuelle des Menschen mit den Sinnes- und Leibes-Erfahrungen verbindet, wird sozusagen Tag für Tag der tragende ‹Gewohnheitsboden› entzogen. Dem daraus folgenden Stehen vor einem Nicht-Fassbaren, einem Ungewissen muss jeder Mensch auf individuelle Weise begegnen. So kann es an dieser Seele-Welt-Grenze durch die Stärke der äußeren Eindrücke zur existenziellen Empfindung des Überrumpelt- und Fremdbestimmt-Seins kommen. Bei dem Eindruck, eine Sache nicht mehr selbst in der Hand zu haben, treten dann Stufen des Furcht-Erlebens auf. Damit einhergehend beschreibt Rudolf Steiner aus der Anthroposophie heraus den Ursprung der menschlichen Angst dort, wo wir bei äußeren Eindrücken «nicht gleich mit unserem Urteil der Sache gewachsen sind.»[1]

Das Gefühl der Ohnmacht und seine Überwindung

Die Situation, seit dem März 2020 in Bezug auf die Zusammenhänge bei der Corona-Pandemie an Grenzen des Nicht-mehr-selbst-Urteilen-Könnens zu stoßen, teilen viele Menschen. Im Untergrund des Erlebens wird es oft als eine existenzielle Betroffenheit des eigenen Wesens beschrieben. In der Art, wie aber das menschliche Ich am Entstehen von Verunsicherung und Furcht bis hin zum Erleben einer inneren Ohnmacht beteiligt ist, liegt zugleich auch der Schlüssel für die Überwindung dieser seelischen Zustände.

In der *Theosophie* wird der geistige Kern des Menschen von Rudolf Steiner mit folgendem Satz charakterisiert: «Das Ich erhält Wesen und Bedeutung von dem, womit es sich verbindet.»[2] In diesem dynamischen Begriff vom Ich ist sowohl die tiefe Wechselwirkung zwischen Ich und Welt, als auch die geistige Souveränität des Ich als sich selbst bestimmendes Wesen enthalten: Einerseits ist der Mensch nur im Zusammensein mit dem, was im Leben und was in der Welt vor sich geht, ganz Mensch. Zugleich wird er von seiner geistigen Individualität her aber erst dort Mensch, wo er sich in selbstbestimmter Weiterentwicklung befindet. An diesem Bild des Verantwortung übernehmenden und sich selbst verwandelnden Menschen im Menschen setzen die Übungen des anthroposophischen Schulungsweges an.

Innere Ruhe und gesteigerte Aufmerksamkeit

Als grundlegende Übung gilt es zunächst, aus eigener Kraft die Meereswogen der Seele so zu beruhigen, dass ein erster innerer Freiraum entsteht. In Bezug auf das Wesen des eigenen Willens ist dabei bemerkenswert, dass sich eine solche innere Ruhe gerade durch einen geführten Impuls zur Tätigkeit bilden kann. Wie ein Segelschiff auch bei hohem Wellengang durch den Antrieb des Windes seinen ruhigen Kurs hält, so kann sich das Erleben beunruhigender, auch ängstigender Seelenstimmungen mit dem Augenblick verwandeln, in welchem der vom Ich geführte Wille tätig wird. Der Weg zu diesem im Willen ruhenden Freiraum kann unterschiedlich sein: Der eine Mensch baut ein für ihn sprechendes Bild auf, wie etwa den Übergang von der Morgendämmerung zum Sonnenaufgang. Ein anderer Mensch wählt vielleicht den Weg über Worte, die ihm besonders wertvoll sind, etwa die folgenden Zeilen von Dag Hammarskjöld:

«Ich weiß nicht, wer – oder was – die Frage stellte. Ich weiß nicht, wann sie gestellt wurde. Ich weiß nicht, ob ich antwortete. Aber einmal antwortete ich ja zu jemandem – oder zu etwas. Von dieser Stunde her rührt die Gewissheit, dass das Dasein sinnvoll ist und dass darum mein Leben, in Unterwerfung, ein Ziel hat.»[3]

Ein anderes Beispiel über den Weg des Wortes zur inneren Ruhe zu finden, wären die folgenden Zeilen Rudolf Steiners aus dem Jahr 1910:

«Was auch kommt, was mir auch die nächste Stunde, der nächste Morgen bringen mag, ich kann es zunächst ... durch keine Furcht und Angst ändern. Ich erwarte es mit vollkommenster innerer Seelenruhe, mit vollkommenster Meeresstille des Gemüts.»[4]

Auf einer nächsten Stufe der Übung kann nun der Schwerpunkt auf die Fähigkeit der Aufmerksamkeit gelenkt werden. Auch diese trägt, ähnlich dem Willens-Weg zur inneren Ruhe, ein starkes Verwandlungsmoment in sich. Wo wir unsere Aufmerksamkeit in unmittelbarer Intensität auf etwas richten, kann das Wahrgenommene in einem neuen Licht, in neuer Perspektive erscheinen. Die Möglichkeit, Erscheinungen wie neu erstehen zu lassen, beschreibt Goethe im Wilhelm Meister mit dem Satz: «Denn das ist eben die Eigenschaft der wahren Aufmerksamkeit, dass sie im Augenblick das Nichts zu allem macht.»[5]

Richten wir die Aufmerksamkeit zunächst auf die Natur: In der trockenen, durchsonnten Zeit des März während des Corona-Lockdowns fällt der Blick morgens auf eine vom Nachtfrost zu Reif gefrorene Wiese. Mit dem Aufgang der Sonne wandern die ersten Strahlen des Lichtes über das Feld. Dort, wo der Rand der Schatten sich vor der Sonne zurückzieht, begegnen sich zwei Welten: Eine vom Frost erstarrte, vereiste Fläche steht einem von Wärme und Licht neu erwachendem Leben gegenüber. Gelingt es an diesem Beispiel, die Aufmerksamkeit soweit zu steigern, dass eine Art innerer, seelischer Mitvollzug geschieht, kann über das äußere Geschehen hinaus etwas wie ein Urbildhaftes, geistig Wesenhaftes wahrgenommen werden: Dort in der Natur vollzieht sich im Kampf zwischen Sonnenlicht und Nachtfrost ein Verwandlungsprozess, den auch ich als Mensch in mir trage und kenne.

Eine neue Qualität des Erlebens entsteht, wenn wir das Üben der Aufmerksamkeit gegenüber den Naturphänomenen nun auf die eigene seelisch-geistige Aktivität richten. Zu beginnen, aufmerksamer auf sich selbst zu werden, bedeutet eine Art inneren Beobachter auszubilden, welcher während des Übens achtsam das Geschehen wahrnimmt. Gelingt es dem Menschen, jenen inneren Beobachter auch nur anfänglich auszubilden, steht er wie neu vor sich selbst. Seine Art zu denken, zu fühlen und zu wollen, kann eine größere Tiefe und Intensität erreichen: Er lernt sich selbst z. B. in seinen Neigungen, Irrtümern und Vorlieben, aber auch in seinen höheren Zielen wie neu kennen. Gerade bei Menschen, welche durch Lebensprüfungen gegangen sind, ist ein solches Aufwachen des inneren Beobachters und des Sich-Selbst-Erkennens wahrzunehmen. So schreibt Nelson Mandela am Ende seiner Autobiografie:

«Ich habe gelernt, dass Mut nicht die Abwesenheit der Angst ist, sondern der Triumph über sie. Ich habe selbst häufiger Angst empfunden, als ich mich erinnern kann, doch ich habe sie hinter einer Maske von Kühnheit verborgen. Der tapfere Mensch ist nicht der, der keine Angst verspürt, sondern der, der diese Angst überwindet.»[6]

In sich selbst aus innerer Freiheit einen solchen zweiten Menschen zu entwickeln, gehört zu den Zielen dieses Übungsweges: «Jeder Mensch trägt neben seinem Alltagsmenschen in seinem Inneren noch einen höheren Menschen. Dieser höhere Mensch bleibt solange verborgen, bis er geweckt wird. Und jeder kann diesen höheren Menschen nur *selbst* in sich erwecken.»[7]

Die meditative Praxis als Umschmelz-Moment

Auch in dieser Beschreibung Steiners ist der freie innere Entschluss des Menschen Ausgangspunkt der Weiterentwicklung. Das führt nun vom Bilden der inneren Ruhe und der Intensivierung der äußeren wie inneren Aufmerksamkeit zum Wesen der Meditation: Getragen vom freien Willensimpuls einerseits und vom bewussten, klaren Denken andererseits, bildet sie einen Seelenraum, in welchem das Alltagsleben für einen Moment verstummt und jener innere, geistig-zukünftige Mensch aufleben kann. In diesem Sinne ist der entscheidende Moment der meditativen Praxis ein Umschmelz-Moment: In ihm verwandelt sich die vorbereitende eigene Willens-Intention der Raum- und Gedankenbildung zu einem hörenden Wahrnehmen. Hier wird nun die Begegnung mit dem Ungewissen, Zukünftigen bewusst gesucht. Gelingt es in diesem aufgebauten Innenraum, von der geistigen Seite des zuvor ausgewählten gedanklichen oder bildhaften Inhaltes berührt zu werden, kann sich eine Seelen-Erfahrung der Sinnhaftigkeit und Zuversicht einstellen. Oft wird aus dem Erleben eines solchen Momentes des Sich-Gewahr-Werdens beschrieben, dass dieses Berührt-Werden von einem innerlich Zukünftigen auch wieder Impulse weckt, neu auf die Aufgaben des Lebens zuzugehen.

Nach der Hingabe an die äußere Natur und der Umwendung zum wahrnehmenden Hören im Innenraum der Meditation kann die Aufmerksamkeit zu einer weiteren Metamorphose entwickelt werden: Auf dieser dritten Ebene wird das innerlich Erarbeitete nun wieder dem Leben übergeben. Um das zu erreichen, braucht es einen Entschluss, einen Ruck, die Meditation abzuschließen, das Erlebte nach einem Moment des Nachsinnens loszulassen und sich wieder initiativ in das Tagesleben und seine Aufgaben hineinzustellen. Charakteristisch für diese Ebene der Aufmerksamkeit ist die Fähigkeit, im eigenen Tun und im Zusammenarbeiten gewissermaßen zu ‹lesen›, was sich im Geschehen bildet, was im Handeln entgegenkommt und sich dabei er-eignet. So kommt es mitten im Tätigsein oder im Augenblick einer Begegnung vor, dass sich ein innerer Seelenimpuls oder eine geistiges Ideal unmittelbar im Geschehen oder im Gegenüber wiederfindet. Ein solches plötzliches Gewahr-Werden des Wesentlichen im anderen Menschen ist seelisch tief bewegend und kann neue Lebenskräfte und Impulse freisetzen. Jede Biografie enthält solche Augenblicke des sich geistig-seelisch neu Findens und Bestimmens. Gerade dort, wo sie im Unerwarteten, jenseits von Sympathie und Antipathie auftauchen, verstärken sie das Vertrauen in die Sinnhaftigkeit des Lebens. Nelson Mandela beschreibt einen solchen Moment in der Begegnung mit einem seiner Gefängniswärter:

«Selbst in den schlimmsten Zeiten im Gefängnis, als meine Kameraden und ich an unsere Grenzen getrieben wurden, sah ich einen Schimmer von Humanität bei einem der Wärter, vielleicht nur für eine Sekunde, doch das war genug, um mich wieder sicher zu machen und mich weiterleben zu lassen. Die Güte des Menschen ist wie eine Flamme, die zwar versteckt, aber nicht ausgelöscht werden kann.»[8]

Aus den verschiedenen Metamorphosen der Aufmerksamkeit zeichnet sich das Bild einer meditativen Praxis, welche einerseits ihre eigene Dynamik entwickeln muss, um Kraft zu gewinnen. Zugleich aber steht sie nicht isoliert da, sondern findet ihren Sinnbezug erst in der Wechselwirkung mit dem umgebenden Leben und dem Weltganzen. Für den Aufbau der Meditation ergeben sich aus dem Geschilderten unterschiedliche Qualitätsstufen:

- freier individueller Entschluss zum Beginn der Meditation;
- Bildung eines Raumes der inneren Ruhe;
- Ausrichtung und Steigerung der Aufmerksamkeit auf ein Bild, einen Gedanken oder einen Text;
- Umschmelzung des intentionalen Willens zu einem wahrnehmenden Hören;
- gesuchte Begegnung mit dem Ungewissen, Zukünftigen;
- kontemplatives Ruhen in der Anwesenheit des Inhaltes;
- Abschluss und Nachsinnen der Meditation;
- das Erlebte loslassen und dem Leben anvertrauen.

Diese angedeutete Stufenfolge kann nur eine Orientierung darstellen, da die Meditation in der Lebenswirklichkeit von jedem Menschen anders durchgeführt und ausgestaltet wird. Gerade in einer Zeit der Veränderung und Verunsicherung liegt die stärkende Wirkung der Meditation eben nicht in irgendeinem vorgeprägten System, sondern einzig im freien Wollen, Denken und Fühlen der menschlichen Individualität.

Claus-Peter Röh

Anmerkungen

1 Rudolf Steiner: Anthroposophie, Psychosophie, Pneumatosophie (GA 115), Vortrag vom 4.11.1910, 5. Aufl., Basel 2012.
2 Rudolf Steiner: Theosophie (GA 9), 1. Kapitel, 33. Aufl., Basel 2013.
3 Dag Hammarskjöld: Zeichen am Weg, Eintrag Pfingsten 1961, 6. Aufl., Stuttgart 2019.
4 Rudolf Steiner: Pfade der Seelenerlebnisse (GA 59), Vortrag Berlin 17.2. 1910, 3. Aufl., Dornach 2002.
5 J. W. v. Goethe: Wilhelm Meisters Wanderjahre, 1. Buch, 2. Kap.
6 Nelson Mandela: Der lange Weg zur Freiheit, Frankfurt a. M. 1994, S. 832.
7 Rudolf Steiner: Wie erlangt man Erkenntnisse der höheren Welten (GA 10), 25. Aufl., Basel 2018, S. 32.
8 Nelson Mandela: Der lange Weg zur Freiheit, Frankfurt a. M. 1994, S. 833.

Die verdeckte Sonne – Wirklichkeit, Sprache und Kunst in Zeiten von Corona

«Wenn die Sprache nicht stimmt, so ist das, was gesagt wird, nicht das, was gemeint ist; ist das, was gesagt wird, nicht das was gemeint ist, so kommen die Werke nicht zustande; kommen die Werke nicht zustande, so gedeihen Moral und Kunst nicht; gedeihen Moral und Kunst nicht, so trifft die Justiz nicht; trifft die Justiz nicht, so weiß das Volk nicht, wohin Hand und Fuß setzen. Also dulde man keine Willkür in den Worten. Das ist alles worauf es ankommt.»

Konfuzius

Am 18. März, dem ersten Tag des Lockdowns, wollte ich in einem Gartencenter Blumen kaufen. Die Blumen wurden jedoch just in diesem Moment mit einem Bastband abgeteilt und den umstehenden Kunden eröffnet, dass ab sofort nur noch «lebenswichtige Waren» verkauft werden dürften. Da standen nun die großen Mengen von Tulpen, Narzissen, Stiefmütterchen und andere Schönheiten und hatten plötzlich keine Bestimmung mehr. Sie landeten wohl auf dem Komposthaufen, andernorts wurden sie einfach untergepflügt. Wie wird es den Kulturschaffenden, Philosophen, Historikern, Künstlern, Schauspielern, Musikern und anderen Geisteswissenschaftlern ergehen? Die Grenzen geschlossen, das Goetheanum geschlossen, keine Kolloquien, keine Tagungen mehr möglich ... Mit einem Schlag wurde mir die Macht und Abstraktheit einer am Bürotisch entstandenen Verordnung bewusst – und die Frage, was «lebensnotwendig» ist, blieb bestehen. Ja, was ist für den Menschen lebensnotwendig?

Das «nackte Leben»

Wenn es, wie in der Coronakrise durch den Staat veranlasst, zuallererst um das «nackte Leben» geht, dann ist der Kultur, der Literatur, der Musik, dem Theater, der Eurythmie, überhaupt der gesamten Kunst, und der Wissenschaft, die nicht Naturwissenschaft ist, jeglicher Boden entzogen. Lebensbereiche, die nicht dem bloßen körperlichen Überleben dienen, wurden in der Krise als nicht «systemrelevant» betrachtet und folglich die Räume und Orte, an denen sie ausgeübt wurden, allesamt geschlossen. Dies geschah, ohne mit den Betroffenen vorher in einen Beratungsprozess zu gehen oder sie einzuladen, mit den Mitteln ihrer Zunft über die Lage und ihre mögliche Bewältigung nachzudenken. Dazu war keine Zeit vorhanden, denn die medial vermittelten Schreckensnachrichten und Bilder hatten das ihre getan und zu Maßnahmen geführt, deren Folgen in ihrer Tragweite und Sinnhaftigkeit über die rein medizinisch gebotenen Notwendigkeiten hinaus wohl nicht bedacht wurden. Ob nun, nur um ein Beispiel zu nennen, die Ansteckungsgefahr im Buchladen höher ist als im Supermarkt, sei dahingestellt. Alle Maßnahmen wurden mit der Begründung getroffen, einer Überforderung des Gesundheitssystems vorbeugen zu wollen, und das macht sie in ihrer Berechtigung und Dringlichkeit nahezu nicht kritisierbar. Natürlich darf und will sich niemand gegen das Leben oder für den Kollaps des Gesundheitssystems aussprechen.

Krise der Wissenschaft

Eine realitätsgesättigte Erkenntnis dessen, was das «neuartige» oder «neue» Virus tatsächlich ist und wie man es bewältigt, steht in totalem Gegensatz zu den durch alle Staaten der Welt umgesetzten tiefgreifenden Maßnahmen. Die Medien vermitteln beinahe täglich neue Erkenntnisse der Wissenschaft, die aufgrund des Zeitdrucks noch keine weitere Validierung innerhalb der wissenschaftlichen Forschungsgemeinschaft erfahren konnten. So bestimmen noch nicht gesicherte wissenschaftliche Erkenntnisse, die dennoch als Tatsachen gehandelt werden, das tägliche Leben. Diese sogenannten «Erkenntnisse» bzw. «Fakten» haben zudem eine sehr kurze Halbwertszeit oder variieren in unterschiedlichen Interpretationsansätzen. Einander widersprechende Informationen zu Mortalität, Krankheitsverlauf, Ansteckungsrisiko, Übertragbarkeit der Viren und den notwendigen sowie teilweise sinnlosen Verhaltensmaßregeln, führen durch ihre Widersprüchlichkeit, Indifferenz und Unverbindlichkeit zu einem gravierenden Wirklichkeitsverlust. Andreas Laudert schreibt: «Die Spekulation oder Hochrechnung, das Argumentieren in einer Grauzone ist hier [...] die vorherrschende Methode. Immer wieder wird betont, dass das alles Neuland sei für Wissenschaft, Wirtschaft und Politik, eben für die ganze Gesellschaft.»[1] Die Zuversicht in die Glaubwürdigkeit von Wissenschaft und damit in eine Erkennbarkeit der Wirklichkeit wird so gelähmt, führt zu einer wachsenden Gleichgültigkeit sowie in einen Vertrauensverlust gegenüber der Medizin und letztendlich den Regierungsverantwortlichen. Erschreckend ist die Unduldsamkeit und Radikalität, mit der Ergebnisse anderer Forscher und Drittmeinungen diffamiert und diskreditiert werden, so als wäre ein kritischer wissenschaftlicher Diskurs plötzlich obsolet. Die Krise der Gesundheit ist zugleich eine Krise des Erkennens und damit der Wissenschaft an sich. Das allerdings wird unterschlagen, indem bestimmte Perspektiven als unumstrittene Autorität begriffen werden, diese selbst Deutungshoheit beanspruchen, welche sie mit Hilfe der Staatsmacht effizient umsetzen. Hier bedürfte es allerdings einer breiten wissenschaftstheoretischen, ethischen, soziologischen und medienkritischen Auseinandersetzung, die zu unabhängigen und von keinen Wirtschaftsinteressen geleiteten Ergebnissen kommt.[2]

Wirklichkeit und die Gefahr der Verdinglichung

Während einer Sonnenfinsternis verdeckt der Mond mit seinem undurchdringlichen Schwarz den sonst gleißend hellen Kern der Sonne. An seinen Rändern bilden sich sprühende Lichtfäden in vielen Farben, die wie tastende Fühler um die Schwärze herum beinahe suchend in den Weltraum hinausgreifen. Immer wieder kommt mir dieses Bild in den Sinn, wenn ich über die gegenwärtige Lage nachdenke. Das Licht der Erkenntnis, das Sonnenzentrum ist verdeckt, stattdessen finden wir uns tastend im Nebel und suchen nach der Wirklichkeit. Hilde Domin schrieb in einem Essay Mitte der 1970er-Jahre: «So tückisch wie die Wirklichkeit, die wir erfahren, war Wirklichkeit wohl nie zuvor. Sie droht, die Wechselwirkung zwischen uns und ihr zu zerstören, uns auszulöschen, auf die eine oder andere Weise. Die subtilere Gefahr scheint fast die unheimlichere: Es gibt sie und es gibt sie nicht: Jeder spricht von ihr. Keiner bezieht sie auf sich. Als sei sie ein Schnupfen, den die andern bekommen, und man selbst sei immun. Die Gefahr heißt ‹Verdinglichung›, Metamorphose ins Ding, in etwas Manipulierbares: Verlust unserer selbst.»[3] Die Beobachtungen Domins sind heute noch höchst relevant, denn diese Art von Selbstverlust und die Tendenz zur Verdinglichung hat durch die entwickelten Möglichkeiten, Leben zu verlängern und zu erhalten eine weitere Steigerung erfahren. Mit der Fokussierung auf den Lebenserhalt, dessen Kehrseite die Angst vor dem Tod ist, verstärkt sich die Tendenz, den Menschen vor allem als ein nur körperliches Wesen zu sehen und daher auch nur auf diesem eng umgrenzten Feld zu handeln. Die seelischen und geistigen Bedürfnisse der Menschen werden hier vollständig ausgeblendet, was man an der Schließung aller Kulturinstitutionen, Universitäten und Bildungseinrichtungen, mitsamt den Kirchen sehen kann.

Greifen wir hier den Bereich der Kunst als Beispiel heraus – das Folgende schließt jedoch viele der genannten Bereiche mit ein. Die hervorragende Eigenschaft der Kunst ist, dass sie im weitesten Sinne individueller Ausdruck ist. Der Kunstgenießende erfährt in der Begegnung mit dem Kunstwerk idealiter eine Selbstbegegnung – mit Martin Buber könnte man hier im erweiterten Sinne sagen: Er wird am Du, am Gegenüber zum Ich, erfährt in der Begegnung mit dem Kunstwerk eine Berührung seines Individuum-Seins. Hilde Domin formuliert diese Möglichkeit der Selbstbegegnung am Beispiel der Lyrik, sie gilt jedoch für alle gute Kunst: «Lyrik lädt uns ein zu der einfachsten und schwierigsten aller Begegnungen, der Begegnung mit sich selbst [...] die Selbstbegegnung des Lyrikers [ist] zugleich einmalig und Modell von Begegnung überhaupt: mit den andern, mit der Wirklichkeit. Unwiederbringlicher Augenblick, Zeit außer der Zeit. Im Gedicht ist er eingefroren, auftaubar. Wirklicher als die Wirklichkeit: ihr jeweils neu und anders realisierbarer Potentialis.»[4] Das Gedicht, das im Innern des Lesers als Erlebnis gleichsam aufersteht, ermöglicht diese Selbstbegegnung. Was dem Menschen entzogen werden kann: die Wirklichkeit, kann das Kunstwerk ermöglichen.

Wirklichkeit und Sprache – Wie die Sprache das Denken und das Denken die Sprache formt

Der Verlust der Wirklichkeit geht nicht nur in der Lyrik einher mit einem Verlust oder der Umdeutung von Sprache. Er betrifft das Leben des Menschen im umfassenden Sinne. Eine besondere Vorliebe von Diktatoren war es seit Urzeiten, die Sprache als Mittel der Manipulation und der Machtergreifung zu verwenden. Denn wer die Sprache beherrscht, beherrscht bald auch das Denken der Menschen. Als Beispiel sei hier eine 2000 Jahre alte chinesische Geschichte[5] skizziert. Der Sohn des ersten Kaisers von China, Quin Er Shi, regierte mit Hilfe seines Reichskanzlers Zhao Gao. Während einer Audienz ließ der Kanzler vor den versammelten Ministern einen Hirsch vorführen und erklärte auf den Hirsch weisend: «Eure Majestät, ein Pferd für Euch». Wie seine Minister war der Kaiser höchst erstaunt und fragte den Kanzler, wie es denn zugehe, dass dem Pferd ein Geweih aus dem Schädel hervorwachse. Der Kanzler deutete auf die Minister und sagte: «Wenn Eure Majestät mir nicht glauben» und schaute in die Runde, «dann fragen Sie doch einfach Ihre Minister». Einige der Anwesenden waren klug oder verängstigt genug, dem Kanzler zuzustimmen: «Eure Majestät, es ist wirklich ein Pferd». Natürlich gab es auch die Trotzigen, die sagten, er habe einen Hirsch und kein Pferd vorgeführt. Diese ließ Gao später verhaften und hinrichten, aber auch diejenigen, die geschwiegen hatten. Seither war der Hirsch ein Pferd und bis heute gilt in China die Lektion, «den Hirsch zum Pferd machen».

Das mag ein extremes Beispiel sein, doch derzeit kann man erleben, wie in den Medien und in der Politik die Sprache verändert, neue Bedeutungen kreiert werden und der «Realität» entsprechend angepasst: So z. B. «Social Distancing» als Benennung für das richtige Verhalten. Es ist eine Wortkombination, die der gesunde Menschenverstand nicht wirklichkeitsgemäß denken kann, weil sie das Gegenteil dessen bedeutet, was das Wort «sozial» meint. Mit diesem Topos wird der Andere, dem man ja gewöhnlich gerne als einem mitmenschlichen Wesen begegnen möchte, zum potenziellen Virenträger, zu einer Gefahr für Leib und Leben. Damit ist das Gegenteil einer menschlichen Begegnung vorgetäuscht und die Angst ins Zwischenmenschliche gesät. Wer darauf nicht von selbst aufmerksam wird und darüber nachdenkt, beginnt den anderen unbewusst zu fürchten. Der scheue und ängstliche Blick und ein krampfhaftes Abstandhalten mancher Menschen beim Spazierengehen dokumentieren die Wirkungen des «Social Distancing». Daniele Muscionico, Kulturredakteurin der NZZ schreibt: «Dinge, die uns als Gattung menschlich machen, sind verboten. Mitgefühl und Anteilnahme, die über leere Worte hinausgehen. Wir sollen auf Berührung verzichten, das Gesicht der alten Eltern nicht streicheln, nicht die Liebsten in die Arme nehmen, weil sie in einem anderen Land leben. Der Staat nämlich weiß: In der Berührung liegt der potenzielle Tod. Doch wir ahnen alle, dass dieser Verzicht zu einer Form von innerer Auslöschung führen kann.»[6]

Auch die «Solidarität» hat eine merkwürdig gegenläufige Konnotation erhalten: Freunde, Verwandte und sogar Angehörige sollen aus «Solidarität» nicht besucht werden. Auch hier eine Umdeutung dessen was Solidarität bis zum 18. März 2020 bedeutete. Der Blick wird allein auf die Gefahr der Ansteckung gerichtet. Zugleich suggeriert diese in ihrer medialen Aufladung schon beinahe ein Todesurteil, was faktisch jeder Realität entbehrt. Die Möglichkeit, ja inzwischen sogar untersuchte Tatsache, dass die Wirkung dieser Maßnahme ebenso katastrophal oder noch schlimmer im psychosozialen Sinne ausfällt, wurde nicht mit einbezogen, weil die Gefahr der Ansteckung an oberster Stelle stand.

Die Betroffenen dieser «Solidarität» wurden zudem als «Risikogruppe» deklariert. Auch hier kann man das Phänomen der Verdinglichung gut studieren. Alle Menschen über 65 Jahre, gleichgültig in welchem Gesundheitszustand sie sich befinden, leben plötzlich angeblich mit erhöhtem Risiko. Sie werden, was bis anhin noch kaum salonfähig, weil sofort unter Diskriminierungsverdacht stehend, als Gruppe bezeichnet, die ein besonders hohes gesundheitliches Risiko trägt. Das Wort Risikogruppe impliziert neben dem Gefährdet-Sein auch das Diktat eines besonderen Schutzes – und so müssen die Betroffenen deshalb zuhause bleiben. Der «Schutz» verkehrt hier ebenfalls seinen Sinn, er entwickelt sich zur Gefahr. Könnte es nicht so sein, dass gerade diese Menschen die Gefahr selbst beurteilen und ihr Leben dann in Eigenverantwortung gestalten, anstatt sie von Amts wegen zuhause einzusperren und anderen Krankheitsrisiken auszuliefern, wie Vereinsamung, Bewegungsmangel und Depression?[7]

Ein nächster Begriff, «Herdenimmunität», ist zwar schon länger in Verwendung, wenn man über ihn nachdenkt, vermittelt er implizit, dass der Mensch Teil einer Tier-«Herde» sei, die Immunität entwickeln soll. In dieser Benennung steckt ein fatales Missverständnis, das unterschwellig weiterwirkt. Wo das Tier in ein Instinktprogramm eingespannt ist, dass es selbst nicht verlassen kann und dem Handeln des Menschen schutzlos ausgeliefert ist, bringt der Mensch sich mit einem solchen Selbstverständnis in genau die gegenüber den Tieren als fragwürdig praktizierte Haltung. Er liefert sich, seine besondere Gestaltungsverantwortung innerhalb der Schöpfung verlassend, unbewusst denjenigen aus, die ihn beginnen zu formen und zu bestimmen nach ihren Zwecken.

Man könnte die Liste weiter fortsetzen. Was ich hier im grellen Licht meiner kritischen Betrachtung als Phänomene der Sprachveränderung schildere, ist möglicherweise nur ein Anfang, der, wenn man ihn nicht zum Stoppen bringt, bald um sich greift und unser Denken unterjocht. Herta Müller schreibt in ihrer Nobelpreisrede über diese Gefahr: «Der Wortklang weiß, dass er betrügen muss, weil die Gegenstände mit ihrem Material betrügen, die Gefühle mit ihren Gesten. An der Schnittstelle, wo der Betrug der Materialien und der Gesten zusammenkommen, nistet sich der Wortklang mit seiner erfundenen Wahrheit ein.»[8]

Wohin die Manipulation der Sprache und des Denkens führen kann, lässt sich in besonders hervorstechender Weise an der chinesischen Propaganda zeigen. Gerade wenn jetzt immer wieder von den erfolgreichen Maßnahmen in China die Rede ist, lohnt sich ein Blick auf das, was die «erfolgreichen» Methoden implizieren. Kai Strittmatter, langjähriger SZ-Korrespondent in China, schreibt: «Der Autokrat, der seine eigene Wahrheit schaffen möchte, muss die Sprache erobern, das Wort. In China gibt es erst seit 2013 wirklich Smog, davor gab es Jahrzehnte lang vor allem ‹Nebel›. Es gibt auch keine Repression, es gibt vielmehr die ‹Sicherung der Stabilität› und die Vision der ‹harmonischen Gesellschaft›. Harmonie war im letzten Jahrzehnt eines der Lieblingswörter der Partei. Die Harmonie, die sie im Sinn hat, ist die Harmonie zwischen Befehl und Gehorsam. Harmonie ist, wenn das Volk Ruhe gibt […].» Die Falschmünzer hoffen nicht umsonst auf die Wirkung ihrer vergifteten Wörter. Das Denken lenkt die Sprache, ja, aber die Sprache lenkt, die Sprache korrumpiert auch das Denken. «Worte können sein wie winzige Arsendosen»[9], schrieb Viktor Klemperer. In seiner Studie LTI *Notizbuch eines Philologen*[10] setzte er sich mit der Sprache des Dritten Reichs auseinander.

Kunst der Freiheit und der schöpferische Prozess

Beschränken wir uns aber nur auf den Erhalt des «nackten» Lebens, dann fehlen jene Freiräume, die es ermöglichen, denkerisch und auch emotional eine Warte einzunehmen, die unabhängig davon ist, eben frei. Es ist ein Blick, der sich zunächst nicht vor den Ergebnissen der an den Notwendigkeiten entlang denkenden und handelnden medizinischen Fachzunft rechtfertigen muss oder unter politischem Handlungszwang steht, sondern ein Blick, der aus der reinen Beobachtung des Lebens Fragen stellt und andere als die festgelegten Perspektiven denken darf – und, man könnte auch sagen, muss –, sofern man nicht die Autorität der Wissenschaft an die Stelle des freien Menschen setzen will. Hilde Domin skizziert in ihren Ausführungen diese besondere Warte der Kunst eindrücklich und genau: «Der Lyriker bietet uns die Pause, in der Zeit stillsteht. Das heißt, alle Künste bieten diese Pause an. Ohne dieses Innehalten, für ein ‹Tun› anderer Art, ohne die Pause, in der Zeit stillsteht, kann Kunst nicht angenommen werden, noch verstanden, noch zu eigen gemacht. Darin ist die Kunst der Liebe verwandt: Beide ändern das Zeitgefühl. Gleiches, aber noch nicht das Gleiche bieten uns die verschiedenen Künste an auf dieser Insel ihrer eigenen Zeit – einer Insel, von der immer wieder gesprochen wird und die es schon bei Mallarmé und bei Hofmannsthal gibt, die Insel, die auftaucht mitten im Mahlstrom der Geschäftigkeit und die nur während einiger Augenblicke existiert, während einiger Atemzüge.»[11]

Was in der Pause, im schöpferischen Augenblick entstehen wird, weiß der Künstler, die Künstlerin nicht im Voraus. Im Schaffen sind wir einem Ungewissen ausgesetzt. Alle Berechenbarkeit, Vorhersagbarkeit, Wiederholbarkeit, Planbarkeit, die wir aus der wissenschaftlichen Erkenntnis und ihrer Verfahrensweisen kennen, haben im künstlerischen Prozess keine Bedeutung. Es geht darum, in die Begegnung mit einem nicht bekannten Gegenüber zu kommen, dessen Wesen ich möglicherweise ahne, dessen Erscheinungsweise mir aber dennoch unbekannt ist. Wie oft steht die Künstlerin oder der Künstler vor der Leinwand mit dem bangen Gefühl: Vielleicht war das Bild, das ich gemalt habe, mein letztes Bild. Über das, was aus dem Raum des Unverfügbaren, des Ungewissen erscheinen wird, haben wir keinerlei Gewalt oder Macht. Es ist gleichsam ein wissendes Nichtwissen, eine absichtslose Suche, die im sinnlich Erscheinenden durch den Künstler Bestätigung oder Verwerfen erfährt.

In diesem Prozess ist es das Ich, das in der Begegnung mit dem nicht bekannten Gegenüber diesem zur Geburt verhilft. Dies geschieht im Bewusstsein, auf eine noch unbekannte Ganzheit hinzuarbeiten. Im Realisierungsprozess besteht die Gefahr, sich in ein Detail zu verlieben und darüber das Ganze zu vergessen. Dann gerät die Arbeit aus dem Gleichgewicht und oftmals kann der stimmige Abschluss nur erreicht werden, wenn gerade dieses so geliebte Detail aufgegeben wird. Ich schildere diesen Prozess hier so ausführlich, weil er für mich paradigmatisch im Hinblick auf das künstlerische Schaffen und das künstlerische Weltverhältnis schlechthin ist. Ausgangspunkt dieses Verhältnisses ist das Stehen vor einem Ungewissen, über das wir keine Macht haben. Am Anfang steht also eine Wahrnehmung, keine Vorstellung oder ein Ergebnis, das wir erzielen wollen, wenngleich jeder, der ein Werk beginnt, auf seine Vollendung hofft. Der Umgang mit dem Ungewissen setzt voraus, dass ich bereit bin, auf das mir begegnende Wesen, das ich noch nicht kenne, so einzugehen, dass ich es den in ihm liegenden Gesetzmäßigkeiten entsprechend in eine adäquate Verkörperung führe. All mein Können, meine Intuitionen stellen sich selbstlos dem Kunstwerk, was kommen will, zur Verfügung.

Kunst und der Umgang mit dem Ungewissen

Herbert Marcuse formulierte einmal in einem ganz anderen Zusammenhang, welche Aufgabe gerade der Kunst und den Künstlern zukommt: «Das Ende der Kunst wäre ein Weltzustand, wo Menschen nicht mehr unterscheiden können zwischen dem, was ist, und dem, was möglich wäre: in anderen Worten, die vollendete Barbarei.»[12]

Es ist also die Kunst, von der wir lernen können, wie wir mit dem Ungreifbaren, das uns in der Krise so existenziell trifft, umgehen können. Den Künstler könnte man daher einen Experten im Umgang mit dem Ungewissen nennen.

Die Bewältigungsversuche der Krise zeigen ein stark reduktionistisches Vorgehen. Der Virus und die Ansteckungsgefahr stehen im Zentrum der Aufmerksamkeit. Der Kampf gegen ihn steigert sich gar zu einer Kriegserklärung. Die Verengung auf diesen zentralen Aspekt gleicht einem Starren auf den schwarzen Schatten der Mondscheibe, der die Sonne verdeckt. Das Phänomen oder man könnte auch sagen, das Rätsel, das uns das Erscheinen des Virus als eine umfassende Ganzheit, die man in ihrer Komplexität mit dem ganzen Farbenspektrum vergleichen könnte, aufgibt, kann so nicht entschlüsselt werden. Daher möchte ich die Frage aufwerfen, ob hier nicht gerade die Verfahrensweisen des künstlerischen Prozesses hilfreich wären, um mit dem Ungewissen umgehen zu lernen. Der Virus selbst ist ja kein rein materielles Phänomen, er verwandelt sich fortwährend. Also wäre auch, was die Erkenntnisformen anbetrifft, eine Erkenntnisweise vonnöten, die in der Lage ist, das Lebendige zu erfassen.

Wenn Johann Wolfgang von Goethe in seiner IX. Zahmen Xenie schreibt: «Wer Wissenschaft und Kunst besitzt, hat auch

Religion; wer jene beiden nicht besitzt, der habe Religion», so ist die Zusammenführung von Kunst und Wissenschaft hier nicht ohne Bedeutung. Das Umfassende der Wirklichkeit ist größer als dass es allein mit einer reduktionistischen Wissenschaftsmethodik erfasst werden könnte. Im Sinne des oben Dargestellten kann dieses Motiv weiterführend verständlich werden lassen, warum Rudolf Steiner die Medizin zu einer Heilkunst, die Erziehung zu einer Erziehungskunst, das Soziale zu einer Sozialkunst etc. weiterentwickeln wollte.

Die Chance der gegenwärtigen Lage ist, dass man am Mangel erkennt, was die Kraft und Notwendigkeit der Kunst und Kultur beinhalten. Dass wir sehen, wie zentral es ist, Menschen direkt zu begegnen, um mit ihnen in einem Atem- und Sprachraum Intuitionen zu bilden und zu teilen und damit Freiräume zu schaffen. Das Gespräch mit dem Ungreifbaren macht uns auf die größere Einheit, auf das große Ganze, den Kosmos aufmerksam. Schweigend schaut uns die wechselnde Szenerie des Firmaments in unserem Ringen zu, funkeln die Sterne aus unendlicher Weite hinab. Im Gespräch mit dem Unsichtbaren, mit dem Kosmos sein – das ist Kunst.

Christiane Haid

Nimm

Nimm meine Worte
die von der Erde sind

Ich hab sie
aus dem goldenen
Kranz der Sonne
geholt
ins Bewusstsein

Sie sind mutig
und wollen
leben.

Rose Ausländer[13]

Anmerkungen

1 Andreas Laudert: Das Unsichtbare und das Denkbare, in: Das Goetheanum, Nr. 14, 3.4.2020.

2 Siehe den Beitrag von Peter Selg: Eine medikalisierte Gesellschaft? in diesem Buch.

3 Hilde Domin: Wozu Lyrik heute? Dichtung und Leser in der gesteuerten Gesellschaft, Frankfurt a. M. 1981, S. 12.

4 Ebenda, S. 14.

5 Nach Kai Strittmatter: Die Neuerfindung der Diktatur, München 2018.

6 Daniele Muscionico: Die Macht der Berührung. Ich berühre, also bin ich, in: NZZ, 11.5.2020.

7 Siehe auch den Beitrag von Peter Selg: Eine medikalisierte Gesellschaft? in diesem Buch.

8 Herta Müller: Jedes Wort weiß etwas vom Teufelskreis, Nobelvorlesung 7.12.2009, https://www.nobelprize.org/nobel_prizes/literature/laureates/2009/mueller-lecture_ty.html (27.5.2020).

9 Kai Strittmatter: Die Neuerfindung der Diktatur, München 2018, S. 24f.

10 Viktor Klemperer: LTI. Notizbuch eines Philologen, Leipzig 2018.

11 Hilde Domin: Wozu Lyrik heute? Dichtung und Leser in der gesteuerten Gesellschaft, Frankfurt a. M. 1981, S. 14.

12 Herbert Marcuse, zitiert nach Hilde Domin: Wozu Lyrik heute? Dichtung und Leser in der gesteuerten Gesellschaft, Frankfurt a. M. 1981, S. III.

13 Rose Ausländer Werke – Schweigen auf deinen Lippen. Gedichte aus dem Nachlass, Bd. 14, hg. von H. Braun, 4. Aufl., Frankfurt a. M. 2015, S. 168.

Konsequenzen von Covid-19: Perspektive der Anthroposophischen Medizin

Die Covid-19-Erkrankung betrifft besonders das *Atmungs- und Herz-Kreislauf-System*[1] und zielt damit auf die atmend-pulsierende Mitte des menschlichen Organismus, das rhythmisch arbeitende kardiopulmonale System. Dieser Charakter, der Blutgefäße und Herz stark mit einbezieht, unterscheidet die Erkrankung z. B. von der auf die Atemwege bezogenen Influenza und gefährdet entsprechend dafür disponierte, eher ältere Patienten z. B. mit Bluthochdruck, Diabetes und Übergewicht. Andererseits erkranken Kinder, die vor allem im Bereich der Atemwege anfällig sind, meist nur leicht und scheinen auch für die Ansteckung anderer nur eine geringe Rolle zu spielen.[2] Die Covid-19-Erkrankung verläuft

- bei rund einem Viertel aller Infizierten ohne Krankheitssymptome,[3]
- bei vielen Patienten wie ein grippaler Infekt,
- bei prozentual wenigen Patienten, bezogen auf alle Infizierten, mit einer spezifischen Form von Lungenentzündung (Covid-19-Pneumonie),
- bei Covid-19-Pneumonie nicht selten mit einer Endotheliitis (Entzündung der Gefäßinnenhaut) und Gerinnungsaktivierung sowie Störungen der Durchblutung (insbesondere im Bereich von Lunge, Herz und Nieren), die vielfach Intensivpflege und Atemhilfen oder Beatmung über Wochen erfordern,
- bei wenigen Patienten mit einer im Einzelfall oft tödlich verlaufenden generalisierten Entzündung (Sepsis) mit Multiorganversagen, meist in der dritten Krankheitswoche.

Ohne eindämmende Maßnahmen und ohne Immunität eines Teils der Bevölkerung steckt ein Erkrankter durchschnittlich drei weitere Menschen an, wobei Kinder nur leicht erkranken und auch als Überträger wenig in Betracht kommen. Die vielen unbemerkten Krankheitsfälle erschweren die Kontrolle von Infektionsketten. Da die Versorgung schwer kranker Covid-19-Patienten sehr aufwendig ist und ungewöhnlich lange dauert, kann diese Pandemie rasch ein Gesundheitssystem überfordern. Gleichzeitig gefährdet sie in hohem, so bisher nicht gekanntem Maß das medizinische Personal und hat dort anfangs zu vielen Todesfällen geführt. Alleine in Italien sind in wenigen Wochen (Stand Ende April 2020) 151 Ärzte verstorben.[4] Diese Tatsachen machen den Wunsch nach einem Impfstoff sehr verständlich.

Der Wunsch nach einem Impfstoff

Allerdings konnten die technischen Schwierigkeiten, einen Impfstoff gegen Coronaviren zu entwickeln, bisher noch nicht gelöst werden. Aktuell werden bisher nie eingesetzte Wirkprinzipien von Impfstoffen erprobt. So imitiert der sog. mRNA-Impfstoff eine virale Infektion, indem der Impfstoff selbst den Organismus stimulieren soll, Eiweiße (z. B. die ‹Stacheln› des Coronavirus) zu bilden, die ihrerseits eine Immunreaktion des Organismus auf dieses Eiweiß stimulieren. Der Organismus würde in diesem Fall selbst zum Produzenten des eigentlichen Impf-Antigens (z. B. der ‹Corona-Spikes›), das er anschließend immunologisch abbauen und dabei eine möglichst bleibende Immunität erwerben soll. Solche Impfstoffe sollen künftig sehr rasch bei globalen viralen Infektionen entwickelt und hergestellt werden (‹RNA-Printer›). Damit wird direkt in die Eiweißbildung des Organismus und damit die individuell genetisch regulierte Sphäre des Organismus eingegriffen.[5] Der breite Einsatz eines so neuartigen Impfstoffes erfordert zwingend eine Risikoabschätzung und Daten zur Wirksamkeit und Dauer des Impfschutzes. Solche Daten können nur durch sorgfältige Studien in der dafür notwendigen Zeit erbracht werden.[6] Jeder Mensch hat aus unserer Sicht ein Grundrecht darauf, derartigen Eingriffen in seinen Organismus gegenüber die gleiche Vorsicht walten zu lassen wie sie auch gentechnischen Eingriffen in die Natur gegenüber gilt. Diese Tatsachen machen auch deutlich, dass der Umgang mit der aktuellen Pandemie in den kommenden zwei Jahren nicht durch einen breit einsetzbaren Impfstoff erleichtert oder gar ‹erledigt› sein wird. Denn auf diesem Feld sind zu viele Fragen unbeantwortet. Für Prophylaxe und Therapie bedarf es deshalb umso mehr eines adäquaten Verständnisses von Covid-19, was die Frage nach einer angemessenen gesamtgesellschaftlichen Haltung und Perspektive mit einschließt.

Infektion, Disposition und Resilienz

Die meisten Maßnahmen in der Covid-19-Prävention beziehen sich zunächst auf die *Verhinderung der Ansteckung (Infektion)*. Demgegenüber kommt der *Stärkung der Resilienz* derzeit nur eine untergeordnete Bedeutung zu. Etliche Vorgaben der Pandemiebegrenzung wirkten sich sogar gegenteilig aus. So gingen viele Isolationsmaßnahmen durch den erzwungenen häuslichen Aufenthalt mit einem Mangel an Sonnenlicht und Bewegung einher und führten durch die sozialen Konsequenzen zu negativen Auswirkungen auf das Immunsystem und zu einer in den Medien wenig beschriebenen Morbiditäts- und Mortalitätszunahme. Daran kann deutlich werden, dass naturwissenschaftlich basierte, z. B. virologische Erkenntnisse allein nicht die Frage beantworten, was jetzt für welche menschliche Gemeinschaft gut ist. Die Covid-19-Pandemie zeigt dabei auch, dass die Beantwortung dieser Frage ebenso global (Reisebeschränkungen) wie zugleich sehr differenziert erfolgen sollte, je nach regionaler Betroffenheit und medizinischen Gegebenheiten, nach Lebenszusammenhang und Disposition der Betroffenen (‹Risikogruppen›). Hier bedarf es eines angemessenen Abwägens politischer Entscheidungen durch multiprofessionelle Komitees und nicht nur virologischer Einschätzungen.[7] Auch führte eine populistisch motivierte und fachlich inkompetente Politik in manchen Ländern zu schweren Verläufen der Pandemie. In jedem Falle bedürfen gravierende, in die (z. B. in Deutschland verfassungsrechtlich geschützten) Grundrechte eingreifende Maßnahmen im Falle einer Pandemie eines sorgfältig und kontinuierlich geführten Entscheidungsprozesses im Einklang mit den Grundprinzipien von Demokratie und Gewaltenteilung. Auch hier ist der Blick auf das gesamte Problemfeld und nicht die isolierte Fokussierung wie z. B. auf die mit Covid-19 assoziierte Mortalität erforderlich.

Besonders betroffen von den Eindämmungsmaßnahmen der Pandemie war und ist die Gruppe der Kinder, die zugleich den geringsten Anteil an der Krankheitslast sowie der Verbreitung der Erkrankung hat. Hier ist eine weitgehende Normalisierung insbesondere der Bewegungsfreiheit und sozialen Kontakte zu anderen Kindern in vielen Ländern ein vordringlicher Schritt. Global stellt sich auch im Blick auf die ökologische Krise und damit den Hintergrund dieser Pandemie (siehe unten) die Frage, wie die Belange der Kinder und Jugendlichen bei politischen Entscheidungen künftig stärker gewichtet werden.

Zur Manifestation einer Infektionserkrankung kommt es erst dann, wenn die Erreger beim Menschen auf eine entsprechende Disposition treffen. In der Infektiologie gilt die Gleichung «*Exposition + Disposition = Infektion*». Es muss also zwischen der Exposition mit einem Erreger, der Disposition des Menschen und damit seiner Infektanfälligkeit sowie schließlich der entzündlichen Antwort als immunologisch vermittelter Überwindungsreaktion unterschieden werden. Dadurch erweitert sich *die Perspektive von Prophylaxe und Therapie* entscheidend, da sie nicht nur die virale Exposition, sondern sowohl konstitutionelle Faktoren als auch die spezifischen Bedingungen des Umwelt- und Lebensraumes einbezieht und die Therapie nicht nur auf die pathogenetischen Faktoren, sondern das eigene Gesundungspotenzial, die salutogenetischen Ressourcen der Patienten[8] fokussiert.

Ehe wir darauf eingehen, soll im Folgenden der Hintergrund dieser Pandemie näher beleuchtet werden. Im Gegensatz zu dem rasch erfolgten ‹Lockdown› ist nämlich festzustellen, dass die offen zu Tage liegenden Ursachen dieser Pandemie bisher weder breit diskutiert noch praktisch angegangen worden sind.

Virom und Virosphäre – eine ökologische Dimension des Lebens

Pandemiebegrenzung bezieht sich durch Isolation, ‹Social Distancing› und Maskenpflicht auf die Expositionsprophylaxe. Hier ist ein *‹Feindbild› gegenüber den Viren* entstanden, das dieser uns allgegenwärtig umgebenden Erregerwelt nicht ausreichend gerecht wird. Diese kleinen, 20–200 nm messenden Viren umgeben uns ständig. Allein in einem Milliliter Meerwasser sollen ca. 10 Millionen Viren enthalten sein.[9] Wir sind wahrscheinlich in demselben Maße auf diese uns umgebende und auch in dem menschlichen Organismus ständig präsente Virosphäre angewiesen, wie wir es von den Bakterien kennen, die sich im Darm, auf der Haut, den Schleimhäuten befinden und als Mikrobiota für viele Funktionen des Organismus unverzichtbar sind. Das Verständnis der Bakterien als zu bekämpfende ‹Feinde› hat sich seit der Jahrtausendwende verändert, indem ihre lebenswichtigen Funktionen deutlich wurden. Insbesondere die Entwicklung des menschlichen Immunsystems vollzieht sich in einem kontinuierlichen ‹Dialog› mit den Mikrobiota des Darms. Über die ‹microbiome-gut-brain-axis› wirken die Mikrobiota des Darms an der Reifung und Funktion des menschlichen Gehirns mit, worauf Rudolf Steiner, damals seiner Zeit weit voraus, bei Begründung der Anthroposophischen Medizin 1920 bereits hingewiesen hat.[10] Gleiches gilt für die Entwicklung des menschlichen Immunsystems. Auch für die im menschlichen Organismus zahlreich vorkommenden Viren (Virom) zeichnen sich ähnliche Zusammenhänge ab. Viren stehen an der Grenze des Lebendigen zum Toten, haben in ihrer Gestalt geometrische Formen, die oft einem der platonischen Körper (Ikosaeder) entsprechen. Sie verfügen nicht über eigenständige Lebens- und Proliferationsprozesse oder aktive Beweglichkeit. Hierin unterscheiden sie sich von den sehr viel vitaleren Bakterien, die selbst Stoffwechselprozesse und Zellteilung entwickeln und damit einer eigenständigen Lebensorganisation angehören. Weitere Erregerarten – wie etwa die Plasmodien – können darüber hinaus Bewegungsaktivität entfalten, die sie schon in die Nähe beseelter Lebewesens bringt.

Viren haben aktuellen Erkenntnissen zufolge eine große Bedeutung in der Evolution, indem sich der Schriftzug der Lebewesen, ihre ‹genetische Information›, nicht nur ‹zufällig› verändert, sondern aktiv virale Kernsäuren integrieren kann. Heute wissen wir: Leben ist mehr als das Produkt genetisch determinierter Prozesse und zufälliger Mutationen der Erbinformation. Wir brauchen ein *organismisches Verständnis des Lebens*, das nicht nur an die Vergangenheit in Form genetischer Informationen anknüpft, sondern auch seinen eigenen Schriftzug einprägen und in unterschiedlicher Weise modifiziert ‹ablesen› kann. Leben besteht nicht in einem kausalen Ursache-Wirkungs-Verhältnis, wie es für die mineralische Welt gilt, sondern kennt wechselseitige Abhängigkeiten, wo die ‹Wirkung› auch auf die ‹Ursache› zurückwirkt, also ‹Wechselursachenverhältnisse› (Rudolf Steiner) bestehen.

Virus, Tier und Mensch

Die meisten Viren sind in bestimmten ‹Wirtsorganismen› heimisch und spielen oft für deren biologische Funktionen eine bedeutende Rolle. Selbst als Krankheitsauslöser zeigen Viren meist eine spezifische Wirtsbeziehung und sog. Organotropie.

So gibt es Viren, die besonders das Gehirn und Nervensystem befallen, andere haben eine Beziehung zu den Atemwegen und Blutgefäßen (wie SARS-CoV-2), und eine dritte Gruppe ist primär an Erkrankungen der Verdauungs- und Stoffwechselorgane beteiligt (Hepatitis, Gastroenteritiden, z. B. Noro-Virus). In der Virosphäre findet sich so eine Art Abbild dieser Dreigliederung des menschlichen Organismus. Wenn diese Virosphäre nicht durch Eingreifen des Menschen verändert wird, so überwiegen physiologische Zusammenhänge zu den höheren Lebewesen.

Demgegenüber vermutet man, dass viele virale Krankheitserreger des Menschen ursprünglich in der Tierwelt heimisch waren und dort meist keine Krankheiten auslösten. Erst durch die Nähe von Mensch und Tier sowie insbesondere durch massive, vom Menschen ausgelöste Stresssituationen kann es zum Übergang auf den Menschen kommen. Dies war vermutlich auch zu Beginn der aktuellen Covid-19-Pandemie der Fall. Bei mehreren Epidemien mit ‹neuen› Viren (Ebola, SARS-1, HIV) konnte ein Zusammenhang zu menschlichen Eingriffen und Zerstörungen der Ökosphäre mit entsprechenden Folgen für die Tierwelt und das Mensch-Tier-Verhältnis gezeigt werden.[11] Solche traumatisierenden Umstände bestehen derzeit nicht nur in den ‹Wet Markets› in China, wo auch Wildtiere unter grausamen Bedingungen gehandelt, in Gegenwart des Kunden getötet und auf diese Weise mit Menschen in Kontakt gebracht werden. Die Schließung des entsprechenden Markts in Wuhan ist deshalb mit Blick auf die Zukunft und mögliche weitere Pandemien nur ein allererster und für sich noch völlig unzureichender Schritt. Es gilt den Blickwinkel zu erweitern auf den weltweiten, industrialisierten Umgang mit der Tierwelt und das darin liegende medizinische Gefährdungspotenzial für den Menschen.

Im Mai 2020 zeigte sich in Holland, dass Menschen wiederum Nerze, die wegen ihrer Felle gezüchtet und getötet werden, mit SARS-CoV-2 anstecken können und sich das Virus unter diesen auf engstem Raum gefangenen Tieren rasch verbreitet. Die Genfer Virologin I. Eckerle[12] äußert dazu: «Das sind menschengemachte Evolutionsbeschleuniger. So viele Tiere leben natürlicherweise nicht zusammen auf engem Raum», und bestätigt, dass sich das Virus wiederum in den Tieren verändern und erneut auf den Menschen übergehen könne. Dabei könne es sich in seiner krankmachenden Wirkung abschwächen oder verstärken (!). Genau um diesen, vom Menschen induzierten Prozess aber geht es in der Genese neuer ‹pathogener› Virusmutanten. Allein in China werden jährlich mehr als 50 Millionen Pelztiere, z. B. Marderhunde, gezüchtet und getötet, weltweit sind es mehr als 80 Millionen. Ein Team des Norddeutschen Rundfunks berichtet grausame Details.[13] In dem vergleichsweise kleinen Land Dänemark werden jährlich 19 Millionen Nerze für Pelzteilchen gehalten und nach jeweils wenigen Monaten getötet. Während die sensiblen Nerze in der Natur mindestens 400–600 ha als Revier benötigen, leben sie in ‹Pelztierfarmen› auf 90 × 30 × 40 cm und weisen oft schwere Verhaltensstörungen und Verletzungen auf.[14] Es sind gerade solche Lebensumstände, die eine massive Virusfreisetzung und Mutationen von Viren begünstigen.[15]

Die *hochindustrialisierte Massentierhaltung domestizierter Tiere* ruft ebenfalls in großem Umfang Leid und Krankheit bei den so gehaltenen Tieren hervor und ist in dieser Form ohne massiven Antibiotika-Einsatz nicht möglich. Auf diese Weise werden zahlreiche multiresistente, für den Menschen krankmachende (pathogene) Bakterien ‹gezüchtet›. So gefährdet die industrielle Massentierhaltung nachhaltig die Gesundheit und den Fortschritt der Medizin, die in erheblichem Maß auf wirksame Antibiotika angewiesen ist. Aber auch der Umgang mit Tieren in den *Forschungslaboren von Medizin und Pharmazie* setzt diese Lebewesen oft großem Leid aus: Nicht selten werden die Tiere geplant Schmerzen und stärksten ‹Stressoren› ausgesetzt, etwa beim experimentell induzierten Kampf einer Maus gegen das Ertrinken im Rahmen der Angstforschung.

Auch wenn der Zweck hier ein anderer ist als z. B. deutsche und schweizerische Boutiquen mit Pelzaccessoires zu beliefern, so ändert das nichts für das leidvolle Erleben der Tiere. Im Zusammenhang mit Coronaviren findet eine intensive Laborforschung statt, auch in Wuhan. In der Vergangenheit kam es mehrmals zum nachgewiesenen Übergang krankmachender Viren auf Menschen im Rahmen solcher Forschungslabors.[16] Allerdings ist es für SARS-CoV-2 wesentlich wahrscheinlicher, dass Tierzucht und Tierhandel die Verursacher der Virusmutation und Pandemie sind. Umso erstaunlicher ist es, dass nicht konsequent ein sofortiger weltweiter, irreversibler Lockdown aller Pelztierfarmen und Ächtung von deren Produkten ähnlich dem Washingtoner Artenschutzabkommen erfolgte – der wahrscheinlich wirksamsten kausalen Maßnahme zur Prävention einer weiteren Pandemie aus dieser Quelle. *Ein baldiges ‹Covid-21› ist ohne durchgreifende Veränderungen sehr wahrscheinlich.* Es muss bestürzen, dass unter anderem der «Bericht zur Risikoanalyse im Bevölkerungsschutz 2012» auf S. 60[17] bereits vor acht Jahren die aktuelle Pandemie sehr genau prognostizieren konnte: «Der Erreger stammt aus Südostasien, wo der bei Wildtieren vorkommende Erreger über Märkte auf den Menschen übertragen wurde. Da die Tiere selbst nicht erkranken, war nicht erkennbar, dass eine Infektionsgefahr bestand.» Dabei wurde von einem Coronavirus ausgegangen, es folgte eine Darstellung, die in vielen Details aus der aktuellen Tagespresse stammen könnte. Zahlreiche Szenarien einschließlich des berühmten TedTalks von Bill Gates am 3. April 2015 vor dem Bild eines Coronavirus belegen, dass diese Pandemie genau vorhersagbar war inklusive ihrer Verursachung durch den tier- (und menschen-)verachtenden Umgang vor allem mit nicht domestizierten Tieren in Ökonomie und Medizin.

Pandemien treffen so die Gesellschaft nicht zufällig, sondern sind durch ihren gegenwärtigen Lebensstil und ihr Verhältnis zur Natur mitbedingt. Nur eine rasche, durchgreifende, glo-

bale Veränderung im Verhältnis von Mensch und Tier kann die Gefahr weiterer schwerer Pandemien eindämmen.

Dabei ist zugleich zu bedenken, dass das heutige Ausmaß des Fleischkonsums unmittelbar auch zum Hunger vieler Menschen auf der Erde beiträgt, weil große Agrarflächen mit oft zerstörerischen Folgen für die Umwelt dafür beansprucht werden.

Soll auf Covid-19 nicht Covid-21 folgen, so brauchen wir eine ökologische Wende in vielen Bereichen des gesellschaftlichen Lebens wie der Landwirtschaft, der Ernährung und des Klimaschutzes, genauso aber auch in Medizin und Pharmazie.

Die Resilienz stärken, Salutogenese fördern

Von der Frage einer nachhaltigen Prävention viraler Pandemien kehren wir zurück zur individuellen Prävention und Therapie. Die *Berücksichtigung der Disposition* und *Förderung der Resilienz* mit Verminderung der Infektanfälligkeit spielt in der bisherigen Pandemie-Strategie eine untergeordnete Rolle. Dabei gibt es hier wesentliche und auch epidemiologisch entscheidende Gesichtspunkte. Die Beachtung und Pflege der eigenen *Wärme*, ein gesunder Bezug zum *Sonnenlicht,* die bewusste Pflege von *Lebensrhythmen* haben günstige Auswirkungen auf immunologische Funktionen. So ist gut dokumentiert, dass ein zu kurzer Schlaf negative Auswirkungen auf das Immunsystem hat. Gegenwärtig wird eine durchschnittliche Schlafdauer des Erwachsenen von etwa sieben Stunden als gesundheitsförderlich angesehen. Aber auch die Bewegung spielt eine entscheidende Rolle. So ist die erschöpfende Bewegung genauso mit einer Immunsuppression verbunden wie der Bewegungsmangel. Ein physiologisches Ausmaß beseelter und nicht mechanischer Bewegung, möglichst unter freiem Himmel geht demgegenüber mit geringerer Infektanfälligkeit einher.

Hieraus leitet sich ein wichtiger Gesichtspunkt ab zur Disposition: Kommt es durch eine zu starke bewusstseinsmäßige Anspannung und wenig Schlaf zu einer Überlastung des Nerven- und Sinnes-Systems, so entwickelt sich eine Disposition für virale Erkrankungen. Umgekehrt verringert aktive Bewegung die Infektanfälligkeit. In ähnlicher Weise wirken sich emotionale Anspannungen aus: *Angst und Stress* kompromittieren das Immunsystem. Eine wichtige Rolle spielen unbearbeitete *soziale, zwischenmenschliche Konflikte.* Auch depressive Stimmungen und das Gefühl von Einsamkeit[18] wirken gleichsinnig. Ebenso führt eine Überflutung mit Informationen zu vermehrten Infektionserkrankungen – so ist eine erhöhte Infektanfälligkeit durch Social Media und die Anzahl von Facebook-Kontakten[19] bekannt. Die Cortisol-Konzentration im Speichel als Hinweis auf seelische Stresserfahrung und Anspannung korreliert ebenfalls mit der Infektanfälligkeit.[20] Umgekehrt wirkt sich eine positive seelische Stimmung (‹positive emotional style›) positiv aus und führt zu einem geringeren Erkrankungsrisiko.[21] Unter präventiven Gesichtspunkten ist deswegen auf ausreichende Wärme, Sonnenbezug, Lebensrhythmen und eine gesunde Ernährung mit Vermeidung von Tabak und Alkohol zu achten. Prävention und konstitutionelle Stärkung können durch geeignete anthroposophische Arzneimittel und Heileurythmie unterstützt werden.[22] Seelisch geht es um Entängstigung, Besonnenheit, Mut und geistige Perspektiven. In diesem Zusammenhang kann eine *künstlerische Aktivität* lösend und stärkend zugleich wirken. Eine wertvolle präventive Möglichkeit – auch wenn man keinerlei Übung auf diesem Feld mitbringt – bieten kunsttherapeutische Gruppen, wie sie z. B. die Anthroposophische Medizin anbietet.

Schließlich kommt dem *Gespräch* in einer Krise wie der Covid-19-Pandemie wesentliche Bedeutung zu. Es hat sich gezeigt, dass eine ruhige, besonnene, an den jeweiligen Gesprächspartner angepasste Kommunikation sehr wesentlich dafür ist, dass eine zuversichtliche Grundhaltung gestärkt wird. Das bedeutet aber auch, zurückhaltend zu sein im Ausmalen möglicher und hypothetisch in der Zukunft drohender

Gefahren oder mit den eigenen Vermutungen möglicher Krisenhintergründe. Wichtig ist auch ein aufrichtiger Umgang mit dem eigenen Nicht-Wissen. Gerade in Zeiten des Social Distancing und einer vermehrt elektronisch erfolgenden Kommunikation kann es leicht zu Missverständnissen und seelischen Spannungen kommen, die in einer direkten Begegnung leichter ausgeglichen werden können. So kommt der Krisenkommunikation durch Politik, Medizin und Medien eine wesentliche Rolle zu.

Allgemein gilt, dass die aktive Hilfeleistung für andere auch die eigenen Sorgen und Ängste überwinden oder zumindest hintanstellen lässt. Für Kinder und Jugendliche spielt es eine entscheidende Rolle, wie Eltern, Erzieher und Lehrer selbst mit der Krise umgehen.[23] Es ist in solchen Zeiten noch wichtiger, wie sehr es gelingt, die gemeinsame menschliche Beziehung auch bei erschwerten Umständen zu gestalten. Eine wesentliche Voraussetzung dafür ist es, auch innerlich die Beziehung zum anderen wie zu sich selbst regelmäßig zu pflegen, z. B. durch eine meditative Praxis. Besonders herausfordernd ist bei Covid-19 die Beziehungspflege zu älteren, zu chronisch kranken Personen und in besonderer Weise die Begleitung sterbender Menschen. Der Beginn der Pandemie hat deutlich gemacht, wie wesentlich es ist, dass dafür ggf. auch entsprechende Schutzmöglichkeiten in ausreichendem Maße zur Verfügung stehen. Es muss nicht nur dem Pflegepersonal, sondern auch den Angehörigen möglich bleiben, unter Wahrung der eigenen Gesundheit den betroffenen Menschen in schweren Stunden nahe zu sein. Ein solches grundlegendes Menschenrecht ist eine nicht verhandelbare Basis menschlicher Kultur.

Integrative Therapie

Die akute Entzündung ist die Antwort auf die virale Infektion. Der Erkältungskrankheit folgt also die Wärme der Entzündung und dient der Überwindung dieser in den Organismus eingedrungenen Fremdqualität. Gerade bei Covid-19 bildet sie die entscheidende Basis für die Überwindung der Erkrankung. Sie ist dann ‹gesund›, wenn sie dem Organismus nicht entgleitet. Dies kann in zweifacher Weise geschehen. So kann sich eine überschießende, entgleisende Entzündung (hyperinflammatorisches Syndrom) entwickeln und zu fatalen intensivmedizinischen Verläufen führen. Auf der anderen Seite stehen die stilleren, aber nicht weniger bedeutsamen Konsequenzen einer chronischen Entzündung. Im Erkrankungsfall bedarf es deshalb einer Lenkung der Entzündung als sinnvoller Antwort des Organismus zur Erregerelimination und keiner unkritischen antientzündlichen und fiebersenkenden Therapie. Aufgrund langjähriger Erfahrung in der Therapie – auch der viralen Pneumonien – und den Vorarbeiten einer entsprechenden Expertengruppe[24] wurden schon zu Beginn der Covid-19-Pandemie therapeutische Empfehlungen der Anthroposophischen Medizin von der Medizinischen Sektion allen anthroposophischen Ärzten weltweit zur Verfügung gestellt und ein entsprechendes Informationsnetzwerk begründet. Diese Empfehlungen und daran angelehnte Behandlungskonzepte wurden und werden seither in der ambulanten Patientenversorgung und auch in den Covid-Abteilungen anthroposophischer Kliniken eingesetzt und kontinuierlich weiterentwickelt. Mehrere anthroposophische Kliniken in Deutschland beteiligen sich in koordiniertem Vorgehen auch intensivmedizinisch an der Versorgung von Patienten mit schwer verlaufenden Covid-19-Erkrankungen. Das anthroposophische Therapiekonzept ist integrativ mit der Standardversorgung anwendbar und bezieht sich auf alle Stadien der Erkrankung. Es ist nach den bisherigen Erfahrungen therapeutisch wirksam, auch wenn dazu noch keine wissenschaftlichen Studien vorliegen. Entsprechende Publikationen sind in Vorbereitung.[25]

Gesellschaftliche Konsequenzen der Corona-Pandemie

Die Corona-Pandemie und die ergriffenen Maßnahmen bremsen dramatisch das gesellschaftliche Leben aus und wurden dadurch zu einer wachsenden wirtschaftlichen, sozialen und kulturellen, in manchen Ländern wie Indien für viele auch zu einer vitalen Bedrohung. Sie führen aber auch zu einem Innehalten mit der Möglichkeit, gesellschaftliche Orientierungen, Werte und Zielsetzungen zu hinterfragen und neu zu bestimmen. Viele fühlen, dass das Leben ‹nach der Pandemie› nicht einfach zum ‹Alten› zurückkehren darf. Wir erleben, wie vor allem das zusammenbricht oder umgestaltet werden muss, was nicht nachhaltig ist. Das zeigt auch die nähere Betrachtung der Zusammenhänge, die zu dem Neuauftreten krankmachender (pathogener) Viren und ihrer globalen Verbreitung führen. So sind im Verhältnis zur Tierwelt dringende Veränderungen notwendig. Es kann nicht einfach um ‹die Rückkehr zum normalen Leben› gehen, wo dieses Leben ein Alptraum ist.

Covid-19 weist wie durch ein Vergrößerungsglas auf drei gesellschaftliche Herausforderungen hin: Menschen leben in einer *Atmosphäre der Angst und Furcht*, die von existenzieller Bedrohung über Verlustängste bis zur Ansteckungsangst reicht. Gerade der gemeinsame Atmungs- und Begegnungsraum wurde zur Quelle der Angst durch die gemeinsam ein- und ausgeatmeten Aerosole, wenn man angehustet oder aus der Nähe angesprochen wird. Es kann hier rational sein, als Erwachsener in bestimmten Situationen eine Maske zu tragen. Viele Menschen tragen nicht nur eine Maske, sondern gehen ihren Mitmenschen angstvoll soweit als möglich aus dem Weg. Doch sobald ein Kind stürzt und weint, ein älterer Mensch mit einem Schwächeanfall auf spontane Hilfe angewiesen ist, zeigen sich die Grenzen von Abstandsregelungen. Diese dürfen nicht die Grundwerte menschlichen Lebens in Frage stellen. Tätige Hilfe, praktizierte Nächstenliebe ist eine der stärksten Möglichkeiten, Angst zu überwinden. Covid-19 fragt auch nach einer anderen Wertschätzung all der Menschen, die beruflich und familiär andere Menschen pflegen.

Zahlreiche Menschen erfahren durch *soziale Isolierung* seelisches Leid: Covid-19 macht deutlich, wie wir auf vertiefte Beziehungen zum anderen Menschen angewiesen sind und soziale Isolation krankmachend wirkt. Virtualisierte Kontakte ermöglichen zwar Kommunikation, zeigen aber auch Grenzen auf und können eine reale Menschenbegegnung nicht ersetzen. Schließlich leiden Menschen an *Sinn- und Orientierungsverlust,* da durch die Unterbindung der gewohnten alltäglichen Berufstätigkeit oder Alltagsgestaltung ein erlebbarer Sinn des Lebens immer weniger wahrgenommen wird. Covid-19 macht aufmerksam, was wirklich wesentlich im Leben ist und was nicht. Diese Pandemie kann uns die *Wertschätzung des Lebens* als «vitale[r] Basis der Menschenwürde»[26] neu ins Bewusstsein rufen – und dass dies für alle Menschen und für die lebendige Ökosphäre der Erde insgesamt gelten muss.

Die Covid-19-Pandemie fragt somit nach unserer weltweiten menschlichen Mitverantwortung, nach praktischer Unterstützung und Förderung notleidender Menschen und der in diesen Bereichen aktiven Organisationen. Es darf nicht sein, dass 250 Millionen Menschen, darunter viele Kinder, aktuell vom Hungertod bedroht sind. Die Pandemie fordert neue gesellschaftliche Sinn- und Wertsetzungen, um die Not der Gegenwart zu überwinden. Zu diesen gehört ein radikaler Wandel unseres Verhältnisses zur Umwelt: Unser Lebensstil, die Rodung der Wälder, unser Umgang mit der Tierwelt zerstört die Lebenssphäre der Erde.

Wenn wir die Würde der Tiere nicht achten, sondern ihnen vielfach weiter unsägliches Leid zufügen, begünstigen wir den Übergang von Viren, die in Tieren heimisch und für sie unschädlich sind, auf den Menschen. In dem integrativen Ansatz ‹*One Health*›, der Mensch- und Tiergesundheit in ihrer wechselseitigen Abhängigkeit erkennt und auch eine entsprechend enge Zusammenarbeit von Human- und Veterinärmedizin fördert, sehen wir im Zeitalter von Klimabruch und Globalisierung eine dringende Notwendigkeit. Die notwendige Reduktion des Antibiotika-Einsatzes bei Tieren und des Fleischkonsums in reicheren Ländern sowie das Ziel einer global nachhaltig und biologisch(-dynamisch) arbeitenden Landwirtschaft verweisen ebenfalls auf die Notwendigkeit eines neuen Paradigmas im menschlichen Umgang mit der Tierwelt. Dieses Verhältnis muss sich rasch, weltweit und durchgreifend verändern, soll das Risiko weiterer Pandemien spürbar sinken. Das schließt auch den bisherigen experimentellen Umgang mit Tieren in Medizin und Pharmazie mit ein.

Insofern kann diese Krise in anderer Weise eine ökologisch weckende Funktion erhalten wie die Kraftwerkskatastrophen von Tschernobyl und Fukushima. Wenn wir kein Covid-21 erleben wollen, so brauchen wir ein neues, gesundes und heilsames Verhältnis zur Erde. Denn: Die Corona-Krise steht mit der ökologischen Krise in Zusammenhang. Wir können auf Dauer nicht nur Krieg gegen Krankheiten und Krankheitserreger führen, so wertvoll diese Kompetenzen sind, wir müssen mit gleicher Kraft an der nachhaltigen Stärkung des Menschen und des ökologischen Gleichgewichts von Mensch und Natur im Lichte unseres gemeinsamen kosmischen Ursprungs arbeiten.

Matthias Girke und Georg Soldner

Anmerkungen

1 Gattinoni L. et al.: COVID-19 pneumonia: different respiratory treatment for different phenotypes? (2020) Intensive Care Medicine, DOI: 10.1007/s00134-020-06033; Varga Z. et al.: Endothelial cell infection and endotheliitis in COVID-19. The Lancet, https://doi.org/10.1016/S0140-6736(20)30937-5, Published Online April 17, 2020.

2 Viner, R. M. et al., School closure and management practices during coronavirus outbreaks including COVID-19: a rapid systematic review, The Lancet, https://doi.org/10.1016/S2352-4642(20)30095-X (April 6, 2020);

Castagnoli, R. et al.: Severe Acute Respiratory Syndrome Coronavirus 2 (SARS-CoV-2) Infection in Children and Adolescents. A Systematic Review. JAMA Pediatr. DOI: 10.1001/jamapediatrics.2020.1467, published online April 22, 2020.
Banholzer, N. et al.: Impact of non-pharmaceutical interventions on docu mented cases of COVID-19. medRxiv, DOI: https://doi.org/10.1101/2020.04.16.20062141, published online April 28, 2020.

3 Streek, H. et al: Infection fatality rate of SARS-CoV-2 infection in a German community with a super-spreading event. PrePrint MedRixv, May 4, 2020.

4 Mitteilung im Deutschen Ärzteblatt, 17/2020 vom 28.4.2020.

5 Eine aktuelle und allgemeinverständliche Darstellung dazu gibt Meyer, F.: Vom Unmöglichen zum Unvermeidlichen, Info 3, 5/2020, S. 18–23.

6 Zu der Gesamtproblematik der SARS-CoV-2-Impfstoffentwicklung und einer möglichen Impfpflicht vgl. die Stellungnahme der deutschen Ärzte für einen individuellen Impfentscheid, https://www.individuelle-impfent scheidung.de/?view=article&id=223:positionspapier_covid-19&catid=8 (27.5.2020) einschließlich der dort nachgewiesenen Literatur.

7 Matthes, H.: Das Warten auf die große Welle, Das Goetheanum (19) 2020, https://dasgoetheanum.com/schwerpunkte/2020/5/8/das-warten-auf-die-grosse-welle (27.5.2020).

8 Antonovsky, A.: Salutogenese. Zur Entmystifizierung der Gesundheit, Tübingen 1997.

9 Hardtmuth, T.: Die Rolle der Viren in Evolution und Medizin – Versuch einer systemischen Perspektive, in: Jahrbuch für Goetheanismus, Band 36, Stuttgart 2019.

10 Steiner, R.: Geisteswissenschaft und Medizin (GA 312), 8. Aufl., Basel 2020, 4. Vortrag vom 24.3.1920.

11 Shah, S.: Woher kommt das Coronavirus?, in: Le Monde diplomatique vom 12.3.2020, S. 8.

12 SZ vom 14.5.2020: «Die Virologin Isabella Eckerle vom Geneva Centre for Emerging Viral Diseases der Universität Genf ist deshalb auch nicht überrascht, dass der Erreger bei Nerzen gefunden wurde. ‹Frettchen werden als Tiermodell zur Forschung an Sars-CoV-2 verwendet, auch das sind kleine Fleischfresser aus der Familie der Marder. Wenn die sich infizieren können, dann ist es naheliegend, dass es auch bei Nerzen funktioniert.› Ziemlich sicher kursierten Virusvorgänger von Sars-CoV-2 in Fledermäusen, bevor sie über einen Zwischenwirt zum Menschen gelangten. So war es sehr wahrscheinlich auch beim ersten Sars-Virus vor bald 20 Jahren. Damals wurden Schleichkatzen oder Marderhunde als Zwischenwirte diskutiert, ebenfalls kleine Fleischfresser. Zuchtbetriebe für solche Tiere halten Eckerle und viele andere Experten für Risikofaktoren für die Ausbreitung von Krankheiten. ‹Das sind menschengemachte Evolutionsbeschleuniger. So viele Tiere leben natürlicherweise nicht zusammen auf engem Raum›, sagt Eckerle. Auch beim Sprung von Sars-CoV-2 auf den Menschen werden mittlerweile

Marderhunde als Zwischenwirte diskutiert. ‹Das ist so ein Szenario. Die werden in China in großem Stil wegen ihres Fells gezüchtet›, sagt Eckerle. Wahrscheinlich verbreitet sich das Virus per Tröpfcheninfektion zwischen den Tieren. Die Virologin glaubt allerdings nicht, dass von den infizierten Nerzen in den Niederlanden eine besondere Gefahr für Menschen ausgeht. ‹Eventuell wird sich der Erreger auch in den Tieren verändern, aber die Zahl der Infektionen dort ist im Vergleich zu den vielen Millionen infizierten Menschen weltweit doch sehr gering.› Außerdem machen Mutationen das Virus nicht zwangsläufig gefährlicher. Auch eine Abschwächung wäre denkbar.»

13 «Mit 500 Marderhunden ist es eher ein kleiner Betrieb. Zu sehen, wie die Tiere behandelt und vor allem wie sie getötet und gehäutet werden, sei schwer zu ertragen gewesen, berichtet die Autorin. Die Marderhunde leben in kleinen Käfigen und haben keinen festen Boden unter den Pfoten, sondern nur den Draht der Käfige. Die Hunde sind etwa fünf Monate alt, wenn im November die sogenannte Ernte ansteht. Um diese Zeit im Jahr stellen die Farmen Arbeiter ein, die die Tiere töten und ihnen das Fell abziehen sollen. Die Männer bekommen pro Tier umgerechnet 70 Cent. Damit sich die Arbeit lohnt, arbeiten die Männer möglichst schnell. Deshalb wird offenbar nicht darauf geachtet, ob die Tiere wirklich tot sind. Mit Stangen wird den Hunden auf den Schädel geschlagen. Doch die Schläge sind nicht immer tödlich. Kontrolliert wird das nicht. Die Tiere werden in jedem Fall gehäutet. Das Filmteam beobachtet mehrere Hunde, die noch atmen, obwohl ihnen schon das Fell abzogen wurde. So sehe die gängige Fellernte in weiten Teilen Chinas aus, berichtet unsere Autorin. Gesetzliche Schutzregelungen für Pelztiere gibt es in China nicht. Die Kadaver werden als Tierfutter verwertet oder verbrannt.» https://www.ndr.de/ratgeber/verbraucher/So-leben-und-sterben Pelztiere,pelz128.html (27.5.2020).

14 https://www.peta.de/nerzfarm (27.5.2020): «Das relativ kleine Land Dänemark ist der weltweit größte ‹Produzent› von Nerzpelzen. Etwa 19 Millionen Nerze werden dort jedes Jahr auf über 1.500 Pelzfarmen in winzige Käfige gesperrt, wo sie ein kurzes Leben unter unerträglichen Bedingungen führen müssen. Ein bedeutender Anteil der dänischen Pelzproduktion findet sich in Deutschlands Boutiquen und Versandhäusern wieder. Ein Undercover-Video von Dänemarks Nerzfarmen zeigt, wie die sensiblen Nerze sich selbst und ihre Artgenossen annagen, weil sie die tierquälerische Gefangenschaft nicht ertragen. Viele Nerze weisen schwere Verletzungen auf.
Nerze werden gewöhnlich in Käfigen gehalten, die nur 90 × 30 × 40 cm groß sind, wobei sich wiederum bis zu vier Jungtiere einen Käfig teilen müssen. Diese extreme Beengtheit bedeutet für Nerze größten Stress, da sie in der Natur Einzelgänger sind. Viele Nerze auf Pelzfarmen neigen daher zur Selbstverstümmelung und zeigen stereotype Verhaltensweisen wie ständiges Im-Kreis-Drehen oder Auf-und-ab-Wippen. Die Käfige auf den Pelzfarmen befinden sich normalerweise in offenen Schuppen, die wenig Schutz vor Wind, Kälte und Hitze bieten. Nerze und Füchse werden mit einem Brei aus Fleisch, Fisch und pflanzlichen Abfallprodukten gefüttert, die oftmals

so minderwertig sind, dass sie sogar für die Tierfutterindustrie nicht mehr verwendet werden. Der Brei wird üblicherweise auf den Käfig der Tiere geklatscht, ihre Exkremente fallen unten durch. Das führt insbesondere bei warmen Temperaturen zu absolut unhygienischen Verhältnissen und zu einem kaum auszuhaltenden Gestank, der für die Nerze mit ihrem sensiblen Geruchssinn besonders qualvoll ist.
Nerze in freier Natur.
Nerze sind keine domestizierten Tiere. In freier Natur benötigen die Tiere ein mindestens 100–400 Hektar großes Revier, wo sie sich in selbstgegrabenen Erdbauten oder unter Wurzeln verbergen können. Nerze sind semiaquatische Tiere und lieben Wasser. Sie wählen ihren Lebensraum immer in der Nähe von Flüssen oder Seen, wobei sie 60–70 % ihrer Zeit im Wasser verbringen. Die scheuen und sensiblen Einzelgänger können in Freiheit bis zu 10 Jahre alt werden, während sie auf Pelzfarmen im jungen Alter von sechs Monaten getötet werden.
Für Betreiber von Pelzfarmen steht die Fellqualität über dem Wohlergehen der Tiere. Daher werden Tötungsmethoden eingesetzt, die den Pelz schonen, für die Tiere jedoch erhebliches Leid bedeuten. Nerze werden oft zu Dutzenden in Kisten gepfercht, in denen sie qualvoll vergast werden. Auf vielen Betrieben werden als Sparmaßnahme sogar heiße, ungefilterte Auspuffabgase in die Kisten geleitet, wodurch das Leid der Tiere zusätzlich verlängert wird. Nicht selten sind sie nur betäubt, sodass einzelne Tiere wieder das Bewusstsein erlangen, wenn Arbeiter Ihnen die Haut vom Körper schneiden.»

15 Vgl. Hardtmuth, T.: Die Rolle der Viren in Evolution und Medizin – Versuch einer systemischen Perspektive, in: Jahrbuch für Goetheanismus, Band 36, Stuttgart 2019.

16 WHO. (2003). Severe acute respiratory syndrome (SARS) in Singapore – update 2. http://www.who.int/csr/don/ 2003_09_24/en/ [5. April, 2011]. WHO. (2003). China confirms SARS infection in another previously reported case; summary of cases to date – Update 5. http://who.int/csr/don/2004_04_30/en/ [5. April, 2011]. – WHO. (2003). Additional patients in China under investigation for SARS; WHO team travels to Beijing – update 2. http://www.who.int/csr/don/2004_04_26/en/, Accessed April 5, 2011. WHO. (2003). Severe Acute Respiratory Syndrome (SARS) in Taiwan, China. http://www.who.int/csr/don/2003_12_17/en/ [5. April, 2011]. «Die letzten bekannten Fälle von humanen SARSInfektionen waren vier Laborunfälle; in zwei dieser Fälle sind insgesamt neun weitere Personen infiziert worden.» Uhlenhaut, C.: Pandemie, Endemie und lokaler Ausbruch, Prävention und Krisenreaktion bei biologischen Gefahren am Beispiel viraler Infektionskrankheiten. Forschungsforum Öffentliche Sicherheit, Schriftenreihe Sicherheit Nr. 6, Juni 2011, ISBN 978-3-929619-68-3.

17 Deutscher Bundestag, Bericht zur Risikoanalyse im Bevölkerungsschutz 2012, Drucksache 17/12051.

18 LeRoy, A. S., Murdock, K. W., Jaremka, L. M., Loya, A., Fagundes, C. P.:

Loneliness Predicts Self-reported Cold Symptoms after a Viral Challenge. Health Psychol. 2017 May; 36(5): 512–520.

19 Campisi, J., Bynog, P., McGehee, H., Oakland, J. C., Quirk, S., Taga, C., Taylor, M.: Facebook, stress, and incidence of upper respiratory infection in undergraduate college students. Cyberpsychol Behav Soc Netw. 2012 Dec; 15(12): 675–81.

20 Janicki-Deverts, D., Cohen, S., Turner, R. B., Doyle, W. J.: Basal salivary cortisol secretion and susceptibility to upper respiratory infection. Brain Behav Immun. 2016 Mar; 53:255–261.

21 Cohen, S., Alper, C. M., Doyle, W. J., Treanor, J. J., Turner, R. B.: Positive emotional style predicts resistance to illness after experimental exposure to rhinovirus or influenza a virus. Psychosom Med. 2006 Nov–Dec; 68(6): 809–15. Epub 2006 Nov 13.

22 Soldner, G.: COVID, in: Girke, M., Glöckler, M., Soldner, G.: Anthroposophische Medizin und ihre Arzneitherapie. 200 Krankheitsbilder und Indikationen. Berlin 2020 (in Vorbereitung).

23 Online-Befragung des DJI, Kind sein in Zeiten von Corona, Bericht des bayerischen Rundfunks, https://www.br.de/nachrichten/deutschland-welt/studie-ueber-corona-folgen-die-einsamkeit-der-kinder,RzRX6c3 (20.5.2020).

24 Vgl. die Autoren der Expertenempfehlung zur akuten Bronchitis: https://www.anthromedics.org/PRA-0911-DE (27.5.2020).

25 Soldner, G., Breitkreuz, T.: COVID 19, in: Der Merkurstab 2020 (4), in Druck. – Ambulant erworbene Pneumonie. Empfehlungen einer internationalen Expertenkommission: www.anthromedics.org (in Vorbereitung).

26 «Das menschliche Leben stellt, wie nicht näher begründet werden muß, innerhalb der grundgesetzlichen Ordnung einen Höchstwert dar; es ist die vitale Basis der Menschenwürde und die Voraussetzung aller anderen Grundrechte.» Aus der Begründung der Entscheidung des Bundesverfassungsgerichts zum Schwangerschaftsabbruch: BVerfGE 39, 1 – Schwangerschaftsabbruch Abschnitt C 2., I. https://www.servat.unibe.ch/tools/DfrInfo?Command=ShowPrintText&Name=bv039001(27.5.2020).

Gesichtspunkte zu epidemischen Infektionskrankheiten im Werk Rudolf Steiners

Und wir sind nicht so weit davon entfernt,
dass merkwürdige Krankheiten und Epidemien
in unserer Menschheit auftreten werden!
Rudolf Steiner[1]

Bemüht man sich um das Verständnis und den Verständnishintergrund von Rudolf Steiners (1861–1925) vielschichtigen Ausführungen zur Frage infektiöser und epidemischer Erkrankungen, so sind die medizinischen und medizintheoretischen Diskussionen des späten 19. und beginnenden 20. Jahrhunderts zumindest kontextuell zu berücksichtigen. Rudolf Steiner versuchte Perspektiven in das medizinische Denken einzubringen, die im 19. Jahrhundert vollkommen ausgeblendet worden waren. Die deutschen Protagonisten der experimentellen Hygiene und Bakteriologie, Max von Pettenkofer (1818–1901) und Robert Koch (1843–1910), hatten durch ihre Arbeiten und Forderungen wesentlich zu einer «hygienische Revolution im medizinischen Denken» beigetragen;[2] in Kochs Schule wurde die Ursache von infektiösen Erkrankungen ausschließlich in spezifischen Keimen gesucht und der gesamte Krankheitsprozess monokausal gedacht – ein spezifischer Erreger, so die Theorie, verursacht eine spezifische Erkrankung. Ziel musste daher, so Koch, sein, Keime und Keimträger zu isolieren und eine staatliche Sanitätsaufsicht zu installieren. Soziale und individuelle Aspekte des Krankheitsgeschehen, die dazu beitragen, dass ein Individuum unter gewissen Umständen an einem existenten Keim erkrankt, wurden zumindest in der frühen Phase der wissenschaftlichen Bakteriologie methodisch negiert, das dynamische Wechselverhältnis zwischen Disposition, Exposition und vermittelnden Umständen konsequent ignoriert.

Der bereits an der Wende des 18. zum 19. Jahrhundert von einigen Protagonisten artikulierte Wille, das gesamte Leben unter gesundheitlichen Gesichtspunkten zu regeln und umfangreiche Maßnahmen zur öffentlichen Gesundheitssicherung in die Wege zu leiten, wurde mit der «Assanierung» der Städte schrittweise umgesetzt. Als Rudolf Steiner 1920 den ersten Ärztekurs in Dornach hielt, veröffentlichte Alfred Grotjahn seine Schrift «Die hygienische Forderung», die einen weiteren Markstein auf diesem Weg bedeuten sollte. «Gesundheit wurde endgültig zu der für alle verbindlichen, nicht mehr anzweifelbaren, weil wissenschaftlich bewiesenen Orientierungsmarke des Verhaltens in der industriellen Welt, soweit es in irgendeiner Form auf den Körper hin gedeutet werden konnte», betonte der Medizinhistoriker Alfons Labisch im Rückblick auf die skizzierte Entwicklung.[3] Die gesellschaftliche Gesundheit wurde in diesem Zug über die individuellen Persönlichkeitsrechte gestellt – und die kausalen Konzepte der Bakteriologie und experimentellen Hygiene gaben die diesbezüglichen Leitlinien vor.

Zur Frage der Krankheitsdisposition

Rudolf Steiner warnte in zahlreichen seiner Vorträge vor den Einseitigkeiten einer solchen Konzeption – und vor den gesellschaftlichen Folgen radikaler naturwissenschaftlicher Theoriebildungen mit globalem Geltungsanspruch.[4] Er negierte keineswegs die Existenz von pathogenen Keimen, relativierte jedoch die Bedeutung eines monokausal-hygienisch-bakteriologischen Denkens für die Humanmedizin und für die Zivilgesellschaft der Zukunft.

In vielen Darstellungen ging Steiner der Frage nach, welche dispositionellen Voraussetzungen überhaupt gegeben sein müssen, um existente Keime zu Krankheitsauslösern werden zu lassen – bzw. welche Faktoren die Resistenz und Resilienz des Menschen bedingen, fördern und ggf. auch schwächen. Er kam dabei zu überraschenden Ergebnissen, die nicht nur das physiologische Gesamtgefüge, in seiner mikro- wie makrokosmischen Situation und Bezogenheit betreffen,[5] sondern auch den Lebensstil des Menschen und sein ganzes seelisch-geistiges Dasein, von dem in der medizinischen Literatur von Steiners Lebenszeit, mit Ausnahme der Psychoanalytiker und der Heidelberger Schule um Ludolf von Krehl, Richard Siebeck und Viktor von Weizsäcker, wenig die Rede war. So wies Steiner beispielsweise darauf hin, dass zu kurzer Schlaf das Individuum im Hinblick auf epidemisch wirksam werden könnende Krankheitserreger nachhaltig labilisiere («... welch ungeheure Bedeutung gerade Epidemien und für die Disposition für epidemische Krankheiten in dem anormalen Verhalten des Menschen zu Wachen und Schlafen liegt ...»[6]), dass individuelles, logisches und «reines» Denken die Widerstandskräfte gegen Erreger stärke[7] – und gewichtete darüber hinaus das ethische Verhalten des Menschen, und zwar über das aktuelle Erdenleben hinaus. Der «egoistische Drang nach Erwerb und Reichtum», der, habituell geworden, den menschlichen Lebensleib durchwirke, schlage in der Folge bis in die Physis ein und generiere dort eine tatsächliche «Disposition für Infektionskrankheiten»[8]. Dabei ging es Rudolf Steiner in seinen diesbezüglichen Schilderungen nicht nur oder nicht einmal in erster Linie um eine Problematisierung individuellen Verhaltens, sondern um eine Beschreibung generationaler Züge und Handlungsweisen, die die kapitalistische Industriegesellschaft des 19. Jahrhunderts im Sinne von Adam Smith entschieden gefördert hatte – freilich nicht nur und nicht erst sie.

Nie war der Materialismus für Steiner nur eine reduktionistisch-verkürzte, einseitige und ideologische Weltanschauung, sondern vielmehr eine zivilisatorische Katastrophe größten Ausmaßes – im Hinblick auf die Zerstörung der natürlichen Lebensgrundlagen auf Erden *und* im Hinblick auf die Folgen für die menschlichen Seelenkräfte. Steiner war der Auffassung, dass der zunehmende Verlust der inneren Orientierung des Menschen in der modernen Konsum-Industriegesellschaft eine nachdrückliche Schwächung seiner originären Kräfte in seelisch-geistiger, nachfolgend aber auch physischer Hinsicht bewirken würde. «Die wirkliche Krankheit, die auf die Aushöhlung des Inneren folgt, das ist die geistige Epidemie, vor der wir stehen», ‹betonte er bereits in einem Vortrag des Jahres 1907 und sprach von «verheerende Folgen» für die Volksgesundheit.[9] An einer Dramatisierung der Lage war Rudolf Steiner nicht gelegen; er versuchte vielmehr zu beschreiben und weiterzugeben, was sich ihm als geistige Erkenntnis erschlossen hatte – wohl wissend, wie viel Unverständnis und Anstoß er damit außerhalb anthroposophischer Kreise erregen würde.

Eingriffe des Menschen in die Naturreiche

Die Abwehrkräfte der Menschen werden, so Steiner, durch die materialistischen Denk- und Gefühlsgewohnheiten sowie die konsumorientierten, tendenziell rücksichtslosen Lebensstile geschwächt – zugleich werden dadurch permanent neue Krankheitskeime geschaffen, nicht zuletzt durch den schwerwiegenden Eingriff in die Lebensordnung der Erde, darunter in erster Linie in die Tierwelt. «Schon bereiten sich gewisse Epidemien vor», betonte Rudolf Steiner 1913[10] und beschrieb in verschiedenen Darstellungen, dass die dem Tierreich zugefügten Schmerzen (insbesondere durch die industrielle Massentierhaltung und -ausbeutung) mittelfristig nicht ohne Folgen bleiben werden. Jeder Schmerz, der einem nichtmenschlichen, aber schmerzempfindenden Wesen zugefügt werde, und jeder qualvolle Tod bedeutete eine folgenreiche «Aussaat für die Zukunft». «Diese Schmerzen, diese Leiden, dieser Tod, sie sind die Saat, die der Mensch gestreut hat». Die Evolution der Tiere ist nicht ohne die des Menschen denkbar – und parasitäre Wesen der Mikrobiologie bezeichnete Steiner geradezu als «verkörperte Schmerzen» der Tiere. «Es ist eine Aussaat, aus der dasjenige hervorgeht, was durch Schmerz und Leid und Tod bewirkt worden ist.»[11] Ob Rudolf Steiner sich mit solchen Gesichtspunkten auch nur im Kreis der Anthroposophen zu seiner Zeit einigermaßen verständlich machen konnte, ist nicht bekannt; die diesbezüglichen Verheerungen aber sprechen 100 Jahre später eine markante Sprache. Die Folgen der ökologischen Großeingriffe des 20. und begonnenen 21. Jahrhunderts werden in der Gegenwart von Jahr zu Jahr deutlicher, in klimatischer, virologischer und sonstiger Hinsicht, auch die Folgen der Lügen, die über Jahre und Jahrzehnte das Ausmaß der Destruktionen zu verschleiern suchten. «So gibt es eine gewisse Form von Bazillen als Träger von Infektionskrankheiten, die von den Lügen der Menschheit herstammen», sagte Steiner an einer Stelle geradezu, und sprach von «physisch verkörperten Lügendämonen»[12]. Ihm war klar, dass die intellektuellen und konfessionellen Anthroposophie-Kritiker ihm auch an dieser Stelle nur eine «okkultistische» Propaganda apokalyptischer Ausrichtung unterstellen würden; dies hielt ihn jedoch nicht davon ab, Phänomene und Zusammenhänge zu skizzieren, die er sah und für folgenreich hielt.[13] Er war davon überzeugt, dass die Menschheit ohne eine entschiedene Wende in Richtung einer spirituellen Ökologie und einem neuen, empathisch-erkennenden Umgang mit den Naturreichen der Erde ihre eigenen Lebensgrundlagen in kurzer Zeit komplett und unwiderruflich zerstören würde. Für Rudolf Steiner waren die anwachsenden mikrobiologischen Gefahren und Probleme weder zufällig noch beliebig, sondern *wesenhaft* und standen im Zusammenhang eines Geschehens, das die Menschheit zu verantworten hat.

Gefahren durch «Epidemien des Seelenlebens»

Sein Hauptanliegen war dabei die Schaffung von geisteswissenschaftlichen Erkenntnisgrundlagen für ein anderes Verhalten der Menschheit in ökonomischer, sozialer und ökologischer Hinsicht – und die dafür notwendige Wiederaufrichtung des Menschen- und Schöpfungsbildes aus der materialistischen Entstellung und Verdunklung. Möglicherweise hielt Rudolf Steiner manche Vorträge auch, um Menschen vorbereitende Hilfestellungen für kommende schwierige Zeiten zu vermitteln. So führte er beispielsweise verschiedentlich aus, wie verhängnisvoll das Schüren von Angst in Zeiten von Epidemien sei. Nichts fördere die eigene Erkrankung – bzw. die Wirksamkeit der Keime – so sehr, als die «egoistischen» Bilder der Furcht und die Seelenhaltung einer materialistischen Gesinnung mit in die Nacht und den Schlaf zu nehmen («... es gibt kein besseres Mittel ...»[14]). Lebe man in einem «Herd von epidemischen oder endemischen Krankheiten» und nehme man nichts anderes auf als die Krankheitsbilder um sich herum, erfülle man sich «einzig und allein» mit der Empfindung der Furcht vor der Krankheit, den «Gedanken der Furcht», so ziehe man nächtlich die Kräfte in seinen Organismus, die zerstörend wirksam bzw. dem mikrobiologischen Geschehen fördernd entgegenkommen würden.[15] Das «starke Bewusstsein von dem Dasein einer Krankheit» bahne vom Seelischen aus den Weg in die Erkrankung.[16] Von «Epidemien des Seelenlebens» sprach Rudolf Steiner in diesem Zusammenhang[17] – und von der notwendigen Gegenbewegung des Mutes, den er in keiner Weise als Sorglosigkeit, sondern als Aspekt einer geschärften und gerichteten Aufmerksamkeit verstand. Es gelte, die Menschen gegen äußere Einflüsse, ja, gegen die Kraft der «herandrängenden Außenwelt», darunter auch gegen mediale Eindrücke, innerlich zu stärken,[18] ihnen zu helfen, innere Ruhe und Sicherheit zu bewahren und das Bewusstsein des «geistigen Lebenskernes als Mittelpunkt» zu fördern.[19] Steiner beschrieb in diesem Zusammenhang auch die autoprotektive Bedeutung einer selbstlosen Hinwendung zu gefährdeten oder erkrankten Menschen in «liebender Gesinnung» bzw. «werktätiger Liebe», durch persönlichen

Einsatz, oder, je nach Situation, auch nur in seelisch-geistiger Hinsicht. «Und es ist tatsächlich wahr, dass man erfahren würde, was die Ausbreitung einer solchen Gesinnung auf das Beendigen von Epidemien wirken könnte, wenn man sich danach benehmen würde.»[20]

Die Dinge im Großen anders machen

Rudolf Steiner verwahrte sich nicht gegen «sanitäre und hygienische Maßnahmen» in Zeiten der Not,[21] im Bedarfsfall auch nicht gegen Impfungen, und warnte (am Beispiel der Pocken-Krankheit) vor jedem Radikalismus in dieser Hinsicht, dem «fanatischen Sichstellen gegen diese Dinge»[22]. Auf der anderen Seite umriss er jedoch auch die kommenden biotechnologischen Gefahren und beschrieb unter anderem, dass die Impfungen der Zukunft immer tiefer in den Organismus eingreifen, ja geradezu eine Art in den physischen Leib hineinziehender Kraft entfalten, die das freie seelisch-geistige Leben erschweren, wenn nicht verhindern würden – und daher mehr als bedenklich seien.[23] Die wirkenden Kräfte in und durch diese Impfungen, die den Menschen an die Materie binden, beschrieb er als mit denen identisch, die im sozialdestruktiven Kapitalismus und technologischen Imperialismus tätig sind, und bezeichnete sie, in der Terminologie seiner komplexen Lehre des Bösen[24] als «ahrimanisch».

Insgesamt war Rudolf Steiner deutlich, dass das dramatische Gesamtproblem in den kommenden Jahrzehnten und Jahrhunderten weder mit Schutzmaßnahmen und Impfungen, noch mit deren rigoroser Ablehnung lösbar sein werde. Vielmehr müsse es darum gehen, «durch Einsicht die Dinge im Großen anders zu machen»[25], den materialistischen Zerstörungskräften der Ökonomie auf das soziale und ökologische Leben Einhalt zu gebieten[26] – und der «materielle[n] Form der Gesundheitswissenschaft» die «Heilkraft der Geisteswissenschaft» an die Seite zu stellen.[27] «Und vielleicht in keiner anderen Wissenschaft wie der Medizin kann man so sehen, wie der Materialismus hereingebrochen ist über die Menschheit.»[28]

Die von ihm 1920 mit Ita Wegman und weiteren Ärzten auf den Weg gebrachte Anthroposophische Medizin wollte die Einseitigkeiten des «iatrotechnischen Konzepts» (Rothschuh) und der gefährlichen Fortschrittsutopien des 19. Jahrhunderts überwinden und eine konsequente Gegenposition zu sozialdarwinistischen, eugenischen und selektionistischen Richtungen in Medizin und Gesellschaft beziehen und praktisch umsetzen[29] («... der Materialismus wird in rasender Eile seine Konsequenzen ziehen ...»[30]). Steiner sprach von einem dringend notwendigen «Eindringen der geistigen Prinzipien in die Medizin»[31] – jenseits der alten Lagerbildungen von «Alternativmedizin» versus «Schulmedizin», gegen deren Diskreditierung er sich lebenslang verwahrte. Es ging ihm vielmehr darum, durch geisteswissenschaftliche Erkenntnisse die naturwissenschaftliche Medizin und ärztliche Kunst zu fördern – durch die Erkenntnis umfassender Zusammenhänge im menschlichen Organismus und in der Beziehung dieses Organismus zur Welt, eines menschlichen Leibes, den Rudolf Steiner nicht als physikalisch-chemischen Körper, sondern als Lebensträger einer seelisch-geistigen Individualität in seiner Würde verstand.[32]

Anregung selbstheilender Kräfte und Demokratisierung der Medizin

Auf die Individualität des Menschen und die Anwendung ihrer ureigenen Kräfte setzt ihm zufolge die geisteswissenschaftlich erweiterte Medizin auch in therapeutischer Hinsicht; die ärztliche Hilfe könne und dürfe nur eine solche sein, die die Individualität in ihren Kräften unterstütze.[33] Notwendig seien dafür vertiefte Erkenntnisse, aber auch eine intensivierte Beziehungsgestaltung, eine erneute Hinwendung zum konkreten Patienten und dem, was dieser braucht («Wir müssen in unsere Gesinnung aufnehmen, dass der Mensch ein individuelles Wesen ist, dass jeder Mensch anders beschaffen ist als andere, und dass das, was dem einen heilsam und für den anderen schädlich und krankmachend sein kann, ganz abhängig ist von seiner individuellen Beschaffenheit.»[34]) Rudolf Steiner wollte kein medizinisches «Herrschafts- und Eingriffswissen» und keine biotechnologische Manipulierung und Optimierung. Nicht der maximale Schutz vor allen Erkrankungsmöglichkeiten oder die perfektionierte Isolierung von «Keimen» und «Keimträgern» mit kompletter Fremdimmunisierung könne das Ziel einer zukünftigen Humanmedizin sein, weder die restlose «Beseitigung» aller Krankheiten, Hindernisse und Einschränkungen, noch die «Lenkung» der Leibesvorgänge «nach dem Belieben der menschlichen Vernunft» – wie dies der Physiologe Carl Ludwig schon 1856 propagiert hatte,[35] und dies noch ohne jede Kenntnis der kommenden «Enhancement»-Biotechnologien –, sondern die gezielte Förderung und biographische Entwicklung des Menschen, unter «Entfaltung der selbstheilenden Kräfte»[36]. Es gehe darum, so Rudolf Steiner, mit geistiger medizinischer Wissenschaft «die gesundenden Kräfte in ihrer Totalität zu erhalten»[37] und «menschenfördernd tätig sein»[38] – und dies auch in Zeiten von Epidemien. Die Medizin sollte dabei «frei» sein, nicht unter dem Druck und in Abhängigkeit von staatlichen, industriellen und ökonomischen Vorgaben und Zielsetzungen arbeiten;[39] sie sollte, so Steiner, vielmehr als eine «öffentliche Angelegenheit», als eine Angelegenheit des Einzelnen und des Gemeinwesens begriffen werden, die in Zukunft weniger ärztliche oder naturwissenschaftliche Weisungsautorität benötige, weniger «Szientismus», sondern vielmehr ein «stärkeres Demokratisieren»[40] – auch im Sinne einer demokratischen Beurteilung dessen, «was durch den Mediziner in das öffentliche Leben eintritt»[41]. Die Medizin dürfe nicht als Macht von herrschenden wissenschaftlichen Denkkollektiven, ökonomischen Mächten oder von Behörden und Regierungen «monopolisiert» werden,[42] sondern gehöre den Menschen. Oft wies Rudolf Steiner in Vorträgen auf diesbezügliche Gefahren hin, die er als horrend erachtete, und erhoffte eine viel größere Anteilnahme der Bevölkerung an medizinisch-wissenschaftlichen Grundsatzfragen und Richtungsentscheidungen. Er war schockiert, wenn eine solche wache und aktive Partizipation ausblieb, auch unter Anthroposophen selten war. «Und so sieht denn auch ein großer Teil der Bevölkerung mit einem großen Gleichmute zu, wenn das medizinische Papsttum immer größere Dimensionen annimmt und in den verschiedensten Formen sich einnistet, so zum Beispiel wenn es jetzt mitredet und in einer ungeheuren Weise in die Erziehung der Kinder eingreift, in das Schulleben ...»[43]

«Grundlegendes für eine Erweiterung der Heilkunst nach geisteswissenschaftlichen Erkenntnissen» lautete der Titel eines Buches, das von Rudolf Steiner und Ita Wegman verfasst wurde und im Herbst 1925, sechs Monate nach Steiners Tod, in deutscher und englischer Sprache erschien.

Peter Selg

Anmerkungen

1 Rudolf Steiner: Ursprungsimpulse der Geisteswissenschaft. Christliche Esoterik im Lichte neuer Geist-Erkenntnis (1906–1907). GA 96. Dornach ²1989, S. 18.

2 Vgl. Alfons Labisch: Homo hygienicus. Gesundheit und Medizin in der Neuzeit. Frankfurt a. M. 1992.

3 Alfons Labisch: «Die hygienische Revolution im medizinischen Denken. Medizinisches Wissen und ärztliches Handeln». In: Angelika Ebbinghaus und Klaus Dörner: Vernichten und Heilen. Berlin 2001, S. 80.

4 Vgl. hierzu u. a. Rudolf Steiner: Quellentexte für die Wissenschaften. Texte zur Medizin. Anthroposophie und Heilkunst. Hg. Selg, Peter. 2 Bände. Dornach 2004 und Peter Selg: Rudolf Steiner. 1861–1925. Lebens- und Werkgeschichte. 7 Bände. Arlesheim ²2017.

5 Vgl. hierzu insbesondere Rudolf Steiner: Geisteswissenschaft und Medizin (1920). GA 312. Dornach ⁸2020.

6 Rudolf Steiner: Physiologisch-Therapeutisches auf Grundlage der Geisteswissenschaft. Zur Therapie und Hygiene (1920–1924). GA 314. Dornach [4]2010, S. 242.

7 Rudolf Steiner: Aus den Inhalten der esoterischen Stunden (Band I: 1904–1909). GA 266a. Dornach [2]2007, S. 266.

8 Rudolf Steiner: Das christliche Mysterium (1906–1907). GA 97. Dornach [3]1998, S. 253.

9 Rudolf Steiner: Ursprungsimpulse der Geisteswissenschaft. Christliche Esoterik im Lichte neuer Geist-Erkenntnis (1906–1907). GA 96. Dornach [2]1989, S. 19.

10 Rudolf Steiner: Die Mysterien des Morgenlandes und des Christentums (1913). GA 144. Dornach [4]1985, S. 33.

11 Rudolf Steiner: Erfahrungen des Übersinnlichen. Die drei Wege der Seele zu Christus (1912). GA 143. Dornach [4]1994, S. 141.

12 Rudolf Steiner: Die Theosophie des Rosenkreuzers (1907). GA 99. Dornach [7]1985, S. 72.

13 Vgl. hierzu u. a. Peter Selg: Die Gegenwart des Vergangenen. Rudolf Steiner und die Aktualität des Jahres 1917. Arlesheim 2017 (Kap. 2.2. «Vom Wirken zerstörender Kräfte», S. 89ff.).

14 Rudolf Steiner: Wie erwirbt man sich Verständnis für die geistige Welt? Das Einfließen geistiger Impulse aus der Welt der Verstorbenen (1914). GA 154. Dornach [2]1985, S. 47.

15 Ebd.

16 Rudolf Steiner: Physiologisch-Therapeutisches auf Grundlage der Geisteswissenschaft. Zur Therapie und Hygiene (1920–1924). GA 314. Dornach [4]2010, S. 287.

17 Rudolf Steiner: Zur Geschichte und aus den Inhalten der ersten Abteilung der Esoterischen Schule 1904–1914. GA 264. Dornach [2]1996, S. 378.

18 Rudolf Steiner: Aus den Inhalten der esoterischen Stunden. (Band I: 1904–1909). GA 266a. Dornach [2]2007, S. 298.

19 Rudolf Steiner: Zur Geschichte und aus den Inhalten der ersten Abteilung der Esoterischen Schule 1904–1914. GA 264. Dornach [2]1996, S. 379.

20 Rudolf Steiner: Unsere Toten. Ansprachen, Gedenkworte und Meditationssprüche 1906–1924. GA 261. Dornach [2]1984, S. 17.

21 Rudolf Steiner: Die Offenbarungen des Karma (1910). GA 120. Dornach [8]1992, S. 151.

22 Rudolf Steiner: Physiologisch-Therapeutisches auf Grundlage der Geisteswissenschaft. Zur Therapie und Hygiene (1920–1924). GA 314. Dornach [4]2010, S. 288.

23 Ebd., S. 287.

24 Vgl. hierzu u. a. Sergej O. Prokofieff: Die Begegnung mit dem Bösen und seine Überwindung in der Geisteswissenschaft. Der Grundstein des Guten. Dornach [1]1999.

25 Rudolf Steiner: Physiologisch-Therapeutisches auf Grundlage der Geistes-

wissenschaft. Zur Therapie und Hygiene (1920–1924). GA 314. Dornach [4]2010, S. 288.

26 Vgl. hierzu u.a. Peter Selg und Marc Desaules: Ökonomie der Brüderlichkeit. Zur Aktualität der sozialen Dreigliederung. Arlesheim [1]2016.

27 Rudolf Steiner: Wie erwirbt man sich Verständnis für die geistige Welt? Das Einfließen geistiger Impulse aus der Welt der Verstorbenen (1914). GA 154. Dornach [2]1985, S. 48.

28 Rudolf Steiner: Geisteswissenschaftliche Menschenkunde (1909). GA 107. Dornach [6]2010, S. 112.

29 Vgl. hierzu u. a. Peter Selg: Was heißt und zu welchem Ende studiert man Anthroposophische Medizin? Arlesheim [1]2017 und Peter Selg: Rudolf Steiner, die Anthroposophie und der Rassismus-Vorwurf. Gesellschaft und Medizin im totalitären Zeitalter. Arlesheim 2020.

30 Rudolf Steiner: Schicksalsbildung und Leben nach dem Tode (1915). GA 157a. Dornach [3]1981, S. 71.

31 Rudolf Steiner: Die Verbindung zwischen Lebenden und Toten (1916). GA 168. Dornach [4]1995, S. 202.

32 Vgl. hierzu u. a. Peter Selg: Die Würde des Leibes und die gesundende Kraft des Geistes. Arlesheim [1]2016.

33 Rudolf Steiner: Die Offenbarungen des Karma (1910). GA 120. Dornach [8]1992, S. 91.

34 Rudolf Steiner: Wo und wie findet man den Geist? (1908/09). GA 57. Dornach [2]1984, S. 187.

35 Vgl. Carl Ludwig: Lehrbuch der Physiologie des Menschen. Vorwort des zweiten Bandes. Heidelberg [1]856, S. 1.

36 Rudolf Steiner: Die Offenbarungen des Karma (1910). GA 120. Dornach [8]1992, S. 82.

37 Rudolf Steiner: Die Polarität von Dauer und Entwicklung im Menschenleben (1918). GA 184. Dornach [3]2002, S. 293.

38 Rudolf Steiner: Physiologisch-Therapeutisches auf Grundlage der Geisteswissenschaft. Zur Therapie und Hygiene (1920–1924). GA 314. Dornach [4]2010, S. 260.

39 Vgl. hierzu Rudolf Steiner: Die Kernpunkte der sozialen Frage (1919). GA 23. Dornach 1976.

40 Rudolf Steiner: Physiologisch-Therapeutisches auf Grundlage der Geisteswissenschaft. Zur Therapie und Hygiene (1920–1924). GA 314. Dornach [4]2010, S. 223.

41 Rudolf Steiner: Die Verbindung zwischen Lebenden und Toten (1916). GA 168. Dornach [4]1995, S. 110.

42 Ebd., S. 164.

43 Rudolf Steiner: Geisteswissenschaftliche Menschenkunde (1909). GA 107. Dornach [6]2010, S. 99f.

Herausforderungen und Perspektiven der Corona-Krise in der Land- und Ernährungswirtschaft

Für viele Menschen in ärmeren Regionen und Ländern ist durch die Pandemie-Politik der Regierungen schlicht eine neue Hungerkrise entstanden, da es zahlreiche Länder gibt, in denen 30 bis 50 Prozent der Menschen im sogenannten informellen Sektor leben und arbeiten. Das heißt, sie suchen sich jeden Tag neu eine Arbeit und die Familie lebt vom Tageseinkommen. Die Einfrierung des gesellschaftlichen Lebens bedeutete für diese Menschen die völlige wirtschaftliche Katastrophe. Sie haben keine Arbeit, sie haben kein Essen. In Kolumbien zum Beispiel gibt es jetzt die Regel, dass die Menschen, die Hunger haben, ein rotes Tuch vors Fenster hängen, damit Hilfsorganisationen zu ihnen kommen können – und es gibt Quartiere, wo jedes zweite Haus rot beflaggt ist. Man spricht von 20 Millionen Menschen, die nicht genügend zu essen haben. Oder in Pretoria (Südafrika) hat sich eine über vier Kilometer lange Schlange von Menschen gebildet, die für Essenspakete anstehen. Es gibt auch bei uns das überraschende Phänomen: In Genf, einer der reichsten Städte in der wohlhabenden Schweiz, werden Essensverteilungen an Bedürftige organisiert, weil sie schlicht nichts mehr zu essen haben.

Folgen des Lockdowns

Der allgemeine, weltweite Lockdown führte zu einer Rückführung auf die essenziellen Grundbedürfnisse. Die Nahrung und das Essen stehen da an vorderster Stelle. Eingesperrt zuhause in den eigenen vier Wänden war das Essen ein wesentlicher

Bestandteil des Tagesrhythmus. Viele Familien haben das Kochen und die gemeinsamen Mahlzeiten wieder entdeckt. Bio- und Regionalprodukte wurden vermehrt nachgefragt. Der entsprechende Markt war vor allem in der Anfangszeit völlig überhitzt, sicher auch durch Hamsterkäufe.

Ein Aspekt dabei war, dass Covid-19 für die Tiere, die Pflanzen und die Erde keine Gefahr darstellt. Das heißt, die Natur und damit die Landwirtschaft und die Nahrungsgrundlage waren zu keiner Zeit gefährdet. Und damit war während der vielen Wochen der weltweiten Unsicherheit, die viele Dimensionen des Lebens erfasst hat, die Natur und die nicht kontaminierte Nahrung eine sichere Basis für das Leben und das Lebensgefühl.

So kam es zu einer neuen Entdeckung und Wertschätzung der Gärten und der näheren häuslichen Umgebung, insbesondere in Ländern, wie zum Beispiel Frankreich, wo der Ausgang auf eine Stunde pro Tag und in einem Radius von einem Kilometer um die Wohnung beschränkt war. Der Aufenthalt in der Natur als essenzielles Element von Lebensqualität ist wieder neu entdeckt worden. Durch die geschlossenen Grenzen und den Unterbruch vieler globaler Lieferketten wurde die Regionalwirtschaft gerade im Lebensmittelbereich wieder geschätzt. Viele neue Kontakte zwischen Produzenten und Konsumenten sind entstanden. Die Produzenten fühlen sich neu gesehen und erfreuen sich einer größeren Wertschätzung.

Vor der Corona-Krise drehte sich vieles um die Klimakrise. Da die Landwirtschaft für viele Umwelt- und Klimasünden verantwortlich ist, war sie stark unter Beschuss. Es ging um mehr Ökologie und weniger forcierte Produktivität. In der Corona-Krise standen jetzt die produzierten Nahrungsmittel im Vordergrund und die Klima-Ökologie im Hintergrund. Das wird sich wieder ändern, aber ‹nur› Ökologie ohne vernünftige Nahrungsmittelproduktion auch in quantitativer Hinsicht wird es schwerer haben.

Am Markt werden Bio und die Marke Demeter sicher dazugewinnen, denn generell hat Essen eine neue Wertschätzung erfahren. Das ist für die Biobranche eine große Chance. Für Demeter bleibt dabei die Herausforderung, eine Nahrungsmittel-Qualität zu kommunizieren, die einerseits den ganzen Weg vom «Acker auf den Teller» beinhaltet und andererseits auch wirklich nachvollziehbar in der Vitalität und der Reife der Produkte wahrnehmbar und wirksam ist.

Neue Krankheiten fordern eine ökologische Wende

Die Krankheit im Zusammenhang mit Covid-19 betrifft nur den Menschen. Aber die Corona-Krise hat eine wachsende Bedrohung aufgezeigt, vor der viele Biologen, Ökologen und Agronomen seit einiger Zeit gewarnt haben: Die besorgniserregende Zunahme neu auftretender Krankheiten bei Menschen, Tieren und auch Pflanzen. Eine Reihe schwerwiegender Veränderungen in unserer Umwelt sowie in der Landwirtschaft und im Umgang mit der Natur haben das Auftreten dieser viralen und bakteriellen Krankheiten begünstigt. Dazu gehören u. a. die globale Erwärmung, die eine Verdrängung von Arten aus ihrer ursprünglichen Umgebung begünstigt, die zunehmende Globalisierung des Handels mit Agrarprodukten, der besorgniserregende Rückgang der biologischen Vielfalt auf globaler Ebene und die ökonomisch bedingten industriell-landwirtschaftlichen Praktiken wie Monokulturen und Massen-Viehhaltung. So zeigt beispielsweise eine 2010 veröffentlichte Metaanalyse (Le Monde, 15.12.2010), dass der Rückgang der biologischen Vielfalt mit einer Zunahme von Infektionskrankheiten auf der ganzen Welt einhergeht. Andere Studien stellen den Zusammenhang zwischen der Zerstörung der natürlichen Umwelt und der Zunahme neu auftretender Krankheiten her (Le Monde diplomatique, 3/2020). Das Coronavirus ist nur ein Beispiel für die dramatischen Folgen, die solche neu auftretenden Krankheiten auf globaler Ebene verursachen können. Eine weitere ebenso große, wenn nicht noch größere Gefahr für die Gesundheit ist die rasche Entwicklung gegen Antibiotika multiresistenter Bakterien, die durch den systematischen und prophylaktischen Einsatz von Antibiotika in der Tierhaltung und deren Missbrauch in der Human-Medizin verursacht wird (Die Zeit, 20.11.2014).

Es besteht dringender Aufklärungsbedarf für die Öffentlichkeit, wie unsere gegenwärtige wirtschaftliche und zivilisatorische Lebensweise im Zusammenspiel verschiedener Faktoren die Entwicklung dieser Pflanzen- und Tierkrankheiten fördert und damit unsere Lebensgrundlage auf der Erde zunehmend gefährdet und zerstört. Die biologisch-dynamische Landwirtschaft hat seit bald 100 Jahren einen systemisch-lebensfördernden Ansatz entwickelt, der in Bezug auf Krankheiten auf Widerstandsfähigkeit zielt und Prinzipien für die landwirtschaftliche Praxis entwickelt hat, die es erlauben, im Einklang mit der Natur und diese fördernd, Nahrungsmittel für den Menschen zu erzeugen.

Völlig anders sehen dagegen Ansätze zur Lösung des Problems aus, die von den großen Pflanzenschutzmittelherstellern unterstützt werden und die einen diametral entgegengesetzten Weg vorschlagen. Anstatt Ackerbau und Viehzucht in landwirtschaftliche Gebiete zu integrieren und dadurch in sich geschlossene Naturzusammenhänge zu bilden, schlagen sie vor, durch einen ‹hygienischen› Ansatz jeden Kontakt von Nutztieren mit der Natur und damit mit Viren und Bakterien zu begrenzen. Dies würde zu einer Zunahme der Massentierhaltung führen. Die Tatsache, dass bei den Gesundheitsproblemen der letzten Zeit nur selten die Fabrikbetriebe, sondern immer eher die kleinen Freilandbetriebe beschuldigt werden, ist symptomatisch für die Macht der Lobbys der industriellen Chemie-Landwirtschaft. Angesichts dieser Tatsache ist es unerlässlich, ein ‹Bündnis für das Leben› mit vielen Allianzpartnern anzustreben und zu erreichen.

Der resiliente Betrieb und entsprechende Foodsysteme

Der biodynamische Impuls für die Landwirtschaft und Ernährung stellt sich in wenigen Kernprinzipien dar, wovon eines der geschlossene, in sich vielfältige Betrieb ist. Dieses Prinzip kann traditionell wirken und verstanden werden, insbesondere in Abgrenzung zum ‹modernen› Betrieb, der rein nach betriebswirtschaftlichen Kriterien eingerichtet ist. Jede Rentabilitätsrechnung führt aber zur Spezialisierung der Betriebe und diese wiederum fordert den Einsatz von Dünger, Pestiziden und Industriefutter.

Dagegen ist das Bauprinzip des biodynamischen Betriebs die interne Wechselwirkung der verschiedenen Tier- und Kulturarten. Oder anders gesagt, ein landwirtschaftlicher Organismus gliedert sich in verschiedene Organe, die zusammen ein Ganzes ergeben und die mehr sind als die Summe der Teile. Es gibt mehrere Gründe, einen Betrieb so einzurichten und zu führen: einer davon ist die Resilienz. Der Begriff steht für das Vermögen, mit äußeren Einflüssen beweglich umzugehen, Einflüsse absorbieren zu können, stresstolerant zu sein und Gesundheit und Leistungsvermögen nicht gleich zu verlieren, selbst wenn ein rauer Wind weht. Ein biodynamischer Betrieb strebt in diesem Sinne eine hohe Resilienz an.

Bis jetzt haben wir diese Resilienz vor allem agronomisch verstanden und insbesondere auf die Veränderungen bezogen, die mit dem Klimawandel einhergehen. Die sozialwirtschaftliche Stresssituation durch die Corona-Krise lässt uns diese Resilienz aber auch in ihrer gesellschaftlichen und wirtschaftlichen Dimension entdecken. So ist ein vielfältiger Betrieb sozialwirtschaftlich resilient. Und das ist sehr viel wert, wenn das ganze wirtschaftliche Gefüge unsicher wird.

Wie können unsere Volkswirtschaften gegenwärtig wieder stabilisiert werden? Nur durch gigantische Finanzspritzen des Staats wird es nicht gehen. Es braucht Vertrauen – und jeder Betrieb, der mit einer solchen Stresssituation umgehen kann, ist ein Teil der Lösung. Er schafft Vertrauenspotenzial, er zieht nicht Kräfte aus dem System, sondern speist Kräfte ein. Viele biodynamische Betriebe sind wie Prototypen von resilienten Wirtschaftsbetrieben. Und das, was auf den ersten Blick traditionell wirkt, wird bei näherem Zusehen eine Befähigung aus der Zukunft.

Kein Betrieb steht heute volkswirtschaftlich alleine da. Auch der agronomisch geschlossene Landwirtschaftliche Betrieb nicht, denn er ist ja produktiv und die Produkte müssen vom Hof in die umgebende Sozietät. In hoch entwickelten Volkswirtschaften sind nur noch ein bis drei Prozent der werktätigen Bevölkerung in der Landwirtschaft tätig. Alle anderen müssen von diesen wenigen in der Urproduktion Tätigen ernährt werden. Produktion, Verarbeitung, Handel und Konsum bilden zusammen das Wirtschaftssystem einer Branche. Entsprechend spricht man auch von einem ‹Foodsystem›. Der ungeschützt offene, spezialisierte Betrieb ist tendenziell angekoppelt an das globale Foodsystem, für das er die Rohstoffe produziert, die dann über industrielle Verarbeitung und Supermärkte und unterstützt durch TV-Werbung auf den Tisch kommen und in einer Fastfood-Kultur ihre Entsprechung hat. Der biodynamische Betrieb dagegen bildet nach Maßgabe seiner inneren Bauprinzipien auch sein nach außen gehendes Netzwerk: Es gibt Direktverkauf, Vertragslandwirtschaft, regionale Wertschöpfungsketten mit handwerklicher Verarbeitung etc. mit einer Art Innenkultur des wirtschaftlichen Zusammenhangs, das viele persönliche Kontakte bringt.

Resiliente Foodsysteme basieren auf echtem und ehrlichem Umgang mit Boden, Pflanzen und Tieren und überschaubaren wie langfristigen persönlichen Handelsbeziehungen, die in Krisenzeiten nicht wegbrechen, sondern halten und dadurch Vertrauen geben. Eine Wirkung der Corona-Zeit wird sicher die vermehrte Suche nach Wirtschaftsformen sein, die nicht nur anonym und preisgetrieben sind. Die Land- und Ernährungsbranche steht für diese Suche mit an erster Stelle, und wir dürfen hoffen, dass die vielen Ansätze zu assoziativ gestalteten Foodsystemen, die es u. a. ausgehend von den biodynamischen Betrieben gibt, einen Beitrag leisten können zu dieser zu entwickelnden ‹humanen› Wirtschaft.

Landwirtschaft, Boden und Nationalismus

Es ist jetzt schon deutlich: Corona-Krise und Klimaentwicklung werden stark auf Land- und Ernährungswirtschaft wirken. Wir können von einer weiteren Polarisierung ausgehen: Auf der einen Seite eine Stärkung der biologischen, regionalen, multifunktionellen Land- und Ernährungswirtschaft; auf der anderen Seite wird die mit nationaler Ernährungssicherheit begründete Intensivproduktion neuen Auftrieb bekommen. Es geht in der Landwirtschaft aber nicht nur um mehr oder weniger Chemie, das heißt um die ökologische Frage. Es geht auch um die sozialgesellschaftliche Frage, wie das Verhältnis der Menschen zum Boden gestaltet ist. Hier gilt es aufmerksam zu sein, denn ‹regional› wird schnell ‹national› und ‹ökologisch› kann von einer Stimmung des gesunden Heimatbodens instrumentalisiert werden. ‹America first› heißt ja u. a. Amerika den Amerikanern – und entsprechende Slogans und Bewegungen gibt es in sehr vielen Ländern.

Es liegt hier das Paradox vor, dass die weltweite Covid-19-Pandemie zu einer Schließung der Grenzen und damit faktisch zu einem jeweils nationalen Agieren geführt hat. Wir leben jetzt Wochen und Monate wieder in einem nationalen Bezug – ob gewollt oder nicht gewollt, sei dahingestellt. Es ist faktisch unsere Realität. Das wurde durchaus nicht nur als Behinderung empfunden, sondern vielfach auch als eine neue Beheimatung in ‹meinem› Land erlebt. Viele Länder haben große und aufwendige Heimschaffungs-Programme durchgeführt, weil man in unsicheren Zeiten nur zuhause sicher ist. Diese neue Beheimatung wird mit den Lockerungen nicht einfach verschwinden. Man mag darin auch positive Aspekte sehen, aber gerade wir im Bereich der Landwirtschaft, die täglich mit dem Boden umgehen, müssen auch die Gefahr erkennen, dass damit eine neue kollektive Bindung an den Boden einhergehen kann. Die Biodynamik ist an dieser Stelle auch gefährdet, denn sie subsumiert den Landwirt, den auf dem Hof tätigen Menschen, gerne in das hehre Bild des landwirtschaftlichen Organismus. Und da muss deutlich gesagt werden: Nein, der Mensch gehört nicht zum Boden, sondern der Boden gehört zum Menschen!

Es ist gerade eine der Errungenschaften des modernen Individualismus, dass der Einzelne sich emanzipiert von dem Kollektiv und potenziell frei wird. Diese individuell verfügbare Freiheit ist eine entscheidende Grundlage der Anthroposophie und damit der biologisch-dynamischen Wirtschaftsweise. Und nur auf dieser Grundlage – und nicht aus einer alten kollektiven Bindung – ist es ‹statthaft›, sich so intensiv mit dem Boden und dem Naturgeschehen zu verbinden, wie das in der Biodynamik und zum Teil auch im Biolandbau üblich ist.

Biodynamische Höfe und Orte leben aus der Kraft der freien individuellen Initiative und Verantwortung der tätigen Menschen. Und die biodynamische Bewegung lebt aus dem kosmopolitischen Zug, der uns über die ganze Erde in einem geistigen Sinn verschwistert.

Neue Beziehungen zur Lebenswelt

Neben der Klimakrise und dem Rückgang der Artenvielfalt hat die Corona-Krise viele Menschen dazu veranlasst, ihre eigene Beziehung zur Lebenswelt zu überdenken und sich unserer gegenwärtigen Naturferne und der grundlegenden Bedeutung der Landwirtschaft für unser tägliches Leben und unsere Ernährung bewusst zu werden. Zahlreiche Artikel, Radiosendungen etc. zeugen davon. Ein wachsendes Bewusstsein für die Bedeutung einer friedlichen und partnerschaftlichen Beziehung zur Natur entsteht, insbesondere unter jungen Menschen.

So eröffnen sich neue Funktionen und Möglichkeiten für biologische und biologisch-dynamische Betriebe: die Informations- und Ausbildungsaktivitäten wie zum Beispiel in der Anlage von Schulgärten oder in anderen Formen von partizipativen und innovativen Räumen zur Entwicklung eines anderen Bewusstseins und einer neuen Beziehung zu der uns umgebenden Lebenswelt. Möglicherweise wird es verstärkt junge Menschen oder junge Paare geben, die in Zukunft verstärkt eine Rückkehr auf das Land aus einer globalen Aufgabe heraus anstreben – vielleicht sogar nur wie in Peru, um einfach das tägliches Überleben ihrer Familie zu sichern. Dies war bereits der Fall in Griechenland und anderen südeuropäischen Ländern nach der Finanzkrise von 2008. Die Herausforderung wird darin bestehen, diese Prozesse zu begleiten, um eine gute Integration dieser Menschen in die gewachsenen Gemeinden und in den Gemeinschaften zu ermöglichen

Zukunftsaufgaben der biodynamischen Bewegung

Was können wir als biodynamische Bewegung beitragen, damit jeder Mensch zu essen hat? Müssten wir uns nicht ganz neu erfinden? Biodynamisch müsste für jeden Menschen heißen: Für mich gibt es ein Stück Boden auf der Erde, wo Nahrung für mich wächst. Ich bin für diesen Boden verantwortlich, ich bin für meine Nahrung verantwortlich. Will ich meinen Boden selbst bebauen? Will ich diese Aufgabe delegieren? Wie können wir das organisieren?

Der Boden gehört mir, solange ich auf der Erde bin. Nachher kommen die folgenden Generationen – auch sie wollen essen: Wir müssen die Erde so bebauen, dass auch sie leben können. Biodynamisch würde neu heißen: Die Erde ist ein lebendiges Wesen, sie trägt uns und sie kann so bearbeitet werden, dass sie alle Menschen von Generation zu Generation ernährt.

Ueli Hurter und Jean-Michel Florin

Corona und biodynamische Landwirtschaft

Eine große Gefahr wäre es, die aktuelle Corona-Krise nur als Unfall oder als reines Gesundheitsproblem zu sehen, mit einer schnell möglichen Rückkehr zum «business as usual». Nein, diese Krise ist ein globales, systemisches Symptom, eine Art Super-GAU! In den letzten zwei bis drei Jahrzehnten gab es schon viele ähnliche Krisen, die aber nicht ernst genommen wurden. Diese Krise, die jetzt in allen Medien die Klima- und Umweltkrisen verdrängt hat, zeigt auf eindrückliche Weise die großen Schwachstellen unserer modernen Lebensweise: in ökologischer, ökonomischer, finanzieller, politischer, sozialer wie auch geistiger Hinsicht.

Ein wichtiger Aspekt der geistigen Krise ist unsere Beziehung zur Natur, die sich heute immer noch zum großen Teil in der fortwährenden Zerstörung des Lebensraums und der lebendigen Wesen ausdrückt. In verschiedenen Artikeln der letzten Wochen rufen Autoren[1] nach einer neuen Gestaltung unserer Beziehung zur Natur und zur Erde. Ich will hier versuchen, einige Gesichtspunkte aus dem Blick der Landwirtschaft beizusteuern.

Für die Landwirte wie für die Ökologen kommt die Corona-Pandemie nicht unerwartet. Seit mehr als 20 Jahren gibt es fast jedes Jahr eine neue Seuche bei unseren Nutztieren: die Vogelgrippe, die Schweinegrippe – die beide wie Corona auch auf den Menschen übergesprungen sind –, die Blauzungenkrankheit bei Schafen usw. Fast jede Tierart wurde von einer solchen Epidemie getroffen. Bei den Kulturpflanzen vermehren sich in letzter Zeit auch Viren-, Bakterien- und Pilzkrankheiten,[2] besonders auch wegen der Klimaerwärmung. Zum Beispiel die Xylella, die in Süditalien tausende von Hektaren sehr alter

Olivenbäume in kurzer Zeit getötet hat. Es scheint wirklich etwas aus dem Ruder zu laufen mit der Gesundheit der Naturwesen. Auf der einen Seite gibt es ingesamt eine Schwächung der Lebewesen, auch bei den Menschen, aufgrund der vielfältige Umweltverschmutzung[3] und auf der anderen Seite eine starke Erhöhung der Epidemien und ihrer Virulenz. Zwischen 1940 und 2000 hat sich die Anzahl der Infektionskrankheiten vierfach erhöht.[4]

Dies zeigt, wie dringend wir ein neues Verständnis des Lebendigen und eine neue Haltung dem Lebendigen gegenüber brauchen.

Fledermaus, Massentierhaltung oder P4-Labor?

Zurück zum Coronavirus. Man wird wahrscheinlich vergeblich nach dem wahren Ursprung der aktuellen Covid-19-Pandemie suchen. Es gibt gegenwärtig mehrere Hypothesen, die interessanterweise je nach der persönlichen Einstellung bevorzugt werden. Sie sind oft ein Spiegel unserer eigenen Sicht auf die Welt. Zu welcher Hypothese neige ich? Neige ich vielleicht dazu, weil sie meiner Weltanschauung entsprich?

Einige Experten meinen, dass das Virus von einer Fledermaus über ein Schuppentier zu den Händlern und Käufern auf einem Markt in Wuhan gekommen ist, wo viele lebende wilde sowie Nutztiere verkauft werden. Diese Meinung entspricht der Vorstellung von einer gefährlichen «wilden» Natur und von den «bösen» Chinesen mit ihren vermeintlich komischen bis ekligen Nahrungsgewohnheiten.

Bereits für die Vogelgrippe gab es eine ähnliche Hypothese, die besagte, dass die wilden Tiere schuld seien. Viele Medien behaupteten, sie sei aus Asien von Zugvögeln gebracht worden. Diese Ansicht war sehr unwahrscheinlich, da der Vogelzug von Norden nach Süden geht, die Vogelgrippe-Krankheit sich jedoch von Ost nach West ausbreitete.

Tatsächlich hat ein großer Teil der Bevölkerung eine unbestimmte Angst vor der ‹wilden› Natur, der man sich mehr oder weniger bewusst ist. Diese Angst führt zu vielen unüberlegten Handlungen, um die Natur zu begrenzen, zu beherrschen oder sogar bestimmte Wesen auszurotten. Ich nehme täglich diese zumeist unbewusste Haltung in meiner direkten Umgebung, in einem kleinen Dorf in Frankreich, wahr. Alle Unkräuter werden regelmäßig weggejätet, der Rasen immer geschnitten, auch wenn es überhaupt kein Sinn macht, Brombeeren ständig ausgerissen usw. In seinem Buch (*Die Angst vor der Natur*) beschreibt François Terrasson[5] diese Urangst sehr genau und kommt zu dem Schluss, dass wir sie genauso wie ihre positive Kehrseite, die Liebe zur Natur, in uns integrieren sollten. So gesehen ist aber das Virus Teil einer gefährlichen äußeren Natur, das es wie andere Schädlinge (Insekten, Bakterien, Unkräuter, usw.) auszurotten gilt – eine Art von Kriegsführung, wie sie die industrielle Landwirtschaft sehr effizient beherrscht. Der französische Präsident Macron hat die ganze Bevölkerung gegen Corona zu einem Krieg aufgerufen. Wie schaffen wir die Bedingungen, damit die Menschen und besonders die Kinder diese Angst vor der Natur, die oft zu einer kriegerischen Haltung führt, überwinden?

Dennoch, wenn man die Hypothese ‹Fledermaus› weiter untersucht, kommt man auf sehr interessante Zusammenhänge. Eine Analyse zeigte schon 2010, dass die Verminderung der Biodiversität mit einer Zunahme an Infektionskrankheiten einhergeht.[6] Denn die Reduzierung der Biodiversität ist immer mit der Zerstörung von Biotopen verbunden. In der Folge dieser Zerstörung nähern sich die übriggebliebenen Tierarten den Siedlungsgebieten und Menschen an. Das Beispiel der Lyme-Krankheit (Borreliose), die in den USA aufgetaucht ist, hilft, diese Tatsache besser zu verstehen. Diese Krankheit[7] erscheint in den 80er-Jahren in der Stadt Lyme in Connecticut, verbreitet sich dann sehr schnell in Amerika und ist seit mehr als 30 Jahren auch in Europa anzutreffen. Nach Ansicht von Ökologen hat sich die Borreliose erst im letzten Jahrhundert in Nordamerika stark verbreitet im Zusammenhang mit der Massenentwicklung ihres Wirts, der Zecke.

Nach der Kolonisation von Nordamerika wurde der Osten des Landes für die Gewinnung von Holzkohle für Industrie und Landwirtschaft stark entwaldet. Am Anfang des 19. Jahrhunderts gab es kaum noch Bäume und Wälder in dieser Region. In den früheren Wäldern lebten Hirsche und ihre «Raubtiere», Koyoten, Pumas u. a. Ohne Wald gab es weniger Hirsche und alle Raubtiere wurden von den Jägern erlegt. Am Ende des 19. und Anfang des 20. Jahrhunderts verlassen Industrie und Landwirtschaft die Gegend. Die noch vorhandenen Wälder werden unter Schutz gestellt und breiten sich wieder aus. Die Hirsche und die Wirte der Borreliose, die Zecken Ixodes, die auf den Hirschen und Rehen leben, kehren zurück. Ohne Raubtiere entwickeln sich die Hirsche ungebremst. Das Opossum, welches früher die Zecken fraß[8] und sie sogar auf anderen Tieren tötete, wurde auch ausgerottet. Es wurde in der Nahrungskette durch Mäuse ersetzt, die aber die Zecken nicht reduzieren können. Viele Menschen bauen sich ein Haus auf dem Land und sind dadurch in nahem Kontakt mit den Wildtieren und auch mit ihren Zecken und dem Bakterium der Lyme-Krankheit. Der Mikrobiologe Norbert Gualde beschreibt die Situation folgendermaßen: Es gab eine Zerstörung des Lebensraums. Dann kann sich der Lebensraum wieder aufbauen, aber die Narbe ist unvollständig geheilt, bleibt offen und eitert.

Diese Beschreibung trifft zu: Eigentlich sind alle Lebewesen, auch die Mikroorganismen Teile (oder ‹Zellen›) von größeren Organismen, Landschaftsorganismen, die selbst Organe des Erdenorganismus sind. Wenn letztere große Wunden bekommen oder sogar vollständig zerstört werden, werden viele komplexe Naturkreisläufe zwischen Boden, Pflanzen und Tieren auch zerstört. Und die Mikroorganismen, seien es Bakterien, Viren oder sogar Pilzkrankheiten, können sich dann ungebremst entwickeln (‹Eiterungsprozess›) und werden ‹schädlich›, weil sie nicht mehr in einem übergeordneten Landschaftsorganismus eingebunden sind.

So stellt sich eine zweite Frage: Wie können wir die Landschaftsorganismen pflegen und gestalten, sodass Bakterien, Viren, Pilzkrankheiten usw. in Naturkreisläufe eingebunden werden und dadurch weniger schädlich werden?

Eine andere Hypothese für die Entstehung von Covid-19 ist, dass das Virus aus der Massentierhaltung in China stamme.[9] Tatsächlich hat die Haltung von riesigen Massen von wenigen Nutztierrassen in sterilen Hallen die Empfindlichkeit für Viren und Bakterien in sehr hohem Maße verstärkt. Und genau aus diesem Grund bekommen die ausgebeuteten Tiere massenweise Antibiotika, um jeder Bakterienkrankheit vorzubeugen. Was wiederum die Entwicklung von multiresistenten Bakterien fördert, die in Deutschland jedes Jahr viele Tausende Todesfälle verursachen.[10] Diese Tatsache wird leider nicht annähernd so ernst genommen wie das Covid-19-Virus. Die industrielle Landwirtschaft drückt sich in ähnlicher Weise weltweit in der Entwicklung von Monokulturen (Getreide, Kaffee, Kakao usw.) aus. Der Biologe François Moutou beschreibt, wie diese Landwirtschaft eine Welt für die Verbreitung von pathogenen Keimen schafft: «Auf einer Wiese, auf der etwa hundert Pflanzenarten wachsen, kann ein Virus verloren gehen. Aber auf einem 10 Hektar großen Maisfeld kann er sich, wenn er sich mit den Pflanzenzellen verbinden kann, unbegrenzt ausbreiten.»

Da treffen wir eigentlich auf einen anderen Aspekt des oben beschriebenen Problems: Bei der Massentierhaltung wie bei der Monokultur werden Tiere und Pflanzen wie in einer Fabrik produziert, ganz isoliert von ihrem wesensgemäßen Landschaftsorganismus.

Es gibt noch weitere Hypothesen wie die des Nobelpreisträgers Luc Montagnier, der meint, dass das Virus aus einem Versuch mit dem AIDS-Virus in dem P4-Labor von Wuhan kommen könnte.[11] Diese Hypothese stößt besonders bei Menschen, die das Bild einer bösen ‹Big Pharma›, die mit Elementen der Natur experimentiert, auf Zustimmung.

Ich muss gestehen, dass ich nicht weiß, welche dieser Hypothesen im Fall von Covid-19 zutrifft, aber jede dieser Hypothesen stimmt für einige Epidemien der Vergangenheit. Deshalb ist es dringend notwendig, um solchen Seuchen vorzubeugen, eine Zukunft vorzubereiten, die solche geschilderte Zustände Schritt für Schritt überwindet. Die biodynamische Landwirtschaft wie auch der agro-ökologische Ansatz eröffnen hier interessante Perspektiven, die ich kurz skizzieren möchte.

Vom Krieg in der industriellen Landwirtschaft zur Integration im landwirtschaftlichen Organismus

Wie kann man der Natur gegenüber eine neue Haltung entwickeln, statt sich vor ihr, die wir oft als etwas betrachten, das außerhalb von uns liegt, zu fürchten? Das bedeutet, sich weder vor der Natur zu fürchten und sie überall ‹technologisch› meistern, noch sie nur in Reservaten schützen zu wollen, ohne Teil von ihr selbst zu sein. Wie kann also die Dualität Mensch – Natur überwunden werden? Zuerst muss jeder von uns anerkennen, dass er selbst in seiner Leiblichkeit auch Natur ist. Wir sind immer noch daran gewöhnt, leicht zwischen Natur und Kultur zu unterscheiden, aber diese beiden Kategorien sind, wie der Anthropologe Philippe Descola[12] sehr gut zeigt, weder uralt noch universell; sie sind in der Zeit der Aufklärung in Europa entstanden.

Es gibt andere Visionen von der Welt, in der die Menschen alle lebende Wesen wie Brüder und Schwestern und die Erde als Wesen, als Mutter ansehen. Der anthroposophische Ansatz differenziert diese Sicht, indem er zeigt, dass jedes Wesen, Pflanze, Tier oder Mensch anders ‹in der Welt steht›. Der Geist inkarniert sich voll bei der Pflanze in der zeitlichen Metamorphose der Organe, beim Tier in der Perfektion der Spezialisierung seiner Organe. Und der Mensch, der sich weniger spezialisiert hat, behält die Möglichkeit, frei über einen Teil seiner geistig schöpferischen Kräfte zu verfügen. Sie geben ihm die Möglichkeit aktiv zu gestalten, zusammen mit den anderen Naturreichen und Neues in die Welt zu bringen. Diese Sicht, die jedem ‹Naturreich› eine besondere Aufgabe im Ganzen der Natur gibt, ist eine der Grundlagen der biodynamischen Landwirtschaft.

Die Geschichte der Landwirtschaft zeigt, dass der Mensch seit sehr langer Zeit überall auf der Erde die Natur gestaltet und pflegt. Unser romantisches Bild von ursprüngliche Natur auf der einen Seite und menschenbeherrschter Natur auf der anderen ist falsch. Und der Mensch[13] hat seit langem fast alle Landschaften der Erde mitgestaltet, manchmal aus einer partnerschaftlichen Haltung, manchmal aus einer beherrschenden heraus. Wie können wir diese partnerschaftliche Haltung verstärk entwickeln?

In der biodynamischen Landwirtschaft wird eine integrierende Haltung angestrebt. Das heißt, dass auf dem landwirtschaftlichen Betrieb, der als höherer Organismus gestaltet wird, prinzipiell alle Wesen willkommen sind. Idealerweise sollte jede Pflanze, auch Kulturpflanze, jedes Tier in seinem Zusammenhang, in einer eigenen, sie fördernden Atmosphäre wachsen oder leben können. Jedes Naturwesen, Pflanze oder Tier, kann nie für sich allein existieren: Es ist immer Teil eines größeren Ganzen, das es zu erhalten und zu gestalten gilt. Tiere und Pflanzen sind zwei sich ergänzende Wesen und die Mikroorganismen, die jedes höhere Wesen symbiotisch bewohnen, gehören auch als Ergänzung dazu. Es ist sogar so, dass wenn zum Beispiel die Pflanzen ihre zweite Hälfte (die Tiere) nicht finden, sie weniger gut gedeihen.

Das Ideal des landwirtschaftlichen Organismus ist eine nach innen stark differenzierte Einheit. Dieser Organismus ist eine große Herausforderung, aber auch ein spannender Innovationsweg – vor allem für die Landwirte, die eine Monokultur auf biodynamische Wirtschaftweise umstellen wollen, wie

z. B. gegenwärtig viele Winzer oder Obstbauern. Die Landwirte pflegen oder schaffen sogar, wenn er nicht existiert, für jede Tiergruppe wie die Vögel oder besonders auch die Wildtiere, den entsprechenden Lebensraum.

In Bezug auf die Mikroorganismen erwähnt Rudolf Steiner,[14] dass es eine besondere Beziehung zwischen den Pilzkrankheiten und anderen Mikroorganismen auf der einen Seite, und den Auen und feuchten Wiesen auf der anderen Seite gibt. Deshalb sind solche Landschaftselemente auf jedem Hof sehr wichtig, um Mikroorganismen, Bakterien und Pilzen, die Krankheiten verursachen könnten, einen Platz zu schaffen. Eine spannende integrative Sichtweise! Üblicherweise wäre man bemüht, systematisch alle Viren, Bakterien usw. zu vernichten. Man kann sich sogar fragen, ob es nicht einen Zusammenhang gibt zwischen der Zerstörung von bis zu 90 Prozent der Feuchtbiotope in Europa und der gewaltigen Zunahme der Pilz- und Infektionskrankheiten. Dieses Prinzip erhöht die Vielfalt des Lebens und fördert die Herstellung von ‹naturintimen Beziehungen› im Lebenszusammenhang zwischen verschiedene Wesen. Diese Haltung ist am Anfang der biodynamischen Umstellung für viele Landwirte schwierig zu akzeptieren. «Ich soll Pilzen, Bakterien und anderen Mikroorganismen auf meinen Hof einen Platz geben, wo ich früher in der konventionellen Landwirtschaft so viel Mühe hatte, sie wegzukriegen mit vielen Giften (Pestiziden, Fungiziden und Antibiotika)?» Genauso wichtig wie die neue Haltung ist die radikale Änderung der Einstellung der Natur gegenüber. Um dies zu erreichen, muss man sich für alle diese Wesen interessieren. Von einer propagierten ‹Kriegshaltung› gehe ich zu einer ‹Willkommenshaltung› über. Alle Wesen dürfen auf meinem Hof einen Platz haben. Diese Intention schafft eine andere Atmosphäre auf dem Hof, die direkt spürbar wird auf der seelischen Ebene. «Man fühlt sich gut hier!», sagen die Besucher, ohne genau beobachten zu können, woran es liegt. In einem Beitrag zeigt der Arzt Thomas Hardtmuth,[15] wie Viren als atmosphärische Wesen stark mit der seelischen Ebene leben. Eine Angststimmung fördert die Viren und schwächt gleichzeitig unsere Immunkräfte. Umgekehrt könnte eine ‹integrierende› Haltung der Natur gegenüber und das konkrete Schaffen von positiven ‹astralischen› Atmosphären einiges zur Vorbeugung gegen ‹böse› Viren bedeuten.

Die Landschaft gestalten

Aus diesem Prinzip wird die Landschaft ganz anders gestaltet. Statt einer Trennung zwischen Produktionsflächen und Naturschutzgebieten wird die Landschaft gegliedert und strukturiert, wo ‹Natur› (im Sinne von spontan am Ort wachsend) und Kultur (im Sinne von vom Menschen gepflanzt oder eingeführt) sich gegenseitig durchdringen. Das versucht jeder biodynamische Landwirt mit seinem landwirtschaftlichen Organismus, indem er Pflanzen und Tiere zusammen ‹kultiviert›, sodass sie ihre Potenzialität entwickeln können – das heißt Lebensmittel produzieren – und in Würde leben können. Zusammen mit der Erde sollen sie einen Kreislauf schaffen, der Fruchtbarkeit entwickelt.

Ein weiteres wesentliches Prinzip der Gestaltung ist die Pflege (oder das Anlegen, wenn sie fehlen) von Übergangszonen. Diese Biotope (Hecken, Waldränder, Ufer, Wegraine usw.) bieten höchste Biodiversität und spielen eine ähnliche Rolle wie die Zellmembranen in unserem Körper. Sie sind Wahrnehmungs- und Verbindungsorgane zwischen den verschiedenen Elementen der Landschaft. So wird Schritt für Schritt der landwirtschaftliche Betrieb als resilienter Organismus gestaltet.

Peripherisch-atmosphärisch wahrnehmen und handeln

Es gibt noch einen weiteren Aspekt zu beachten. Die letzten großen Krisen, der Klimabruch mit Erwärmung und Luftverschmutzung sowie Covid-19 haben etwas Gemeinsames: Sie erscheinen nicht zentriert-punktuell. Sie kommen ‹atmosphärisch› aus der Umgebung. Physiologisch betreffen sie unsere Atmungsorgane, die uns rhythmisch mit der Welt verbinden. Deswegen sind sie auch eine Herausforderung für unser kausales Denken, das immer linear in Ursache und Wirkung denkt. Kann man atmosphärisch und rhythmisch denken und handeln?

Schon am Anfang des letzten Jahrhunderts hatte Rudolf Steiner von dem peripherischen Ich gesprochen mit dem berühmten Zitat: «Das Ich des Menschen lebt in der Gesetzmäßigkeit der Dinge». Was heißt das konkret für die landwirtschaftliche Arbeit? Kann ich mein Ich weniger zentriert erleben, vielmehr auch peripherisch – und daraus handeln?

Eine Anekdote dazu. Ich habe vor kurzem in Korsika einen Winzer besucht, der auf Biodynamisch umstellen wollte. Er erzählte von seiner großen Überraschung, als der biodynamische Berater, statt ganz konkret auf den Boden und auf die Reben zu schauen und Fragen zu stellen, zuerst gar nichts sagte und einfach durch die Parzellen lief. Danach verstand der Winzer, dass der Berater die Atmosphäre des Ortes wahrnehmen wollte. Verglichen mit unserem Sehen ist Riechen ein atmosphärischer Sinn par excellence, der viel mehr analytisch fokussiert wahrnimmt. Üben wir uns daran, die Stimmungen stärker zu spüren oder zu riechen!

Damit können wir auch besser die biodynamischen Spritzpräparate Hornmist und Hornkiesel verstehen, die in kleinen Mengen in Wasser gerührt und entweder auf dem Boden oder in der Luft fein gespritzt werden. Es sind atmosphärische Präparate, die peripherisch – man könnte auch ätherisch sagen – wirken. Deswegen sind am Anfang der Umstellung einige

Landwirte enttäuscht, weil sie oft eine lokal sichtbare Wirkung erwarten. Sie müssen atmosphärisch wahrnehmen lernen. Es kann auch sein, dass die Wirkung erst in der Qualität der Produkte wahrgenommen wird. Ein Sommelier schreibt über die biodynamischen Weine: «Sie haben etwas Eigenartiges, sie geben mir Emotionen!» So arbeiten wir schon lange ‹peripherisch› in der biodynamischen Landwirtschaft, oft ohne es wirklich realisiert zu haben.

Damit kommen wir auf ein weiteres wichtiges Prinzip der Biodynamik: Die Anwendung der Präparate und lokaler angepasster Maßnahmen, die ganzheitlich die Gesundheit und die Resilienz der Pflanzen fördern, indem sie sie stärker mit dem Standort – Erde und Kosmos – und mit ihrer Identität (Typus) verbinden. Solche Pflanzen sind dann die Grundlage der Gesundheit der Tiere und des Betriebs. Es gibt Menschen, die merken, wie ein solcher biodynamischer Hof eine Ganzheit bildet: Die eigene Resilienz – die Stimmung – ist besser, die Gesundheit wächst und auch die Kapazität, sich von Katastrophen zu erholen. Eine aktuelle Studie zeigt, dass biodynamische gepflegte Reben eine bessere Resistenz gegen den falschen Mehltau haben als konventionell angebaute.

Diese Anwendungen können auch wegweisende Beispiele für weitere Entwicklungen sein, die die Herausforderungen der Zeit von uns verlangen. Wie können solche atmosphärische Prinzipien im Umgang mit der Natur noch breiter angewendet werden, um unsere Landschaften, das ‹Gesicht der Erde› zu pflegen? Eine ganzheitliche Gesundung unserer Landschaftsorganismen würde einen großen Beitrag leisten, um die verschiedenen Umwelt- und Gesundheitskrisen unserer Zeit zu überwinden.

Jean-Michel Florin

Anmerkungen

1 Georg Soldner: Wie leben wir zusammen? In: Das Goetheanum. Dornach. Ausgabe vom 3.4.2020, S. 10.
2 https://www.sciencesetavenir.fr/auteurs/loic-chauveau_19/ (27.5.2020).
3 Soraya Boudia: Nathalie. Gouverner un monde toxique, Versailles 2019.
4 La dépêche technique, Nov. 2019. https://www.depecheveterinaire.com (27.5.2020).
5 François Terrasson: La peur de la nature. Sang de la terre. Paris 1988.
6 Pierre Le Hir: Moins d'espèces, plus de malades infectieuses. In: Le Monde. Paris, 15.12.2010, S. 4.
7 Norbert Gualde: Comprendre les épidémies, la coévolution des microbes et des hommes. Les empêcheurs de penser en rond. Paris 2006.
8 https://www.ajc.com/news/national/how-opossums-help-fight-ticks-and-lyme-disease (27.5.2020).
9 www.grain.org/en/article/6437-new-research-suggests-industrial-livestock-not-wet-markets-might-be-origin-of-covid-19 (27.5.2020).
10 Tödliche Keime: das bringt uns noch um. In: Die Zeit vom 20.11.2014.
11 Montagnier in CNEWS vom 17.4.2020. https://twitter.com/CNEWS/status/1251080850562834432 (27.5.2020).
12 Philippe Descola: Par-delà nature et culture. Ed. Gallimard. Folio. Paris 2005.
13 Andreas Suchantke: Partnerschaft mit der Natur. Stuttgart 1993.
14 Rudolf Steiner: Geisteswissenschaftliche Grundlagen zum Gedeihen der Landwirtschaft. Landwirtschaftlicher Kurs (GA 327). Dornach 1985, S. 189.
15 Thomas Hardtmuth: Tiermast, Mikroorganismen und die Biologie der Moral. In: Die Drei, 3/2015, S. 11.

Unser Verhältnis zu den Tieren

Das Coronavirus scheint von den Tieren zu uns Menschen gekommen zu sein. Es gibt viele Indizien, die für einen solchen ‹Sprung› vom Tier auf den Menschen sprechen. Damit wären die Tiere rein kausal-biologisch die Ursache für die Pandemie mit Covid-19. Seitdem dieser Gedanke in der Öffentlichkeit angekommen ist, kann man eine Verunsicherung gegenüber den Tieren erleben. Bezeichnenderweise überwiegt nicht die Stimmung: die Tiere sind gefährlich, wir müssen uns schützen und verteidigen. Es ist eher die gegenteilige Haltung stark spürbar: wir haben den Tieren Leid zugefügt, jetzt wehren sie sich.

Diese auf Gefühlen beruhende Haltung wird durch verschiedene Quellen genährt: Sie entspricht erstens dem kritischen Zeitgeist gegenüber einer ausbeuterischen Zivilisation, die u. a. in der Massentierhaltung erlebt wird und in der Veganer-Bewegung einen aktiven Ausdruck gefunden hat. Eine zweite Quelle war eine viel beachtete Veröffentlichung von Sonia Shah in «Le monde diplomatique», im März 2020, in der sie auf die Verdrängung der Natur als Ursache von Virenausbrüchen aufmerksam macht. Als eine dritte Quelle könnte man Rudolf Steiner heranziehen, der sich mehrfach in Vorträgen dazu geäußert hat, dass epidemisch sich ausbreitende Ansteckungskrankheiten aus geistiger Perspektive ihre Ursache im menschenverursachten Leid der Tiere haben.[1]

Mit diesem Beitrag möchte ich eine Orientierungshilfe geben, wie man aus der Verunsicherung gegenüber den Tieren wieder zu einem normalen und dem Tier würdigen Umgang mit ihnen kommen kann. Die Grundlage für diese Ausführungen ist meine über 30-jährige Praxis als landwirtschaftlicher

Tierhalter und die Beschäftigung mit dem Thema in der Sektion für Landwirtschaft.

Tierindustrie und Veganismus

Die Massentierhaltung ist in jeder Hinsicht eine menschheitliche Katastrophe und ich sehe keine Möglichkeit, sie irgendwie zu verteidigen. Wie konnte es gesellschaftlich dazu kommen? Die Industrialisierung der Tierhaltung ist der Realausdruck unseres abstrakten Denkens, das die Tiere nur als ‹Dinge› denkt, die benutzt werde können. Die moderne Wissenschaft hat mit Descartes postuliert, dass das Tier eine Maschine ist und mit Darwin, dass die Tiere sich im Kampf ums Überleben entwickeln. Kombiniert man beide Paradigmen, so ist das Resultat: Tiere sind Überlebensmaschinen. Solche ‹Maschinen› kann man in Serie schalten – kein Problem. Die so erzeugten Massenprodukte wie Fleisch für die Ernährung, Pelze für die Kleidung oder Medikamente, deren Verträglichkeit für den Menschen durch unzählige Tierversuche getestet werden, führen über tiefe Preise zu der allgemein gewünschten Sozialisierung des Wohlstandes. Im Detail ist diese Industrie noch viel technischer als der naive Konsument es meint und jeder erschrickt, der sich umfassender darüber informiert.

Die nackte, kalte Intelligenz, die dort zur Anwendung kommt – und die uns modernen Menschen eigen ist! – provoziert auf der Seite des Tierreichs Hilfs-Reaktionen des Lebens, die in gewisser Weise dieselbe Sprache sprechen: Viren und Bakterien als Absplitterungen des Tierreichs scheren aus dem Lebensverband aus, vermehren sich massenhaft und werden so zu pandemischen Krankheiten, die sowohl die Tiere selbst oder auch den Menschen befallen. ‹Spin-offs› von Viren aus der Tierhaltungsindustrie gehören daher inzwischen zur Logik des Systems.

Der Schock über die Tierindustrie kann zu extremen Reaktionen führen, eine davon ist der moderne Veganismus. Er postuliert konsequent einen völligen Verzicht auf alle tierischen Produkte. Ein Glaubenssatz der Veganer ist: «Tierhaltung ist Versklavung der Tiere». Oder es gilt das Credo: «Für mich soll kein Blut fließen». So kommt es zu einer völligen Abkehr vom Tier. Jedwede Tierhaltung ist per se verwerflich und unmoralisch. Man kann dies als konsequente Haltung sehen oder als Fanatismus erleben.

Mir scheint, auch diese Haltung macht das Tier indirekt zum Ding, indem einfach gesagt wird: nicht mit mir und nicht für mich! So eine Haltung kann man zwar gegenüber einem Ding entwickeln, einem beseelten Wesen gegenüber ist sie eigentlich nicht adäquat. Auch hier wird das Tier nicht als die Verleiblichung eines seelischen Wesens gesehen. Der Veganismus führt in letzter Konsequenz zu einer seelischen Verödung der Welt, denn er beinhaltet die Verneinung der Leibbildung der Tiere, was ihren Ausschluss aus der Evolutions- und Kulturgemeinschaft mit dem Menschen bedeutet.

Das Verhältnis zum Tier scheint wie ein Prüfstein für die Befindlichkeit der eigenen Menschenwürde zu sein. Die Selbstbesinnung kann zeigen, dass die Erlebnisse mit Tieren uns besonders im Bereich des Gefühls ansprechen. Es sind tiefe und starke Gefühle, die sich einem bemächtigen, im Empfinden der Ruhe einer Kuh oder der Kraft eines Pferdes. Ein Kind wird ganz Hase, wenn es einen Hasen sieht, es schlüpft gleichsam gefühlsmäßig in das Tier hinein. Die Heftigkeit dieser Gefühle bezeugt, dass sie echt sind. Meine Seele ist dann ganz ausgefüllt davon – und dadurch diesem Gefühl auch ausgeliefert.

Wie aber können die Gefühle geläutert und geweitet werden, damit sie nicht ‹nur› die Erschütterungen in der Empfindungsseele, d. h. in unserem unmittelbaren Erleben ohne jede Reflexion ausdrücken, sondern zum Ausdruck werden von tief empfundenen aber dennoch bewussten menschlichen Herzenskräften, die dem Tier auch entgegenkommen? Wie kann ich meine Gefühle schulen und entwickeln, sodass die Tiere in meine Menschlichkeit mit aufgenommen werden können und ich nicht unbewusst in die Tierheit heruntergezogen werde? Lebendiges Denken und Gedanken, die das Wesentliche zu erfassen suchen, geben hier eine Orientierung. Handlungen, die sich bemühen, dem Wesen des Tieres zu dienen, führen zu einer Art ‹Erdung›. Diese Stützen braucht das Gefühl. Es wird dadurch nicht verdrängt, sondern kann sich zu der Qualität eines überpersönlichen «kosmischen Weltengefühls»[2] entwickeln, so formulierte es Rudolf Steiner einmal.

Tierwesenserkenntnis

Eine Erkenntnis des Tierwesens erfordert den Schritt vom Toten über das Lebendige zum Seelischen. Dieses Seelische findet einen differenzierten Ausdruck in der Morphologie, der Physiologie und dem Verhalten der einzelnen Tierarten. Jede Tierart ist hochspezialisiert, indem sich die seelisch bildende Kraft vorzugsweise in ein bestimmtes Organ oder Organsystem ergießt. «Das Tier wird von seinen Organen belehrt», sagt Goethe. In einem frühen Stadium der Embryonalentwicklung unterscheiden sich die höheren Tiere sehr wenig voneinander, die Organe sind ebenso wenig spezifiziert. Auf die Geburt zu und über die Jugendentwicklung hinweg bis zum ausgewachsenen Tier wird das jeweilig für die Tierart besonders wichtige Organsystem in den Vordergrund geschoben und voll ausgebildet. Als Kuhhalter kenne ich zum Beispiel diese Entwicklungsdynamik für Wiederkäuer mitsamt der Hornbildung sehr gut. Bei den Wiederkäuern haben die Verdauungsorgane eine besonders hohe «morphologische Wertigkeit». Dieser Fachausdruck von Adolf Portmann fasst sehr gut das Wesentliche zusammen: Organe, die eine hohe morphologische Wertigkeit haben, sind die Organe, die gegenüber der embryonalen Anlage besonders stark spezialisiert sind. Das besondere Wesen eines Tieres formt sich seine spezifischen Organe, die für diese Tierart charakteristisch sind. Sie sind Ausdruck seines Wesens und ich kann durch das anatomische, physiologische und auch das ethologische Studium der Organe zu einem Wesensverständnis dieser spezifischen Tierart kommen.

Das Tier ist genial und bringt es auf seinem Spezial-Gebiet zu höchsten Erscheinungen und Leistungen, so beispielsweise der Hund mit seiner hervorragenden Nase als besonderes Spür- und Geruchsinstrument. Es ist dadurch aber gleichzeitig gefangen und beschränkt in seiner Spezialisierung. Im Verhältnis dazu ist der Mensch ein Universalist. Das Seelische und sein leiblicher, funktionaler und sozialer Ausdruck stehen im Dienste einer individuell anwesenden Geistigkeit, dem Ich. In der universellen Konstitution des Menschen – der aufrechte Gang mit den freien Händen, der Sprachfähigkeit und dem bewussten Verhältnis zu sich selbst und der Welt durch das Denken – liegt die Grundlage für das Menschlich-Menschheitliche. Mit anderen Worten, der Mensch *ist* nicht, sondern er ist auf dem Weg, Mensch zu *werden*, biografisch, kulturgeschichtlich, evolutiv. Die Tiere haben diese Möglichkeit nicht. Jede Tierart ist für sich ein evolutiver Höhepunkt und damit aber auch ein Endpunkt. Doch gehören Tier und Mensch zusammen. Denn die Spezialisierung der Tiere ist ein Opfer, damit der Mensch ein Werdender sein kann. Damit ist keine Abkehr von den Tieren gemeint, sondern eine Würdigung und ein Aufnehmen der Tiere in den Kulturauftrag des Menschen, den die Tiere erst mit ermöglichen. «Zähme mich!», spricht der Fuchs zum kleinen Prinzen.[3] Das Tier erbittet vom Menschen in seine Menschlichkeit aufgenommen und mitgenommen zu werden.

Bruder Tier

Der Mensch geht aufrecht und durch die Aufrichte gewinnt er die freie Mitte. Nicht nur das große Gehirn als homo sapiens, sondern auch die freie Mitte ist sein besonderes Kennzeichen. Das Tier dagegen ist vorwiegend horizontal ausgerichtet, lebt ganz in der gegenwärtigen Wirklichkeit. Unsere Frage ist nicht nur die nach der Wirklichkeit, sondern auch die nach der Aufrechte und damit der Aufrichtigkeit. Die ganze moralische Dimension unseres Seins hängt konstitutionell an der Aufrechte. Und die Frage nach unserem würdigen oder unwürdigen Verhältnis zum Tier ist somit auch eine moralische Frage.

Was bedeutet nun Würde gegenüber den Tieren? Dass sie auf Augenhöhe mit uns leben können, als unsere Brüder und Schwestern? Dass wir über ihnen stehen und sie führen müssen, oder dass sie über uns stehen und wir als ungeschickte Menschenkinder von ihrer großen Weisheit geführt werden können? Es treibt uns ohne Antwort um. Denn das eine ist richtig, das andere auch und das dritte ebenso. Mein Versuch einer Antwort geht dahin zu sagen, dass wir als Menschen aus der freien Mitte heraus die Möglichkeit haben, uns mit einer gewissen Freiheit dem Tier gegenüber zu stellen. Und wer Freiheit sagt, sagt zugleich auch Verantwortung.

Jede freie Haltung und Tat ist nur in dem Maße frei, insofern sie bereit ist, die Konsequenzen aus den Handlungen zu tragen. Die Antwort auf die Frage nach dem Verhältnis Tier und Mensch ist also eine dreifache: Der Mensch steht von seiner evolutionären Herkunft einerseits über dem Tier; er und kann und soll es führen. Der der Mensch steht aber auch auf Augenhöhe mit dem Bruder Tier, denn er verdankt ihm seine Menschlichkeit. Und drittens steht der Mensch auch unter dem Tier, denn das Tier hat spezialisierte, d. h. dem Menschen weit überlegene Fähigkeiten. Ohne das Tier könnte der Mensch so auf der Erde nicht leben.

Zum ersten Gesichtspunkt: Der Mensch ist als evolutiv letztes Wesen der Schöpfung erschienen. Er behält die embryonal bei allen Säugetieren veranlagte Aufrechte bis zum Schluss bei und geht aufrecht auf der Erde. Dadurch kann er eine eigenständige Mitte ausbilden. Erst die menschliche Organisation ist ein voll durchkomponierter dreigliedriger Organismus. Dadurch kann ein auf Autonomie hin veranlagtes Seelenleben entstehen, in dem Denken, Fühlen und Wollen individuell verfügbar werden. Diese veranlagte Lern- und Kulturfähigkeit ruft den Menschen in die führende Verantwortung gegenüber dem Tier. Wie kann diese Verantwortung heute konkret gelebt werden, zum Beispiel in der Zucht und Haltung unserer Haustiere oder bei der Schlachtung der Nutztiere?

Das andere Verhältnis ist dasjenige unserer Mit-Geschöpflichkeit gegenüber dem Tier. Die Tiere können gehen wie wir, wir begleiten und helfen uns seit Jahrtausenden gegenseitig, nomadisierend und wandernd. Die Tiere haben Hunger und Durst wie wir und wir sind vereint in diesen ganz basalen Bedürfnissen. Die Tiere können schnuppern und hören wie wir. Das Pferd spitzt die Ohren und wir schauen mit ihm in seine Richtung. Das Muhen einer Kuh, der wir das Kalb genommen haben, geht uns durch Mark und Bein. Der Blick in das Auge eines verendenden Tieres ist wie der Blick in gemeinsame seelische Tiefen. Die Tiere sind so unsere Schwestern und Brüder, und wir teilen mit ihnen die Gaben der Erde und die Stimmen des Himmels. Diese Empfindung der Mit-Geschöpflichkeit den Tieren gegenüber ist ein tragender Grund für beide Seiten. Wie können wir heute diese Geschwisterlichkeit ehrlich und in einer Erteilung der beiderseitigen Würde leben?

Der dritte Gesichtspunkt ist derjenige, der anerkennt, dass die Tiere in einer gewissen Weise über dem Menschen stehen. Das findet seinen Ausdruck in den weit über das Menschliche hinausgehenden Fähigkeiten, die die Tiere auf speziellen Gebieten haben. Kein Schäfer könnte seine Herde führen ohne seinen Hund. Keine Wüste wäre vom Menschen je durchquert worden ohne die Kamele. Und die Sesshaftigkeit des Menschen wäre schlicht nicht möglich ohne die Kühe. Die Selbstverträglichkeit der Boviden (Wiederkäuer der Rindergattung) in dem Sinne, dass sie das Futter ertragen, das mit ihrem Mist gedüngt wurde, ermöglicht überhaupt erst ortsgebundene langfristige Landwirtschaft. Genauso, wie nur über die Mistdüngung langfristig eine Humussteigerung des Ackerbodens zu erreichen ist. Wie können wir heute diese besonderen, einzigartigen Tier-Leistungen gesellschaftlich kommunizieren, um dafür eine Achtung des Tierwesens zu erlangen?

Das Kulturbiotop

Dieses Grundverhältnis hat der Mensch auf seinem Gang durch die Kulturentwicklung ergriffen und in der Domestizierung der Tiere realisiert. Die Nutzung der Tiere rein für seine eigenen Zwecke bedeutet eine verkürzte Sicht. Auf Französisch heißt der Tierhalter «l'eleveur», Tierhaltung und Domestikation heißen «l'elevage». Man könnte das übersetzen mit «heraufheben». Der Tierhalter hebt das Tier zu sich hinauf. Er nimmt das Tier so gleichsam zu sich. Er lebt mit ihm, nimmt es in sein Haus als Haustier. Aus dieser Kultur sind viele Haustierrassen entstanden, ihre Diversität ist enorm. In Frankreich zum Beispiel gab es in hunderten von Regionen die jeweils regionale Kuhrasse, Schweinerasse, Hühnerrasse etc. Diese Regionalrassen oder Regionalschläge waren so etwas wie die Heimat, die die Menschen den Tieren geschaffen haben, nachdem sie ihnen die ursprüngliche Beheimatung in der freien Wildbahn genommen hatten.

Die Welt der regionalen Agrarkultur ist heute praktisch verschwunden. Insbesondere nach dem Zweiten Weltkrieg wurde die Tierhaltung radikal umgebaut, industrialisiert, globalisiert, sodass alle regionalen Bindungen weitgehend verschwunden sind. Wo können die Tiere heute eine neue Heimat finden? In einem globalisierten Genetikmix, in einer Totalmischration als Futter, das nach den Notierungen der Rohwarenbörsen zusammengemischt wird? In Massentierställen, Massentransporten und Schlachtindustrien findet sich keine Heimat. Genauso wenig wie in einem gehätschelten Kuscheltierstatus, wo der Hund zum Coiffeur geht und im Auto vorne auf dem Beifahrersitz mitfährt. Wo gibt es heute die Orientierung?

Meiner Meinung nach ist die landwirtschaftliche Ganzheit, die wir als landwirtschaftlicher Organismus und in Hof-Individualität anstreben, die Antwort aus der Zukunft auf diese Frage. Das Tier braucht einen Bezugsrahmen. Es ist ja die seelische und leibliche Verkörperung des Beziehungsgeflechtes, das es zur Erscheinung bringt. Isolierung ist sein Tod, genauso wie eine Vermassung. Der aus Einsicht und Erfahrung gewollte und gestaltete landwirtschaftliche Organismus, der ohne das Tier über längere Zeiträume nicht leben kann, ist das moderne zeitgemäße ‹Kulturbiotop› für die Haustiere, ohne das sie nicht leben können. Die Tiere sind gleichsam wie Organe in diesem Organismus. Jede Tierart bildet ein anderes Organ, aber je als Herdengemeinschaft und als generationenübergreifende Tieranwesenheit. Dadurch bekommen alle Fragen der Tierhaltung ein anderes Vorzeichen. Der Spruch von der Kuh als ‹Klimakiller› verkehrt sich dann in sein Gegenteil: die Kuh als ‹Klimaschöpfer›.

Wie dieser Ansatz konkret umzusetzen ist in der Haltung, Fütterung, Zucht und Düngung, das ist ein Hauptthema der Praxisforschung in der biodynamischen Bewegung seit den ersten Anfängen in den 20er-Jahren des letzten Jahrhunderts. Im Kern besagt die Integration der Tiere in der Biodynamik, dass wir die Schicksals- und Handlungsgemeinschaft von Tier und Mensch auf die Grundlage der landwirtschaftlichen Ganzheit im Sinne des landwirtschaftlichen Organismus stellen. In dem existenziellen Bemühen um die Realisierung der landwirtschaftlichen Individualität, wie sie Rudolf Steiner bereits 1924 vorgeschlagen hat, gestaltet der Mensch in seiner Führungsaufgabe aus den Ich-Kräften heraus ein realgeistiges ‹Kulturbiotop› – dank der Tiere, mit den Tieren und für die Tiere.

Menschenwürde und Tierwürde

Wir können die Überlegungen in ein Bild zusammenfassen: Der Mensch hat sein Ich als Bewusstsein seiner selbst in sich. Es ist der irdische Abdruck in seinem Erden-Wachbewusstsein, ein Ausdruck seiner geistigen Natur und seiner Willensnatur. Dieses Ich-Bewusstsein ist nicht gegeben, es ist zu erlernen über die verschiedenen Stufen der Entwicklung vom Kleinkind zum Schulkind, über das Jugendalter zum erwachsenen Menschen hin. Auch dann, wenn das Ich ganz da ist, ist es immer neu zu erobern, zu entwickeln. Es ist gefährdet und gestützt gleichzeitig durch die ‹Tiere› im Innern. Furcht, Hass, Zweifel sind die seelischen ‹Tiere›, die es ständig neu zu überwinden gilt. Das ist die eine Gefahr, der der Mensch ausgesetzt ist: «Tierischer als jedes Tier zu sein», wie es Mephistopheles in Goethes *Faust* ausspricht. Das Ich ist auch gefährdet und gestützt durch die Tiere, die als Urbilder im Tierkreis unser Sehfeld, das Feld unseres Wachbewusstseins begrenzen. Sie konstituieren mich aus der Zwölfheit des Tierkreises, aber ich muss die Individualisierung schaffen, sonst bleibe ich ‹Welt› und werde nicht Mensch.

Und so könnte man sagen: Im menschlichen Ich-Erlebnis, im Selbstbewusstsein, werden im Innern die Tiere erlöst aus dem Gebanntsein in die Tierheit und werden auch im Äußern erlöst aus ihrer unwandelbaren Fixierung in ihre eigene Urbildlichkeit. Wir stehen in dem «Ringen um das Humanum». Und dieses Humane gründet in der existenziellen Empfindung der Menschenwürde. Diese Menschenwürde urständet als Individualprinzip im Menschen, bleibt aber nicht auf ihn beschränkt, sondern kann und muss von ihm ausströmen in die Welt und die Natur als eine empfindungsgetragene Erkenntnis- und Handlungsqualität. Sie erzeugt Würde und bringt diese überall hin. Würde als Schutz des Geschöpften, Würde aber auch als Ermöglichungshaltung jedem Wesen gegenüber, damit es in seine nächste Entwicklungsstufe eintreten kann. Diese

Würde als zivilisatorische Kategorie braucht Orte, wo sie sich entwickeln und entfalten kann. Dürfen Höfe, die eine integrierte Viehhaltung betreiben, wie die biodynamischen Betriebe als solche Kulturorte angesehen werden? Als ‹Ankerorte› und auch Leuchttürme für ‹Würde›– als Schutz einerseits und als geistiger Entwicklungsraum andererseits?

Ueli Hurter

Anmerkungen

1 Rudolf Steiner: Erfahrungen des Übersinnlichen. Die Wege der Seele zu Christus (GA 143), Vortrag vom 17.4.1912, Dornach 1983, S. 140.

2 Rudolf Steiner: Offenbarungen des Karma (GA 120), Vortrag vom 17.5.1910, Dornach 1992, S. 53.

3 Antoine de Saint-Exupéry: Der kleine Prinz, Düsseldorf 2016, S. 79.

Der Teil und das Ganze – Zum Erkenntnisansatz anthroposophischer Naturwissenschaft

Fängt nicht überall
das Beste
mit Krankheit an?
Novalis

Die Corona-Pandemie wird weltweit von Wissenschaftlern nicht nur untersucht. Sie haben auch für politische, soziale und ökonomische Entscheide die Führung übernommen, denen Regierungen unter Umgehung üblicher demokratischer und parlamentarischer Vorgehensweisen beinahe bedingungslos folgen. Das ist befremdlich, ist die Corona-Krise doch nicht nur eine medizinisch-epidemiologische, sondern auch eine soziale, ökonomische und existenzielle Herausforderung. So einfach die Einführung von Maßnahmen des Lockdowns erscheinen, so komplex ist die Wiederherstellung des Alltags. Vielleicht liefert bereits diese Tatsache einen Hinweis, dass die wissenschaftlich epidemiologische Begründung der Einschränkungen als Entscheidungsgrundlage allein nicht ausreicht und die gesellschaftlichen und sozialen Folgen bei weitem zu wenig bedacht wurden.

Die Summe der Möglichkeiten ist noch kein Gesamtbild

Die Unklarheiten und Zweifel beginnen bereits bei der Frage nach dem Ursprung des Coronavirus. Die von der Mehrheit der wissenschaftlichen Gemeinde geteilte Ansicht vermutet eine Übertragung von Fledermäusen auf ein Schuppentier, das als Delikatesse in Farmen gezüchtet wird und lebendig auf vielen Märkten Chinas verkauft wurde. Gensequenzanalysen deuten darauf hin, dass Covid-19 bereits vor ca. 70 Jahren sich von anderen bekannten Coronaviren abgespaltet haben könnte.

Eine Minderheit mag aber auch eine gezielte Herstellung des Virus in einem Labor nicht ausschließen, auch wenn sie mit einer solchen Auffassung in die Ecke der Verschwörungstheoretiker gedrängt wird. So hat der französische Nobelpreisträger Luc Montagnier kürzlich mitgeteilt, in dem Covid-19-Virus-Gensequenzen des HIV-Virus gefunden zu haben.[1] Unmöglich ist diese Behauptung nicht, wurde doch bereits 2013 und 2015 in den unverdächtigen Fachzeitschriften ‹Nature Medicine› und ‹Nature› berichtet, wie ein SARS-Virus aus Fledermäusen im Labor verändert werden kann, um auch Menschen zu infizieren.[2] Wie bei der Rekonstruktion der natürlichen Evolution von Covid-19 gibt es auch hier keine eindeutige Sicherheit – molekulargenetische Vergleiche hängen immer von Annahmen und Wahrscheinlichkeitsüberlegungen ab.

Ähnlich polar sind die Auffassungen der Virologen in Bezug auf die mittelfristigen Strategien gegen die Covid-19-Virus-Pandemie. Während die einen eine Überwindung der Pandemie ausschließlich durch einen Impfstoff sehen, den es so rasch als möglich zu entwickeln gelte, setzen die anderen auf eine Herdenimmunität, d. h. die Durchseuchung der gesamten Bevölkerung. Auch die kurzfristigen Strategien gegen die Ausbreitung des Virus in verschiedenen Ländern sind ganz unterschiedlich gehandhabt worden. Die weitgehend totale Isolation der Bevölkerung in Italien, Spanien und Frankreich steht im Kontrast zu den geringen Sicherheitsmaßnahmen in Schweden – in beiden Fällen haben Virologen die Regierungen beraten. Es ist nicht zu übersehen, dass in allen Fällen trotz rigoroser wissenschaftlicher Expertise und eindeutiger Ergebnisse das Spektrum von Gestaltungsmöglichkeiten, mit denen der Krise begegnet werden kann, breit gefächert ist. Die in einem bestimmten Land getroffenen Maßnahmen werden mit

Verweis auf die wissenschaftliche Expertise indessen meist als alternativlos dargestellt, es fehlt eine Integration der Einzelbefunde und Maßnahmen in ein übergeordnetes Ganzes. Diese ist eine echte Herausforderung, die weit über naturwissenschaftliche Theorie- und Modellbildung hinausreicht.

Vom Gesamtbild der Krankheit zum Partikel

Historisch betrachtet begann der Weg im Umgang mit Epidemien in umgekehrter Richtung. Als Geißel der Menschheit wurde z. B. das Pockenvirus im alten China, Indien und Ägypten beschrieben. Man geht davon aus, dass auch der römische Arzt Galen die Krankheit bereits kannte und sein berühmtester Patient, Kaiser Mark Aurel, daran verstarb. Die Verbreitung der Krankheit von Afrika nach Indien, China und Asien und von dort in Etappen nach Europa liest sich so verwickelt wie die Ausbreitung des Coronavirus auch. Als Erreger wurde das Pocken-Virus erst zu Beginn des 20. Jahrhunderts von Enrique Paschen (1860–1936) beschrieben. Doch schon in China und Indien, später in Japan und schließlich in Europa wurde, wohl unabhängig und ohne von Viren zu wissen, das ‹Agens› aus Pusteln isoliert und durch Inokulation zur Prophylaxe verwendet. Durch exakte Beobachtung und Experimente versuchte man, dieser fatalen Erkrankung nach bestem medizinischen Wissen etwas entgegenzusetzen. Fortschritte in der Diagnostik und bei der Herstellung und Haltbarmachung von Vakzinen ab Mitte des letzten Jahrhunderts machten es möglich, das Pocken-Virus weltweit auszurotten.

Das Pocken-Virus ist nur ein Beispiel für eine Entwicklung einer Erkenntnis und Behandlung von Krankheiten. Wurden sie zunächst aus dem Zusammenhang heraus, in dem sie auftraten, therapiert, so führten sie später zu einem Verständnis von Viren als Krankheitserreger, d. h. ‹Partikel›. Craig Holdrege hat kürzlich in einem lesenswerten Artikel die Entdeckungsgeschichte der Viren nachgezeichnet.[3] Sie begann mit dem Mosaik-Tabak-Virus, einer Infektion bei Pflanzen. Ihr ging die Keimtheorie, die von Pasteur im 19. Jahrhundert formuliert wurde, voraus. Zunächst kontrovers diskutiert, führte sie zur Entdeckung vieler gefährlicher Infektionskrankheiten des Menschen durch Bakterien und rasch zu Impfstoffen. Das infektiöse Agens, das bei Tabakpflanzen zu hellen Flecken im Blattgrün und zum Verschrumpeln der Blätter führt, konnte isoliert und auf andere Pflanzen übertragen werden. Es hatte alle Eigenschaften der bekannten pathogenen Bakterien (Beulenpest, Syphilis u. a.); doch anders als bei denselben konnte es durch Filtration nicht blockiert werden. Seine stoffliche Beschaffenheit blieb rätselhaft. Gleichzeitig löste diese Entdeckung die Identifizierung weiterer Virus-Erkrankungen aus, darunter die oben erwähnten Pocken, Kinderlähmung, Grippe und bei Kühen z. B. die Maul- und Klauenseuche.

Der Weg von der Erkrankung über das infektiöse Agens bis zum Virus als Partikel war vorgezeichnet. Ab Mitte des 20. Jahrhunderts konnten letztere auch elektronenmikroskopisch dargestellt und damit die Diagnose verbessert und die Entwicklung von Vakzinen beschleunigt und perfektioniert werden. Der Siegeszug der analytisch reduktionistischen Vorgehensweise wurde eindrücklich unter Beweis gestellt.

Der Kern des Problems

Die reduktionistische Methode hat ihren Ursprung in der Zeit der Aufklärung, in der die Trennung von Geist und Materie durch René Descartes zum Ausgangspunkt der wissenschaftlichen Revolution gemacht wurde. Sein Gedanke, Lebewesen, den Menschen eingeschlossen, als komplizierten Mechanismus zu begreifen, wurde zum Forschungsprogramm. Wie Kinder Uhren und Wecker auseinander schrauben, um die Funktionsweise zu verstehen – und leider meistens den ursprünglichen Zustand nicht mehr wiederherstellen können – wurde mit den ersten Mikroskopen der zelluläre Aufbau von Pflanzen und Tieren beobachtet und als Grundbaustein der Lebewesen erkannt.

Ungefähr zweihundert Jahre später kannte man Zellkern und Chromosom und Mitte des letzten Jahrhunderts wurde die molekulare Genetik mit der Entdeckung der Doppelhelix-Struktur der Erbsubstanz DNA zur Leitwissenschaft der Biologie. Ein Unterschied zwischen den neugierigen Kindern und den Naturwissenschaftlern ist eklatant. Während sie den Uhrmachermeister immer vor Augen haben, ist er in der Naturwissenschaft von der Bildfläche verschwunden. Es war nur folgerichtig, dass nicht Können und Kunst, sondern der reine Zufall die Vielfalt und Schönheit der Lebensformen hervorgebracht haben musste, und es bis heute noch tut, uns Menschen miteingeschlossen. Der Verlust der großen, auch geistigen Zusammenhänge wurde durch die Erweiterung des experimentellen Zugriffs und der damit verbundenen Machtfülle verdunkelt.

Es ist weder sinnvoll noch wünschenswert, den bewusstseinsgeschichtlichen Weg der Menschheit umdrehen zu wollen, denn wir haben durch ihn Erkenntnisse gewonnen, auf die wir keinesfalls verzichten möchten. Doch ist die reduktionistische Sicht als Basis zum Verstehen von Zusammenhängen und als Grundlage für Entscheidungen, seien sie medizinisch oder gesellschaftlich, auf eine Erweiterung dringend angewiesen. So ist es nicht sinnvoll, Bakterien und Viren nur in ihrer oft fatalen Pathogenie zu betrachten. Sie sind – und auch das erzählt uns die Naturwissenschaft – unverzichtbar in der Entwicklung des Lebens. Die Bedeutung einer vielfältigen Mikroflora und -fauna in Mund und Darm sowie im Erdboden sind für die Gesundheit und Widerstandskraft von Mensch, Pflanzen und Tieren vielfach nachgewiesen worden. Ihre Reduktion, sei es durch Antibiotika oder Spritzmittel in der Landwirtschaft führt immer zu unerwünschten Nebenwirkungen. Vielfalt ist der Schlüssel für Resilienz und Nachhaltigkeit.

Weniger bekannt als die Rolle der Bakterien für die Gesundheit ist die Rolle der Viren für die Evolution. So ist z. B. ein Groß- oder sogar der Hauptteil des menschlichen Erbgutes viralen Ursprungs, der die fürs Überleben in wechselnden Umwelten nötige genetische Plastizität garantiert.[4]

Wir möchten diese Perspektive auf die entwicklungsfördernde Bedeutung der Bakterien und Viren als menschliche und natürliche Ökologie bezeichnen, ohne damit die Tragik für die an Corona Erkrankten und ihre Angehörigen kleinzureden. Es gibt tatsächlich eine unmittelbare Beziehung zwischen bedrohlichen Infektionskrankheiten und der Ökologie. Das zeigen die Epidemien von Ebola in Afrika und Corona in Wuhan in unterschiedlicher Weise. Ebola wurde vor allem in afrikanischen Ländern und Regionen zum Problem, in denen durch massive Abholzung von Wäldern die Lebensräume von Fledermäusen zerstört wurden. Sie wichen auf die Bäume in Siedlungen aus und trugen das für sie unproblematische Virus zu den Menschen. In Wuhan kommen auf Märkten Tiere – lebend oder frisch geschlachtet – miteinander in Kontakt, die sich in ihren natürlichen Umwelten nie begegnen würden. Sonia Shah weist darauf hin, dass SARS (auch durch ein Coronavirus verursacht) 2002/03 über Frischmärkte Menschen infiziert hatte.[5]

Als Fazit wird deutlich, dass viele der bedrohlichen Infektionskrankheiten – dazu gehören auch HIV und das Zikavirus – durch Umgestaltung oder Zerstörung natürlicher Lebensräume den Weg zu uns gefunden haben. Nimmt man diese Szenarien ernst, so müssen Virologen quasi als Feuerwehrmänner betrachtet werden, die die Brände löschen, welche durch die Versäumnisse unserer Gesellschaft, der Behörden und der Politik entstanden sind. In den Epidemien und Pandemien werden wir gewissermaßen Opfer unseres eigenen reduktionistischen Denkens, das die vielfach interdependenten ökologischen Zusammenhänge ausblendet und den Blick auf die komplexen und weisheitsvollen Beziehungen der Lebewesen mit ihren Lebensräumen verloren hat.

Vom Partikel zum Zusammenhang

Krisen wie die Corona-Pandemie bringen es mit sich, dass für die zu treffenden Entscheidungen wenig Zeit zur Verfügung steht. Insofern ist es nicht verwunderlich, dass die Berücksichtigung der übergeordneten Zusammenhänge, durch die das Auftreten von Corona und anderer neuer Epidemien und Pandemien gehemmt werden könnte, weitgehend fehlt. Im Krisenmanagement wird dies besonders gut sichtbar, da die Ereignisse einer solchen Pandemie sich aufgrund der schnellen Entwicklung wie in einem beschleunigten Zeitraffer abzuspielen scheinen.

Die Dominanz einer Sicht auf die Eigenschaften des Covid-19-Virus als Krankheitserreger ist unübersehbar. So angemessen sie ist, um bestimmte Detailfragen mit eingeengtem Fokus zu klären, so unangemessen ist es, aus ihr allein Maßnahmen abzuleiten, die nicht im Labor und der Klinik, sondern in der Gesellschaft mit ihren komplexen sozialen, ökonomischen und politischen Zusammenhängen zur Anwendung kommen. Sogar aus dem Blickwinkel der naturwissenschaftlichen Vorgehensweise ist eine solche Anwendung problematisch, um nicht zu sagen unzulässig. Denn es gehört zur guten wissenschaftlichen Praxis, sich über die Bedingungen, unter denen ein wissenschaftliches Ergebnis entsteht, im Klaren zu sein. Die Erkenntnissicherheit, die zu Recht von der Naturwissenschaft in Anspruch genommen wird, beruht gerade auf der Einschränkung ihrer Ergebnisse auf diese Bedingungen. Gute wissenschaftliche Publikationen zeichnen sich auch dadurch aus, dass die Diskussion der Gültigkeit der Ergebnisse oft weit mehr Raum einnimmt als deren Darstellung.

Aus wissenschaftlicher Sicht ist daher klar, dass die Anwendung außerhalb der im Studiendesign realisierten Bedingungen besondere Vorsicht braucht und nicht ohne eine weitreichende Kontextualisierung auskommt. Ohne dieselbe verliert man in der Anwendung jegliche Erkenntnissicherheit. Daraus erklärt sich auch das Phänomen, wie bestimmte Zahlenwerte, die zu Beginn der Krise aus wissenschaftlichen Untersuchungen genannt wurden, im weiteren Verlauf sich teilweise erheblich verändert haben – sie waren unter bestimmten Bedingungen gewonnen und wurden ohne ausreichende Berücksichtigung des Gesamtzusammenhangs verallgemeinert.

Unter den Umständen und dem Zeitdruck einer Pandemie kann dies sicherlich nicht immer vermieden werden, doch scheint es uns notwendig, dass die Hinterfragung der getroffenen Maßnahmen nicht argumentativ mit Verweis auf die wissenschaftliche Erkenntnissicherheit ausgeschlossen wird, wie dies bei der Corona-Pandemie vielfältig der Fall war. Die Ignoranz dieser Tatsache und die geringe Wertschätzung von Aussagen Andersdenkender haben in der Vergangenheit immer wieder zu Problemen geführt und werden es auch in Zukunft tun.

Hinzu kommt, dass neben der Kontextualisierung der naturwissenschaftlichen Erkenntnisse für eine Anwendung im Bereich der Gesellschaft selbstverständlich auch eine gesellschaftliche Kontextualisierung hinzukommen muss. Dafür müssen Gesichtspunkte der Sozial- und Politikwissenschaften, der Ökonomie, des Kulturlebens und nicht zuletzt auch der historischen und philosophischen Fakultäten berücksichtigt werden. So wie oben über Ökologie und Virus argumentiert wurde, kann man auch auf die Wissenschaft schauen. Auch sie ist ein «Ökotop» mit einer Vielfalt von Disziplinen, Forschungsansätzen und Denkgewohnheiten und als solches wiederum nur ein kleiner Teilbereich innerhalb des gesellschaftlichen «Ökotops», in dem die Maßnahmen zur Anwendung kommen.

Unter diesem Gesichtspunkt ist es ungenügend, wenn Virologen, die zweifelsohne die Details der Wirkung und Verbreitung des Virus kennen, erstens die offene Auseinandersetzung mit kritischen Stimmen aus ihrer Peer Group scheuen, und zweitens Maßnahmen empfehlen, ohne gebührend Kollegen aus anderen benachbarten Fachgebieten beizuziehen, wie beispielsweise Lungenfachärzte. Es ist auch ungenügend, wenn Politiker die Maßnahmen von Virologen umsetzen, ohne den Rat von Experten der von den Maßnahmen ebenfalls betroffenen Bereiche wie Pflegefachleute, Ökologen, Erziehungs-, Sozial- und Gesellschaftswissenschaftler, aber auch Ökonomen und Philosophen einzubeziehen. Die Bilder, die in einer solchen Begegnung entworfen werden könnten, würden mit Sicherheit Zukunftsszenarien besser wiedergeben als es heute der Fall ist.

Eine Perspektive für die Zukunft

In der Bewältigung einer Krise wie der Corona-Pandemie sind solche umfassenden Zukunftsszenarien nicht leicht zu leisten. Obwohl ihr Fehlen für unsere Gesellschaft sich gerade jetzt besonders deutlich zeigt, sind sie auch außerhalb von Krisensituationen beobachtbar. Für die Zukunft scheint uns daher ein offensiver Austausch zwischen wissenschaftlichen Disziplinen, der Ökonomie und der Kultur unabdingbar. Die hier geforderte Multidisziplinarität sehen wir auch als eine zentrale Chance für die Freie Hochschule für Geisteswissenschaft; schon der Name ‹Sektion› weist darauf hin, dass jede Sektion ein Teil des Ganzen ist. Wir werden uns neu bewusst – und das findet in dieser gemeinsamen Publikation zum Thema Corona einen Ausdruck –, dass Hochschule und Sektionen nicht nur aus einem inneren Impuls eingerichtet wurden, sondern angesichts aktueller Zeitherausforderungen auch aus den einzelnen Sektionsrealitäten zu einem gemeinsamen Bild, Urteil und Engagement finden müssen.

Auch innerhalb der Naturwissenschaft sind, wie oben erwähnt, Schritte wünschenswert, die neben reduktionistischen auch ganzheitliche Ansätze verfolgen, die ökologische genauso wie medizinische Zusammenhänge besser erfassen. Die Ansätze dazu sind vielfältig. Bereits Goethe hat mit der Konzeption einer Wissenschaft des Lebendigen erkannt, wie noch nicht realisierte Potenziale von Pflanzen und Tieren zu erfassen sind, die sich in innerer Beweglichkeit als ‹Urpflanze› und ‹Urtier› in allen Erscheinungsformen keimhaft manifestieren. Er stellte sich einen Umbau der Naturwissenschaft vor, mit der nicht nur das Gewordene, sondern auch das Werdende in den Fokus genommen wird, und deutete damit auf eine Qualität, die sich nicht nach der Vergangenheit ausrichtet, sondern lernt, sich von der Zukunft leiten zu lassen.

Viele Wissenschaftler, die sich der Naturwissenschaftlichen Sektion verbunden fühlen, haben hierzu Beiträge geleistet, welche versuchen, die von Goethe vorgeschlagene Erweiterung der Wissenschaft zu leisten und mit der Multiperspektivität einzelner, spezifischer Methoden verbinden. Dazu gehören Untersuchungen zu nicht-beabsichtigten Effekten (non-target-effects) bei Gentech-Kulturpflanzen. Die gentechnische Veränderung folgt dem gleichen Prinzip, wie es oben für die Corona Pandemie diagnostiziert wurde: Unter speziellen Bedingungen ist es möglich, in einer Pflanzenart Resistenzgene gegen bestimmte Krankheitserreger zu lokalisieren. Wird ein solches Gen nun auf eine andere Pflanzenart übertragen, führt die Manipulation oft nicht nur nicht zu dem gewünschten, sondern überraschenderweise zu anderen, unerwarteten Effekten. Die Pflanze als Ganzes reagiert, indem sie ihre arttypische Kontextualisierung der eingebauten Sequenz vornimmt.[6] Das Beispiel illustriert auch gut, dass eine Forschung, die Interdependenzen und Kontexte berücksichtigt, gerade eine besondere Relevanz für die praktische Anwendung aufweist. Es gibt viele weitere Beispiele, die nicht auf den Bereich einer erweiterten Naturwissenschaft beschränkt sind. Etwa in der Anthroposophischen Medizin im Bereich des ganzheitlichen Reslilienz-Managements von Personen, Familien und Heimgemeinschaften, oder in der biologisch-dynamischen Landwirtschaft die Nachhaltigkeit des Sozio-Ökotops des Hofes in seinem ganzen Umfeld.

Wir sind sicher, dass es in Zukunft mehr denn je Methoden braucht, die vom Ganzen und nicht von den Teilen ausgehen und anerkennen, dass wissenschaftliche Erkenntnis selbst ethische Werte aufweist. Darauf hat bereits Goethe hingewiesen. Dies könnte in Krisen wie der Corona-Krise helfen, das ‹Ganze› von zwei Seiten her zu erschließen – zunächst von der Einbettung eines Virus und der Pandemie in den ökologischen und gesellschaftlichen Gesamtzusammenhang. Dazu aber auch durch die Integration der wissenschaftlichen, gesellschaftlichen, politischen, ökonomischen und sozialen Aspekte, die notwendigerweise von ebenso vielen verschiedenen Akteuren bearbeitet werden müssen. Sie verlangsamen zwar Entscheidungsprozesse, doch werden sie, wenn sie gelingen, das Geheimnis der rätselhaften Worte von Novalis offenbaren, die wir an den Anfang unserer Überlegungen gestellt haben.

Johannes Wirz und Matthias Rang

Anmerkungen

1 Montagnier in CNEWS vom 17.4.2020. https://twitter.com/CNEWS/status/1251080850562834432 (27.5.2020).

2 Siehe: Xing-Yi Ge et al. (2013): Isolation and characterization of a bat SARS-like coronavirus that uses the ACE2 receptor. Nature 503, S. 535f. und Vineet D. Menachery et al. (2015): A SARS-like cluster of circulating bat coronaviruses shows potential for human emergence. Nature Medicine 21, S. 1508.

3 Holdrege, Craig: Viruses in the Dynamics of Life. The Nature Institute 2020.

4 Hardtmuth, Thomas: Die Rolle der Viren in Evolution und Medizin – Versuch einer systemischen Perspektive. Jahrbuch für Goetheanismus 2019. https://www.waldorfbuch.de/buch/jahrbuch-funduuml-r-goetheanismus-2019-9783944911823 (27.5.2020).

5 Shah, Sonja: Woher kommt das Coronavirus? Le Monde diplomatique vom 12.3.2020. https://monde-diplomatique.de/!5668094 (27.5.2020).

6 Die Arbeit von Ruth Richter et al. (2013): Unintended phenotypic effects of single gene insertions in potatoes – assessing developmental dynamics and leaf morphology. Elemente der Naturwissenschaft 95, S. 9f. kann auf der Webseite der NWS heruntergeladen werden.

Die Konstellationen der Corona-Pandemie und der Spanischen Grippe im Vergleich

Die neue Coronavirus-Krankheit 2019 (Covid-19) hat sich im ersten Halbjahr 2020 zu einer Pandemie über den ganzen Erdball ausgebreitet. Damit einher traten Herausforderungen an die einzelnen Menschen, an Menschengruppen und die weltweite Zivilgesellschaft, welche von den meisten nicht vorhersehbar waren. In kurzer Zeit sollte man auf dieses schicksalhafte Geschehen reagieren.

Mit dem Ausbruch der neuen Viruskrankheit in den verschiedenen Regionen der Welt standen zunächst die medizinischen Maßnahmen der Ärzte für die Erkrankten und die gesundheitspolitischen Maßnahmen der Regierungen zum Schutz der Bevölkerungen im Vordergrund. Schnelles Handeln war angesagt. Die Frage nach dem Verständnis der neuen Viruskrankheit trat gleichzeitig auf. Jetzt, da die Infektionszahlen zurückgehen und die gesundheitspolitischen Maßnahmen wieder zurückgefahren werden, gilt es aus den Erfahrungen der ersten Pandemie-Welle zu lernen: Erstens in Bezug auf das Verständnis der neuen Viruskrankheit und zweitens in Bezug auf die Verhältnis- und Zweckmäßigkeit der gesundheitspolitischen Maßnahmen.

In diesem Beitrag blicken wir auf die Konstellation besonders der obersonnigen Planeten, welche den Ausbruch der Covid-19-Pandemie begleitet hat und vergleichen diese mit der planetarischen Konstellation von 1918 bis 1920 während der drei Pandemie-Wellen der Spanischen Grippe. Damit soll ein astronomischer Aspekt für das Verständnis der Viruskrankheit Covid-19 zur Verfügung gestellt werden. Wir beziehen uns dabei auf einen Hinweis von Rudolf Steiner, den er am 7. April 1920 beim ‹Geisteswissenschaftlichen Fachkurs für Ärzte und Medizinstudierende›[1] gegeben hat.

Gemäß der pathogenetischen Sicht der Schulmedizin wird Covid-19 durch das Virus SARS-CoV-2 verursacht. Die in erster Linie die Atemwege befallende Erkrankung hat bei alten Patienten in vielen Fällen zu tödlich endenden Lungenentzündungen geführt, während bei jüngeren Patienten Covid-19 meist milder oder sogar symptomlos verlief.

Im Vergleich dazu war die Spanische Grippe eine Influenza-Pandemie, welche von 1918 bis 1920 mit dem Ende des Ersten Weltkriegs in drei Wellen auftrat. Besonders viele 20- bis 40-jährige Menschen erlagen damals dieser Viruskrankheit.

Die salutogenetische Sicht der integrativen Medizin erweitert das schulmedizinische Verständnis der Viruserkrankung insofern, als beim Menschen eine Disposition vorhanden sein muss, damit es zur Viruserkrankung kommen kann. Oder anders ausgedrückt: Das menschliche Immunsystem ist grundsätzlich in der Lage, mit einer Virus-Erkrankung umzugehen. In Bezug auf das Virus SARS-CoV-2 heißt es gegenwärtig in den Tageszeitungen auch oft: «Wir müssen lernen, mit dem Coronavirus zu leben.»

In dem Vortrag vom 7. April 1920 des oben erwähnten geisteswissenschaftlichen Fachkurses erläuterte Rudolf Steiner, warum die Disposition eines Menschen für eine Erkrankung als primäre Ursache anzusehen sei. Dies sei auch dann der Fall, wenn eine Virus-Erkrankung sich epidemisch ausbreite: «So müssen nach ihren primären Ursachen diejenigen Erkrankungen auch angesehen werden, die durchaus [...] epidemisch auftreten können. Denn bei all denjenigen Menschen, die zum Beispiel leicht zu einer Schädigung ihres Kopf-Brust-Rhythmus, der das gröbste im Atmungsrhythmus hat, neigen, ist eine Disposition vorhanden, gewisse atmosphärische Erscheinungen, auch gewisse außertellurische Erscheinungen, stark auf sich wirken zu lassen. Andere, die von vornherein in gesunder

Weise in Bezug auf ihr Atmungssystem eingerichtet sind, bei denen wird Widerstand geleistet gegen solche Einflüsse.»[2]

Rudolf Steiner sprach hier in allgemeiner Weise von der «Eigenbefähigung des Menschen durch sein Immunsystem, sich gegenüber Bakterien und Viren zu behaupten»[3], und von der Disposition «gewisse atmosphärische Erscheinungen», z. B. diejenigen des Winters, und «gewisse außertellurische Erscheinungen», wie z. B. die Planeten-Konstellationen, «stark auf sich wirken zu lassen».

Besonders interessant gerade für unsere Betrachtung der planetarischen Konstellationen während der Corona-Pandemie und während der Spanischen Grippe im Vergleich ist die Beschreibung Rudolf Steiners, dass aus geisteswissenschaftlicher Sicht die Disposition des Menschen zur Erkrankung darinnen bestehe, u. a. «außertellurische», d. h. kosmische Erscheinungen «stark auf sich wirken zu lassen». Im Umkehrschluss legt dies nahe, dass sich ein gesundes Verhältnis zu den Konstellationen am Himmel durch die Eigenbefähigung des Menschen auszeichne, sich ins ‹rechte› Verhältnis zu den kosmischen Erscheinungen setzen zu können und keineswegs letztere nur schicksalshaft zu erleiden.

Die Eigenbefähigung des Menschen, sich gegenüber dem äußeren Einfluss zu behaupten, tritt hier zweifach auf: einmal gegenüber dem Virus und einmal gegenüber den kosmischen Erscheinungen. Daher sei hier die Frage aufgeworfen, ob das Virus selbst in den atmosphärischen Bedingungen der Erde und den planetarischen Konstellationen und Verhältnissen des außerirdischen Raumes seine es begünstigenden oder unterdrückenden Lebensbedingungen erfahre. Damit wäre das Virus als Ausdruck der Erde, des Planeten- und des Sonnensystems anzusehen. Das Sonnensystem inklusive Planeten und Erde würde sich als ein lebendiges Ganzes, als ein Organismus durch das Virus und durch die Viruskrankheit gegenüber dem Menschen ‹äußern›. Gleichzeitig sind der Mensch und die Menschheit Teil des Sonnensystems.

In dem Vortrag vom 7. April 1920 hat Rudolf Steiner die kosmischen, d. h. «außertellurischen» Einflüsse auch im Hinblick auf die damals gerade abflachende Spanische Grippe folgendermaßen spezifiziert: «Denken Sie sich zum Beispiel – ich will etwas herausgreifen: es ist immer natürlich wieder so, daß andere Ursachen wiederum störend eingreifen können, aber verstehen, worauf es ankommt, kann man doch, wenn man in dieser Weise die Sache schildert – denken Sie sich, man hatte es einmal zu tun in einem Winter mit einer starken Beeinflussung der Sonnentätigkeit – ich sage jetzt nicht der Lichtwirkung, sondern der Sonnentätigkeit – durch die äußeren Planeten Mars, Jupiter, Saturn. Eine solche Winterkonstellation wirkt anders, als wenn die Sonnentätigkeit durch das Fernabstehen von Mars, Jupiter und Saturn für sich allein zur Geltung kommt. Wenn ein solcher Winter da ist – man kann es schon bemerken an den atmosphärischen Erscheinungen, sie sind anders, als sie sonst sind –, dann wird ein starker Einfluß bei dazu disponierten Personen geübt auf die rhythmische Tätigkeit, die zwischen Brust und Kopf verläuft und die ihren gröbsten Ausdruck in der Atmungstätigkeit findet.»[4]

Bedingende Faktoren für das Auftreten der (damaligen) Virus-Erkrankung waren also neben der Winterzeit (atmosphärisch-astronomischer Einfluss) die ‹Sonnentätigkeit› und das Nahestehen der obersonnigen Planeten Mars, Jupiter und Saturn. Hartmut Ramm hat 1998 herausgearbeitet, dass Steiner mit dem Wort ‹Sonnentätigkeit› auf die mit einem 10- bis 11-jährigen Rhythmus schwankende Sonnenaktivität hindeutete.[5]

Die Sonne befand sich 1918 im Maximum ihrer Fleckenaktivität. In der *Abbildung 1* (s. S. 118) sind die geozentrischen Bahnen von Saturn, Jupiter und Mars vom 1. März 1918 bis Ende 1919 aufgeführt. Es ist daraus ersichtlich, dass die drei obersonnigen Planeten Mars, Jupiter und Saturn im Herbst 1919 nahe beieinanderstanden als während der zweiten Pandemie-Welle der Spanischen Grippe besonders viele

Menschen erkrankten und starben. Am 2. September 1919 trat Mars mit Jupiter in Konjunktion, am 24. Oktober 1919 mit Saturn. Jupiter und Saturn lagen zu dieser Zeit etwa 30 Grad auseinander. Es dauerte noch zwei Jahre bis zur großen Konjunktion am 10. September 1921.

Rudolf Steiner beschrieb diese Konstellation in ihrer Wirkung so, dass sie eine ‹Prüfung› für die Eigenbefähigung des Menschen in Bezug auf den Kopf-Brust-Rhythmus gewesen sei: «Man kann sagen: Die Neigung, diesen Rhythmus regelmäßig zu machen, die wird durch eine solche kosmische Konstellation wesentlich verstärkt bei den Menschen, die zum Beispiel herausgeboren sind aus gesunden Verhältnissen, die robust sind in Bezug auf ihr Inneres. Sie können dabei äußerlich sehr schmächtig sein. Bei denen ist ein sehr stark geregelter Atmungsrhythmus da, und entsprechend ist der Kopf-Brust-Rhythmus überhaupt dann stark geregelt. Ein solcher innerlich gefestigter Rhythmus, der läßt sich nicht leicht bestimmen von dem, was außen wirkt. Da müssen schon starke Insulte kommen, wenn Sie ihn bestimmen wollen. Bei wem aber schon dieser Rhythmus in einer gewissen Weise unregelmäßig verläuft, auf den wirkt ein solcher Einfluß, wie ich ihn geschildert habe, außerordentlich stark, denn der schon geschädigte Rhythmus hat die Tendenz, sich noch weiter schädigen zu lassen, und alle diejenigen Menschen, die dann auftreten mit solchen Dispositionen an denjenigen Orten der Erde, auf die diese Konstellation des Himmels besonders wirkt, sind zum Beispiel die Kandidaten für die sogenannte Influenza und für die Grippe. Diese Dinge müssen durchaus da sein, wenn der besondere Grund und Boden für so etwas wie für Influenza und Grippe geschaffen werden soll.»[6]

Natürlich tritt heute angesichts der Corona-Pandemie die Frage auf, ob eine ähnliche Konstellation vorliege wie damals bei der Spanischen Grippe. In Bezug auf die Sonnenfleckenaktivität befinden wir uns derzeit am Ende eines Minimums,

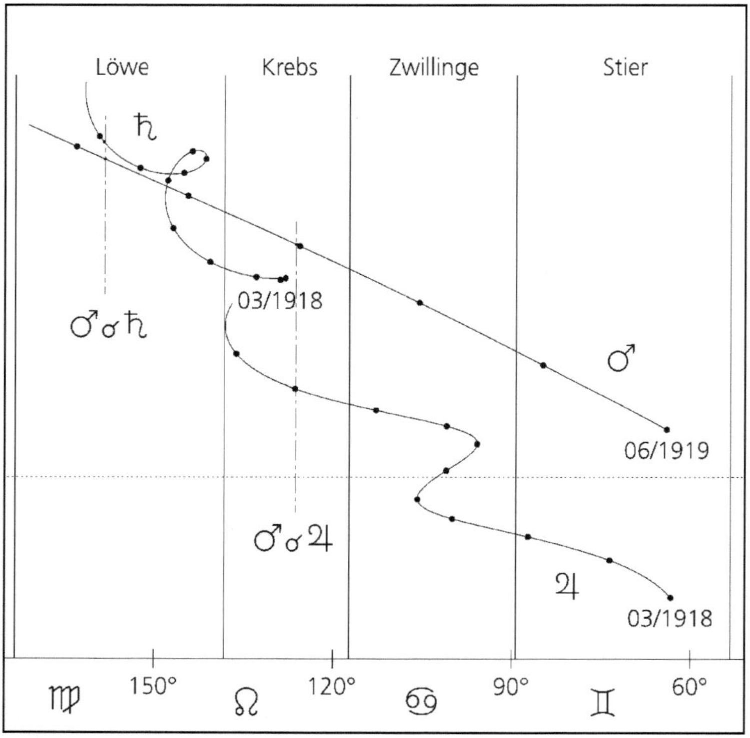

Abbildung 1: Die Bahnen von Mars, Jupiter und Saturn während der Spanischen Grippe 1918/19. Die drei obersonnigen Planeten bewegten sich damals durch die Tierkreiszeichen Zwillinge, Krebs, Löwe und Jungfrau (unten) bzw. vor dem Hintergrund der Tierkreisbilder Stier, Zwillinge, Krebs und Löwe (oben). Die Bahn von Jupiter beginnt rechts mit dem 1. März 1918 (erster schwarzer Punkt). Die weiteren schwarzen Punkte kennzeichnen jeden *zweiten* Monatsanfang, also den 1. Mai 1918, den 1. Juli etc. bis zum 1. November 1919. Entsprechendes gilt bei der Darstellung der Saturn-Bahn. Mars bewegt sich schneller durch den Tierkreis. Seine Darstellung beginnt mit dem 1. Juni 1919, wobei die schwarzen Punkte hier *jeden* Monatsanfang kennzeichnen. Die horizontal gestrichelte Linie stellt die Ekliptik dar. Die vertikal gestrichelten Linien zeigen die Konjunktion von Mars und Jupiter am 2. September 1919 und die Konjunktion von Mars und Saturn am 24. Oktober 1919 an.

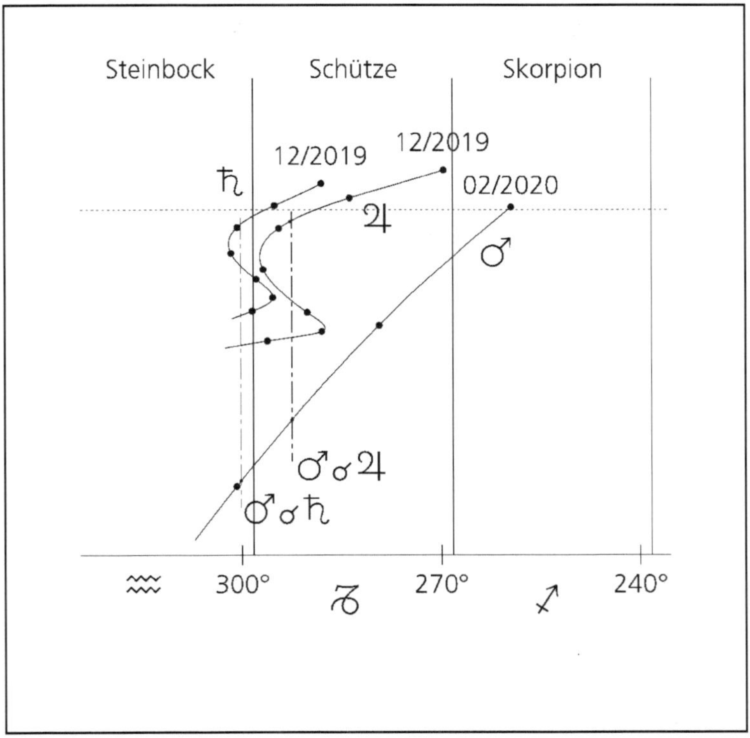

Abbildung 2: Die Bahnen von Mars, Jupiter und Saturn während der (ersten) Welle der Corona-Pandemie 2019/20. Die Darstellungsweise entspricht derjenigen der Abbildung 1. Mars, Jupiter und Saturn haben sich im März 2020 vor dem Hintergrund der Tierkreisbilder Schütze und Steinbock bewegt. Die Konjunktion von Mars und Jupiter ereignete sich am 20. März 2020, diejenige von Mars und Saturn kurz darauf am 31. März 2020.

haben also im Vergleich mit der Spanischen Grippe polar entgegengesetzte Verhältnisse. 2017 postulierten Jiangwen Qu und N. Chandra Wickramasinghe in einer Veröffentlichung,[7] dass die Aktivität der Sonne das Entstehen hochpatogener Viren auf zwei Arten stimulieren könne: Erstens während der Sonnenflecken-Maxima durch die verstärkte UV-Strahlung und zweitens während der Sonnenflecken-Minima durch die verstärkte energiereiche kosmische Strahlung aus dem Weltall. Beides, die UV-Strahlung der Sonne und die kosmische Hintergrundstrahlung wirkten mutationsfördernd auf die Viren.[8]

In Bezug auf die obersonnigen Planeten liegen beim Ausbruch der Corona-Pandemie im Vergleich zur Spanischen Grippe noch engere Nahstände vor. Mars trat am 20. März 2020 mit Jupiter in Konjunktion und am 31. März 2020 mit Saturn. Jupiter und Saturn liegen noch etwas mehr als 10 Grad auseinander. Ende dieses Jahres am 21. Dezember 2020 werden sie von der Erde aus gesehen so eng wie schon lange nicht mehr zusammentreten (große Konjunktion).

Zusammenfassend halten wir fest:

- Der Ausbruch der Corona-Pandemie legt nahe, dass die primär die Atemwege befallende Coronavirus-Erkrankung durch das Zusammenspiel von Minimum der Sonnenfleckenaktivität und Engstände der obersonnigen Planeten Mars, Jupiter und Saturn befördert wurde. In Bezug auf die obersonnigen Planeten wird die oben wiedergegebene Aussage von Rudolf Steiner aus dem Vortrag vom 7. Mai 1920 für diesen Fall bestätigt. In Bezug auf die Sonnenfleckenaktivität liegen bei der Spanischen Grippe und bei der Corona-Pandemie polar entgegengesetzte Verhältnisse vor.
- These: Die Viren sind auch Ausdruck des Sonnen- und Planetensystems, aufgefasst als ein lebendiger Organismus.
- Genauso, wie sich der gesunde Mensch durch Eigenbefähigung mit Hilfe des Immunsystems gegenüber den Viren

behaupten kann, vermag er sich auch gegenüber den planetarischen und solaren Einflüssen in ein ‹rechtes› Verhältnis (Eigenbefähigung) zu setzen.

Oliver Conradt

Anmerkungen

1 Rudolf Steiner: Geisteswissenschaft und Medizin (GA 312), Dornach 1999.

2 Rudolf Steiner: Geisteswissenschaft und Medizin (GA 312), Vortrag vom 7.4.1920, Dornach 1999, S. 337f.

3 Harald Matthes: Das Warten auf die große Welle, in: Das Goetheanum, 19/2020, S. 12.

4 Rudolf Steiner: Geisteswissenschaft und Medizin (GA 312), Vortrag vom 7.4.1920, Dornach 1999, S. 338.

5 Hartmut Ramm: Zur kosmologischen Symptomatologie der Grippe, in: Der Merkurstab, Heft 5, 1998, S. 270–278.

6 Rudolf Steiner: Geisteswissenschaft und Medizin (GA 312), Vortrag vom 7.4.1920, Dornach 1999, S. 338f.

7 Jiangwen Qu und N. Chandra Wickramasinghe: SARS, MERS and the sunspot cycle, Current Science, Vol. 113, No. 8, 2017, S. 1501–1502.

8 Siehe auch Hartmut Ramm: Zur kosmologischen Symptomatologie von Grippe-Pandemien, in: M. Glöckler et al.: Corona – eine Krise und ihre Bewältigung, Akanthos Akademie, Stuttgart 2020, S. 125–153.

Aspekte zum Umgang mit der Corona-Krise für die Jugend

«[...] wir haben das verloren, was nicht unmittelbar mit den beiden Sinnen Hören und Sehen zu tun hat: das, was mit dem Tastsinn, dem Geruchs- und dem Geschmackssinn verbunden ist. Und wir verlieren auch die Langsamkeit, die Zeit des schöpferischen Keimens und des Aufnehmens, die Zeit der Zuneigung und Liebe, die Zeit der Natur [...] Wir verlieren das Gewicht, d. h. die Dimension der Körperlichkeit und der begrifflichen Dichte, wir verlieren die Fähigkeit, die Temperatur zu fühlen, d. h. die Wärme der anderen und der Ereignisse, wir verlieren die Vorstellung vom Unsichtbaren und vom Mysterium, die uns auf die andere Seite dessen verweist, was uns zugänglich ist und was uns zur Verfügung steht, und wir verlieren sogar die Fähigkeit des Zuhörens, die nicht leicht mit Geschwindigkeit und Beschleunigung vereinbar ist. [...]»[1]

Die Maßnahmen, die zum Umgang mit Covid-19 eingeführt worden sind, haben einschneidende Auswirkungen für das Leben vieler junger Menschen weltweit.

Vielfach bedeuten diese Maßnahmen einen Unterbruch im Fluss der Biografie, eine ungewisse Unterbrechung von geplanten und oft lange vorbereiteten und erhofften Schritten durch eine Lehre, eines Studiums oder eines nächsten konkreten Projekts und die Sorge, wie und ob dieser Fluss wieder neu aufgenommen werden kann. Im Alltag bedeuten diese Maßnahmen darüber hinaus eine Isolierung in einem Moment der Biografie, in dem das Mit-Einander-Sein eigentlich grundlegend für die Erfahrung von sich selbst und der Welt ist. Und an vielen Orten bringen sie eine Infragestellung der existenziellen

Grundlage mit sich: die Arbeitslosigkeit junger Menschen, ohnehin schon ein großes, besorgniserregendes Problem seit vielen Jahren,[2] intensiviert sich und wird jetzt vermehrt zu einer unausweichlichen Herausforderung.

Eine zentrale Perspektive der Erfahrung junger Menschen ist das Lernen einer Orientierung aus der Begegnung mit Realität. Eine solche Realitätserfahrung gründet auf verschiedenen Aspekten; in der jetzigen Situation der gesellschaftlichen Isolation sind diese Aspekte vielfach in Frage gestellt, und dieser Verlust wird in mehr oder weniger prekärer Form als eigene Lebenswirklichkeit unter anderem in den folgenden drei Feldern empfunden:

Die eine Weise der Versicherung von Wirklichkeit ist verbunden mit dem Bezug zur eigenen *Leiblichkeit*. Durch die aktuelle Situation ist dieser teilweise drastisch beschränkt, was vor allem in der frühen Jugend einen erheblichen Einschnitt bedeutet. Der oben zitierte Gedanke von Professor João Maria André deutet auf diese Dimension des Verlustes, der – nicht nur für junge Menschen – eintritt, wenn die sinnliche Erfahrung einseitig reduziert wird und die Dichte und Wärme, die durch die Sinne die menschliche Weltverbundenheit möglich machen, nicht mehr erfahren werden können.

Die *Verstehbarkeit* der Welt, die Möglichkeit, die eigenen Erfahrungen immer mehr und erneut und erweiternd verstehend zu durchdringen, ist grundlegend für die Bildung des Vertrauens, sich in und an der Wirklichkeit der Verhältnisse orientieren zu können. Diese Verstehbarkeit ist gegenwärtig sehr erschwert, und gesellschaftlich ist ihr gegenüber vorwiegend entweder ein Festhalten an schon eingenommenen Positionen, aus denen alles gedeutet wird, oder ein großer Skeptizismus und Entmutigung erlebbar.

Der *Austausch*, die Vergewisserung des Wirklichkeitsbezuges durch den Dialog mit den Anderen, die durch ähnliche Erfahrungen gehen, die Gegenseitigkeit und das Gespräch sind Grundelemente für das Erleben von Wirklichkeit. Dieser

Austausch ist gegenwärtig erschwert durch die Isolation. «Ich vermisse die menschlichen Begegnungen, wo man mit den anderen lernt», schrieb mir kürzlich eine junge Frau aus ihrer Isolation in einer Großstadt in Südamerika.

«Die Gegenwart anderer, die sehen, was wir sehen, und hören, was wir hören, versichert uns der Realität der Welt und unserer selbst», schreibt Hannah Arendt und folgert, dass die neuzeitliche Intensivierung eines privaten Innenlebens und der Verfall der Öffentlichkeit, die das subjektive Fühlen und das private Empfinden unendlich gesteigert hat «nur auf Kosten des Vertrauens in die Wirklichkeit der Welt und der in ihr erscheinenden Menschen zustanden kommen [konnte].»[3] Die durch die Isolation erschwerte Gegenwart anderer – das heißt, die Abwesenheit als Gefährdung einer Versicherung der Wirklichkeit, stellt sich als eine gravierende Folge ein.

Daher betrifft die gegenwärtige Situation die Lage junger Menschen nicht nur marginal, sondern existenziell, da ihre Orientierung und Ausrichtung an Wirklichkeit erschwert wird. Diese Möglichkeiten der Wirklichkeitsorientierung – durch den Bezug zur sinnlichen Erfahrung, durch die sich ständig erneuernde Verstehbarkeit und durch den Dialog mit den Anderen sich im Verhältnis mit der Realität zu empfinden – sind grundlegend für die Bildung von Vertrauen. Wenn diese Möglichkeiten wegfallen, entsteht das gegenwärtig vielerorts auch hervortretende Misstrauen, das bis zu fundamentaler Verunsicherung und Angst reicht. Vertrauen ist wie ein Vorschuss, das der Mensch den anderen Menschen, der Welt, der immer unvorhersehbaren Zukunft schenkt und daraus die Verbindung mit dem gestalten kann, was sich im Werden befindet. Einen Bezug zu diesem Vertrauen aufrecht zu erhalten und es von einem gegebenen Vertrauen in ein reflektiertes, gewusstes Vertrauen umwandeln zu können, erscheint so in den gegenwärtigen Bedingungen als weitreichende Aufgabe.

Eine autonom ergriffene Sinnfindung ist eine der großen Errungenschaften des jungen Menschen – ist gewissermaßen ein Kennzeichen des Überganges eines Kindheitsbewusstseins in das des jungen Erwachsenen. Der Erziehung – so sagt Viktor Frankl in einem Interview mit dem jüdischen Theologen Pinchas Lapide – soll es ein Anliegen sein, nicht nur Wissen zu vermitteln, sondern auch das Gewissen zu schärfen, damit dann der junge Mensch «hellhörig genug wird, die in jeder einzelnen Situation innewohnenden Sinnmöglichkeiten und Förderungen herauszuhören»[4]. Im Verlauf des Gespräches formuliert Lapide, dass eine solche Sinngebung sowohl nach Taten ruft wie auch an die Zukunft glaubt.[5] In diesem Sinne ist die Möglichkeit, sich sinnstiftend und sinnfindend in die gegenwärtige Situation stellen zu können, eine für junge Menschen zentrale Erfahrung, die in eine Verbindung mit Zukunftsperspektiven führt. Aus solcher ergriffenen Verbindung mit Zukunft in ihrem ganzen offenen und werdenden Charakter kann sich das gegebene Vertrauen in ein gewusstes und bewusstes Vertrauen verwandeln. In diesen Zeiten existenzieller Verunsicherung kann auf diese Weise aus eigener Tätigkeit ein Boden für die Beziehung zur Wirklichkeit gebildet werden.

So konturiert sich die Frage, was junge Menschen für die Gewinnung von Vertrauen und für eine ständige Neuschöpfung von Sinnhaftigkeit tun können. Allgemeine Hinweise für das, was sie in ihren jeweiligen konkreten Umständen unternehmen können, sind an dieser Stelle nicht realistisch. Dennoch möchte ich auf drei Aspekte hinweisen, die womöglich aktiv und autonom aufgegriffen werden können:

- Sinngebung durch eine selbst hervorgebrachte, selbstbestimmte, tägliche oder jedenfalls wiederholte Aktivität – z. B. im bewussten Umgang mit der Zeitgestaltung.
- Das aktive Gewahrwerden und die Hinwendung zum Anderen – z. B. indem man jemandem hilft oder unterstützt, oder täglich mit jemandem Kontakt aufnimmt.
- Den Anschluss zu anderen aktiv pflegen und auch persönli-

che Begegnungen – neben denen durch die Medien, insofern es unter den gegebenen Umständen möglich ist – suchen.

In diesem Sinne setzt sich die Jugendsektion der Freien Hochschule für Geisteswissenschaft am Goetheanum mit der aktuellen Lage intensiv auseinander und aus dieser Auseinandersetzung entstand auch ein neues Projekt. Junge Menschen weltweit sind eingeladen, sich an einem Prozess zu beteiligen und die Zeit nach der Pandemie vorzudenken und – so die Worte einer jungen Mitarbeiterin – «mit der Frage nach einer solchen Zukunft so leben, dass wir einen persönlichen Beitrag entwickeln, der zu einer Verwirklichung führt». Durch schriftliche und künstlerische Antworten auf gestellte Fragen und regelmäßige Austauschmöglichkeiten soll «eine Sichtbarkeit dieser Motive junger Menschen erreicht und möglicherweise eine Substanz geschaffen werden, die durch diese Zeiten mitträgt.»[6]

Das Vorhaben dieses Projekts ist, dazu beizutragen, dass aus der so geschaffenen *convivialität* ein Raum entsteht, in dem sich Vertrauen bilden kann. Ein Vertrauen als Grundlage für das Leben mit den Anderen: «[...] wenn menschliche Individualität der menschlichen Individualität in Sittlichkeit wird begegnen sollen, so wird vor allen Dingen notwendig sein die Atmosphäre des Vertrauens.»[7] Wenn es gelingt, könnte erlebbar werden, was Ernst Bloch in seinem *Prinzip Hoffnung* als das Noch-Nicht-Bewusste beschreibt, als das, was aus der Zukunft kommt und in ahnender Form sich als «Morgenluft»[8] – auch in der jetzigen Krise – in der Gegenwart spürbar macht.

Constanza Kaliks

Anmerkungen

1 Prof. Dr. João Maria André: Telépolis, Entfernung, Geschwindigkeit und Resonanz, https://www.publico.pt/2020/04/26/local/opiniao/telepois-distancia-velocidade-ressonancia-1913721(27.5.2020).
»Die große Herausforderung, vor der wir heute, in pandemischen und postpandemischen Zeiten, stehen, besteht darin, Räume, Atmosphären und Resonanzachsen wiederherzustellen, damit wir sagen können: Wenn die Welt oder der Andere spricht, höre ich ihnen zu und schwinge mit ihnen mit; wenn ich spreche, hören die Welt und andere mir zu und wir können gemeinsam mitschwingen.» (Übersetzung C. Kaliks).

2 Vgl. United Nations World Youth Report: Youth and the 2030 Agenda for Sustainable Development. In: https://www.un.org/ development/desa/youth/wp-content/uploads/sites/21/2019/02/conclusions-wyr-2030agenda.pdf (27.5.2020). «Although the global economy has started to recover, the youth employment situation has worsened in recent years. There are presently 71 million young people unemployed, and many millions more are in precarious or informal employment. ILO estimates that 156 million youth in low- and middle-income countries are living in poverty even though they are employed.», S. 114.

3 Arendt, Hannah: Vita activa. München 1981, S. 63.

4 Frankl, Viktor; Lapide, Pinchas: Gottsuche und Sinnfrage. Gütersloh 2011, S. 74.

5 Ebenda S. 121.

6 Für weitere Informationen zum Projekt: ioana@youthsection.org.

7 Steiner, Rudolf: Geistige Wirkenskräfte im Zusammenleben von alter und junger Generation – Pädagogischer Jugendkurs (GA 217). Dornach 1988, S. 95.

8 Bloch, Ernst: Das Prinzip Hoffnung. 10. Aufl., Frankfurt a. M. 2016, S. 131, 132.

«Krise heißt, dass unklar ist, was wie wozu von wem zu tun ist.»[1] Darstellende Kunst und Corona

Aphoristisches aus den Kunstbereichen Eurythmie, Musik und Sprachgestaltung

Die Menschheit steht vor gewaltigen Zukunftsaufgaben, die durch die Krise der sogenannten ‹Corona-Pandemie› wie durch ein besonders grelles, unübersehbares Spotlight in den Fokus weltweiter Aufmerksamkeit gerückt werden. Spätestens jetzt ist klar, wie alles mit allem in Zusammenhang steht und wie es gemeinsamer umfassender Anstrengungen bedarf, um Lösungswege zu finden. Neben dieser weltumspannenden Gemeinsamkeit ist jeder einzelne Mensch in seiner Individualität gefordert, den für ihn gemäßen Weg zu finden, der sich womöglich zu denen seiner Mitmenschen fundamental unterscheidet. Hierin liegt eine der großen Chancen dieser Krise: Zumindest in unserer westlichen, sehr privilegierten Welt kann es zu ganz eigenständigen und individuellen biografischen Momenten kommen, die richtungsändernd sein können.

Fast alle Fragen zum Covid-19-Virus und einem angemessenem Umgang damit sind bisher unbeantwortet. Die hieraus resultierenden Unsicherheiten und Ängste erleben viele Menschen als existenziell bedrohend und reagieren reflexhaft abwehrend und Schutz suchend. Gleichzeitig entstehen überall überraschende Initiativen und phantasievolle Versuche, in dieser Situation neue Wege zu gehen. Das kann uns anregen und anspornen, in einen gemeinsamen Austausch zu kommen, um neue Lösungswege und Ideen in unserem Aufgabenfeld zu finden.

In Europa breitete sich die Pandemie während der Passionszeit dieses Jahres in hoher Geschwindigkeit aus. Gleichzeitig zeigte sich die Natur mit einer ungewöhnlichen Fülle überschäumender Lebenskraft, oder zumindest nehmen wir das im Moment so wahr. Verunsicherungen und Ängste, Dünnhäutigkeit, seelische und körperliche Verletztheit trafen auf Lichtfülle und Wärme der Frühlingsnatur. Die durfte sich erstmals seit Jahrzehnten fast ungehindert entfalten – kaum Flugzeuge, wenig Autoverkehr, deutlich mehr Stille –, und wurde durch die erzwungene, von vielen aber auch als heilsam empfundene Ruhe intensiver als sonst erlebt und fast als ‹Trost› aufgenommen. Die der Natur innewohnende Lebenskraft konnte sich, zumindest subjektiv für viele Menschen erlebbar, erholen.

Auf der anderen Seite führte die erzwungene Isolation mit ihrer Reduzierung körperlicher und seelischer Anregungen und dem oft übermäßigen Konsum der Medien zu ungesunden Verhältnissen. Während der Leib immer unbeweglicher wurde, führten Ängste und immer neue Informationen und Sorgen um das eigene materielle Wohlergehen zu Nervosität und Gereiztheit – dieses Auseinanderklaffen innerlich geistig zusammen zu halten, fiel vielen Menschen außerordentlich schwer. Der gemeinsame Erlebnisraum brach auf fast allen Ebenen entweder komplett weg oder schrumpfte zeitweilig zu (zu) großer Enge zusammen. Gemeinsam verbrachte Lebenszeit fand außer mit den wenigen Menschen der eigenen Lebensgemeinschaft nur noch ohne direkte Begegnungen und vermittelt durch Technik statt. Fremden Menschen auf der Straße wich man teilweise aus. Die Masken schufen Distanz. Die zunehmende persönliche Isolation und das immer stärkere Angewiesensein auf virtuelle Kontaktmöglichkeiten standen in absolutem Gegensatz zu der Selbstverständlichkeit, mit der in der Vergangenheit Raum und Zeit miteinander geteilt werden konnten.

Während uns zahlreiche Erlebnisräume, vor allem das gesamte Kulturleben auf breitester Ebene genommen wurden, beschleunigte das ‹Zeitalter der Digitalisierung› seine Entwicklung mit Laptops und Smartphones in unvorstellbarer Schnelligkeit. Das künstliche, äußere Bildschirmlicht, das alle weitergehenden Kontakte nur ermöglichte, musste jetzt bewusst durch ein inneres Leuchten und damit einer innerer Aktivität ersetzt werden. Das zeigt sich bei jedem Menschen verschieden. Das innere Licht, die innere Kraft der Beziehung zum anderen musste eine neue Qualität und Intensität gewinnen, mit der sich räumliche Trennungen überwinden ließen. Hier ging es also letztlich um einen geistigen Prozess, der durch die technischen Mittel im besten Fall unterstützt werden konnte. Wenn solche menschlichen Begegnungen aber gelangen, dann waren sie unter Umständen überraschenderweise manchmal reicher und intensiver durch die Bereitschaft, sich dem Anderen wirklich zuzuneigen.

Auch in das Goetheanum ist in den vergangenen Wochen eine ungewohnte Stille eingekehrt. Das gesamte Tagungsgeschehen der Hochschule, fast alle Arbeitsgruppen und Initiativen, die auf direkten Kontakt angewiesen sind, ruhten. Es fehlten auch die Treffen innerhalb von Berufsgruppierungen im internationalen Zusammenhang, die wichtig für eine gemeinsame Bewusstseins- und Substanzbildung und somit Qualitätssteigerung der einzelnen Ausbildungen sind. Nur teilweise und für eine begrenzte Zeit konnte das durch Telefon, E-Mail- und Video-Konferenzen ersetzt werden. – Alle weiterhin möglichen, innerbetrieblichen Aktivitäten wurden aber weiter geführt.

Weltweit gerieten viele freischaffende Künstlerinnen und Künstler in existenzielle Nöte, da Kunst nicht als ‹systemrelevant› betrachtet wurde und wird. Die Einkommen fielen zum Teil komplett weg, es gab es in der Regel keinen ‹Puffer› durch Erspartes und in vielen Ländern keine Hilfestellung. Nur durch Solidarität konnte etwas davon aufgefangen werden.

Aber das Problem war und ist sehr, sehr groß. Welch ein Bild gibt unsere Gesellschaft von sich selbst ab, wenn Kultur als das Verbindende, als das Zwischenmenschliche überhaupt, so schnell und so radikal auf der Wertestufe ganz unten landet und in dieser Radikalität jetzt offensichtlich wurde? Das ist hart und sehr schmerzhaft zu bemerken.

Viele der Auswirkungen der Pandemie werden modifiziert weiter bestehen bleiben und hinterlassen vor allem veränderte Gewohnheiten und wohl auch Verletzungen, deren Tragweite noch gar nicht abzusehen ist. Wo liegt in dieser Situation die Aufgabe der am Goetheanum gepflegten Künste?

Die Eurythmie, die Musik und die Sprachgestaltung betreffend, gibt es die Hoffnung, dass im kommenden Jahr manches neu in Bewegung geraten und sich breiter entfalten kann als bisher – und genauso die Sorge, dass das Gegenteil eintrifft und vieles heute Erreichte nicht überleben wird. Neues entsteht immer aus Krise! Eine Kollegin beschreibt ihre aktuelle Lage wie folgt: «Ich komme mir vor wie in einem großen Trichter, der unten ganz schmal und nach oben offen, durchlässig ist. Unten bin ich zwar isoliert, doch auf dem Weg nach oben durch die Eurythmie und die Beschäftigung mit Meditationstexten gewinnt vieles an Intensität.»

Unter den Mitarbeiterinnen und Mitarbeitern der Sektion leben natürlich viele Fragen, die neben dem Materiellen seelische und geistige Bereiche berühren. Hilfreich können die Darlegungen Rudolf Steiners zu der aktuellen Entwicklungsfrage stehen, der Entfaltung der ‹Bewusstseinsseele› als Fähigkeit der Gegenwart, die mit großen gesellschaftlichen Umwälzungen und Prüfungs- und Krisensituationen verbunden sind.

Überraschend ins Bewusstsein gerückt wurden durch die Pandemie Fragen in der Richtung: Wie werde ich in meiner Wahrnehmung des anderen Menschen respektvoller, offener und achtsamer? Wie werden wir in unseren Lebensfragen zu Lösungen gebracht, die ein künstlerisches Moment beinhalten?

Denn sobald wir künstlerisch tätig sind, trotzen wir den Kräften der Verhärtung und Verödung, ringen um das Jetzt, die Geist-Gegenwart. In den Zeiten der inneren Einkehr erinnern wir uns an das, was uns eigentlich wichtig ist, was uns neu inspiriert und beflügelt: Der Mensch kann in der Welt des Lebendigen als Schöpfer tätig werden und neue Verhältnisse schaffen, die die aktuellen Probleme besser adressieren oder lösen können. Jede bewusst geführte Bewegung, jeder von der Seele erlebte Klang oder Laut wird etwas befreien, etwas ermöglichen, was sonst nicht da wäre. Was die Natur von sich aus bildet, diese Lebendigkeit und Lebensfülle, das kann der Mensch als Schöpfender, als Bildner aus sich heraus ganz frei in diese Lebenswelt hinein stellen, sodass eine Art Zusammenklang mit den kosmischen Kräften entstehen mag, ein neuer Zwischenraum, der vielleicht nur wenige Augenblicke dauert.

Gerade jetzt sind deshalb die Zeitkünste essenziell, weil sie erfrischen, wecken, nähren im Raum zwischen uns Menschen. Für die Sektion als lebendiges Forum heißt die Aufgabe daher: die entstandene Situation zu tragen und zu ertragen, indem wir uns bemühen, weltweit die inneren Räume, die uns verbinden, miteinander zu halten im gegenseitigen Verstehen und Austausch. Hierfür ist das Üben überhaupt eine große Hilfe: Dadurch können wir die aktiv gebildeten, frei gestalteten ‹ätherischen Auferstehungskräfte› in jedem Moment des aktuellen Schaffens bewusst nutzen.

Trotz aller Hindernisse sollten wir deshalb gerade jetzt Kunst in die Öffentlichkeit bringen, sei es durch Kurse in Unternehmen oder in öffentlichen Bereichen, sei es als Kunst im Rahmen von Aufführungen oder Diskussionen, wo auch immer sich die Möglichkeit dazu bietet. Durch das künstlerische Empfinden und Erlernen wird Schöpferisches im Menschen wachgerufen und Chancen zur Entwicklung freigesetzt.

Für einzelne Fachbereiche der Sektion lässt sich das oben Dargestellte wie folgt durch die Wahrnehmung und durch das Anliegen einzelner Kolleginnen und Kollegen konkretisieren:

Musik:

Es ist vor allem schmerzlich, dass man nicht mehr miteinander in Konzerten Musik erleben kann, dass der Klang nicht durch die geteilte Luft, den gemeinsamen Hörraum zum Klingen kommt, zur eigentlichen Musik wird. Der Musik wurde in den letzten 120 Jahren durch die technische Entwicklung (vom Grammophon über die Digitalisierung bis zur Technik des iPod/mp3 und dem Youtube/Spotify/Streamen) Stück für Stück der Boden entzogen bzw. immer mehr ins Untersinnliche verlegt. Die aktuelle Qualität z. B. von ‹youtube music› ist dabei in Bezug auf das Obertonspektrum außerordentlich arm.

Wie kann diesem schrittweisen Abgetrennt-Werden von dem Wesen Musik eine neue Verbundenheit entgegengestellt werden? Wie gelingt es, die kosmische Dimension der Musik wieder zu suchen? Wie wächst unser Bewusstsein für die Qualität des Musikalischen durch die Stille, durch einen Innenraum, der dann auch wieder offen für Zwischenmenschliches wird?

Sprachgestaltung:

Gerade jetzt kann das künstlerische Tätigsein mit dem Erlebnis, dass Sprache und Schauspiel den Menschen in seinem Menschsein aufrichten, gepflegt werden. Zum Beispiel finden sich in der Schauspiel-Literatur Szenen, die den Menschen im Ringen um seine Würde im Angesicht von Widrigkeiten zeigen. Dadurch wird erlebbar, dass die Würde des Menschen unantastbar ist, oder anders gesagt, dass sein ‹höheres Ich› immer anwesend ist. Die Elemente der Sprache, wie der Rhythmus, die Laute, die Gebärden, können im künstlerischen Tun in ihrer Kraft als lebensnotwendig und nährend erfahren werden.

Was passiert weltweit gerade mit der Sprache, dem Sprechen? Schülerinnen und Schüler stehen mit Maske isoliert auf dem Pausenplatz: Das sind Bilder, die tief gehen! Alte Menschen in den Heimen entbehren die von liebevollen Worten begleitete Berührung der ihnen Nahestehenden. Jede und jeder von uns ist aufgefordert, seinen Bezug zur Sprache neu zu suchen, seinen Atem-Menschen zum Beispiel durch das Sprechen von Poesie zu pflegen.

Die Tatsache, dass künstlerische Programme ‹trotzdem› – ohne Publikum vor Ort – aufgeführt werden, berührt: Das ist doch geistig eine Realität! Auf diese Weise entsteht so etwas wie ein ‹höheres Ohr›, ein Gewahrwerden einer Dimension, die sonst leicht auf den physischen Aufführungsraum, die Künstler und das anwesende Publikum begrenzt bleibt. Es ist eine Dimension, die immer anwesend sein kann, doch leicht aus unserem Bewusstsein schwindet – nun tritt sie in den Vordergrund.

Eurythmie:

Es gibt aus der Not heraus den Versuch, Eurythmie mit Hilfe einer Videokonferenz zu vermitteln – etwas, was im bisherigen Alltag von den meisten Kolleginnen nicht gewünscht wurde. Ein Schlüsselmoment scheint hier das live gesprochene Wort zu sein, das genau in diesem Moment für die Teilnehmer entsteht, als ob das Ringen des sprechenden Menschen einen lebendigen und gemeinsamen Absichtsraum öffnen könnte. Jeder Beteiligte ist dabei für sich und gleichzeitig für die anderen verantwortlich. Allerdings fehlt die ‹Schwingung›, von der der eurythmische Raum im klassischen Zusammenhang lebt. Für bestimmte Felder ist die Schwingung aber voll da, und genau hier geht es darum einen Ansatz zu finden und diesen auszubauen.

Eurythmie kann in diesen Zeiten einmal mehr als atmende Kunst, als universelle Atmung des Lebendigen verstanden werden. Eine Atmung, die sich in jedem einzelnen und in seinem Umreis entfaltet. Es spielt vielleicht keine Rolle, ob wir einander in physischer Nähe oder Ferne begegnen, wenn wir mit einer ‹eurythmischen Haltung› im Leben stehen.

Eurythmie ist gerade in diesen Zeiten auch eine Möglichkeit, einen sicheren und konkreten Zugang zu den eignen Lebens- und Sozialprozessen zu gewinnen. Weltteilhabe kann sich durch die Überwindung von Unsicherheit, Angst oder Lethargie auf diese Weise stark potenzieren und Menschen dabei unterstützen, mit Isolation und Angst besser umgehen zu können, indem sie etwas tun, was sie zu sich selbst auf einer höheren Ebene führt. Das geht und es gibt ermutigendes Feedback dazu.

Eurythmiepädagogik:

Neben vielen anderen Bereichen ist auch das ganze Bildungs- und Kulturleben in vielen Ländern (Ausnahmen sind diesbezüglich Schweden und Dänemark) stillgelegt worden. Rechner und das Internet wurden weltweit für den Unterricht fast aller Stufen eingeführt. Die Digitalisierung hielt damit völlig ungebremst Einzug in alle Bildungseinrichtungen. Wann der Eurythmieunterricht wieder gemeinsam stattfinden kann, ist bis heute unklar.

Aus der Notwendigkeit nach Unterrichtsformen der Eurythmie, welche in dieser Situation dasjenige befördern, was die Schülerinnen und Schüler brauchen, entstand eine intensive Suchbewegung. Darin wurde ein absolutes Momentum der Vergegenwärtigung, vergleichbar dem leeren Bewusstsein, kollektiv erlebbar. Was zeigt sich darin? Der methodische Dreischritt von innerlichem Befragen, Vergegenwärtigen und von da heraus kreativem Handeln kann die Sicherheit geben, zu sinnvollen, wirksamen Unterrichtsgestaltungen zu finden.

Neu zu fragen ist:

- Wie kann der Unterricht den Schülerinnen und Schülern mehr Elemente an die Hand geben, die sie wirklich selbstständig zur Verfügung haben, z. B. einen Fundus an kraftvollen Basisübungen, konzentrierten Grundelementen?
- Welche Aufgaben hat der Eurythmieunterricht im Gesamt-

kontext der Waldorfpädagogik aktuell zu erfüllen (und welche nicht!)?
- Welche bisher nicht erproben Unterrichtsformen lassen sich finden?

Zusammenfassend:

Die verschiedensten Erfahrungen im Lockdown haben uns essenziell erfahren lassen, dass die perfekteste Technik die reale menschliche Begegnung, und alles was damit verbunden ist, nicht ersetzen kann. So wie jede Kunst in ihrem Zeitalter eine Aufgabe hat, steht auch hinsichtlich der Eurythmie, der Sprachgestaltung, der Musik und anderer, gerade auch im anthroposophischen Zusammenhang gepflegter Künste im Mittelpunkt die Frage nach ihrer Wirksamkeit in dem oder für das Bewusstseinsseelenzeitalter. Mit ihrer Hilfe kann die Kraft des Lebendigen, die immer mehr wegbricht, auf der anderen Seite aber neu gesucht wird, so verwandelt werden, dass sie im Inneren des Menschen als neue, gesundende Qualität aufblüht.

Stefan Hasler
(in Austausch mit Helga Daniel, Johannes Greiner, Silke Kollewijn, Ulf Matthiesen, Rebecca Ristow, Jutta Rohde-Röh, Rachel Maeder, Dorothea Scheidegger, Silke Sponheuer, Michael Werner, Agnes Zehnter)

Anmerkung

1 Harald Schwaetzer, in: Das Goetheanum, Nr. 19, 8.5.2020, S. 6.

Pädagogik in Zeiten der Corona

Mündigkeit und E-Learning – ein kritischer Blick in die Zeitlage

Die Corona-Krise betrifft alle Menschen, wenn auch in unterschiedlichen Ausmaßen. Sie ist ein außerordentlicher Lernanlass, der nicht von einem Curriculum, einer Lehrperson oder Lernveranstaltung vorgegeben ist.

Der Lernanlass ergibt sich schon aus der Bestimmung des Begriffes Krise, der aus dem griechischen Wortstamm ‹krino-krisis› stammt, was die Bedeutung hat: entscheiden, unterscheiden, beurteilen und klären. Der Krisenbegriff verweist damit auf ein Kernmerkmal allgemeiner Bildung, auf die *Mündigkeit*. Gerade sie wird zurzeit auf die Probe gestellt. Eine Fähigkeit mündiger Menschen ist es, mit Widersprüchen der Wirklichkeit umgehen zu können. Wir begreifen die Wirklichkeit nicht, wenn wir nicht die Widersprüche in der Welt sehen.[1]

Keine Wissenschaft wird diese Aussage bezweifeln, leben sie doch alle vom Streitgespräch. Wir hören aus dem politisch-administrativen Raum, dass Fachleute Empfehlungen geben. Die Empfehlungen basieren auf medizinischem und biologischem Wissen, das sich stark an statistischen Werten orientiert. Dabei wird oft verschwiegen, dass es auf keinem wissenschaftlichen Gebiet einen Konsens der Fachleute gibt, außer wenn Gremien einseitig besetzt werden. Die Fachwissenschaften leben vom Streitgespräch, und die Politik hat die Pflicht, offenzulegen, wie sie innerhalb dieser Widersprüche zu ihren Entscheidungen kommt. Die Entscheidungsträger sollen erklären, warum ihre Fachleute bestimmte Studien für stimmig oder für wenig stimmig halten und warum sie sich als Zuschauer des Expertenstreits für die eine oder für die andere Deutung entschieden haben.

Sie sprechen mündige Menschen an – welche politische Führung will schon sagen, dass sie von Unmündigen gewählt wurde –, die klare Hinweise bezüglich der bestehenden Situation wünschen. Doch die Entscheidungsträger appellieren in der Regel nicht an die Mündigkeit der Menschen. So bestätigen die offiziellen Mitteilungen weltweit, dass viele mit Corona infizierte Gestorbene über 70 Jahre alt sind. Das legt den Gedanken nahe, Maßnahmen auf diesen Personenkreis zu begrenzen.[2] Er öffnet aber ebenso die mündige Variante, den Gefährdeten die Zahlen vorzulegen und ihnen zuzutrauen, ihren Risikograd einzuschätzen und über die Gestaltung ihrer sozialen Distanz selbst zu entscheiden.

Darum ist es wichtig zu fragen, welche Geschichten werden erzählt? Welche Stimmen werden gehört? Welche Probleme werden diskutiert und bearbeitet? Welche Konsequenzen und Probleme entstehen beispielsweise für Kinder, Jugendliche, Erziehende und Lehrpersonen durch die von Behörden ergriffene Maßnahme der Schulschließung? Sie betreffen nicht nur die Schule. Bildung findet immer in einem gesellschaftlichen Rahmen statt. Sie ist kein isoliertes Geschehen. Was in der Gegenwart lebt, färbt sich ab auf den Alltag in den Bildungseinrichtungen. Welche Geschichte erzählt uns die Gegenwart?

Noch bis Ende 2019 war die Klimafrage in aller Munde. Zurzeit spielt sie nicht mehr die gleiche Rolle. Von Solidarität war die Rede und einem gemeinsamen Vorgehen weltweit. Die Solidarität, die sich aus der Corona-Krise weltweit entwickelt hat, trägt eine andere Signatur. Die plötzliche ökologische Zurückhaltung, die von der Notsituation erzwungen wird, ergibt sich nicht aus Vernunft und Einsicht in die Not der Erde und wird sehr schnell wieder verschwinden, wenn die durch den Virus entstandene Not nachlässt.

Mit dem Virus wurde auch gleich die Methode verbunden

wie er bekämpft werden muss.[3] Plötzlich drängt sich ein direktives, totalitäres Vorgehen in den Vordergrund und infiziert demokratische Systeme.

Millionen von Menschen wurden unter Quarantäne gestellt oder in Sperrzonen von der Umwelt abgeschottet. In wenigen Wochen war es möglich, den Flugverkehr praktisch lahm zu legen. Der gewohnte Alltag wurde unterbrochen und hinterfragt. Die großen Menschheitsprobleme wie Welthunger, Suchtproblematik, Selbstmord, atomare Bedrohung oder der ökologische Kollaps verschwanden aus dem Blick der Öffentlichkeit. Die unmittelbare Betroffenheit löste Ängste aus und übereinstimmend setzte sich die eigene Sicherheit und die des anderen über alles.

In der Bildungslandschaft ist das Sicherheitsdenken bestens bekannt! Die ultimative Erfüllung des Kontrollprogramms wäre, über den Tod zu triumphieren, ohne die Frage zu stellen: was lehrt uns der Tod.

Das Bemühen um ganzheitliche Sichtweisen trat in den Hintergrund. Theorien beherrschen die Szene. Wie sagte Charles Eisenstein: Dein Fisch ist krank. Keimtheorie: isoliere den Fisch! Terrain-Theorie: reinige das Aquarium![4]

Es sind also nicht nur die Theorien und Inhalte der Gedanken und Vorstellungen, die wir uns von der Welt bilden und aus denen wir wiederum Handlungen ableiten, von Bedeutung. In ihnen haben wir es mit Abbildungen der Wirklichkeit zu tun. In der Aktivität des *Bildens* der Gedanken sind wir willentlich – und damit real – mit der Welt verbunden. Die im Vollzug des Denkens wirksamen Kräfte sind keine nur innerlich erlebten Abbilder, sondern in der Welt wirksame ‹Bildekräfte›. Über das Bilden von Gedanken und Gedankenformen sind wir unmittelbar mit den in der Natur wirksamen Bildeprozessen verbunden. Steiners Entdeckung des Zusammenhangs von Bilde- und Denkkräften muss mit wissenschaftlichen Methoden exakt beschrieben werden.

Pädagogische Räume – Chancen und Gefahren für die Zukunft

Vor dem Hintergrund, dass Kindergärten und Schulen geschlossen sind, Kinder und Jugendliche zuhause lernen und im öffentlichen Raum Abstand von andern Menschen gefordert wird, verschieben sich die Themenschwerpunkte im Schul- und Erziehungsbereich. Die Beziehungsgestaltung zwischen Kindern/Jugendlichen, Eltern und Erziehenden und Lehrpersonen nimmt neue Formen an und weckt unerwartete Fähigkeiten.

Doch fast über Nacht überbrückt die digitale Technik die entstandene physische Trennung zwischen den Menschen. E-Learning schwingt sich zu einem selbstverständlichen Hilfsmittel auf und Sitzungen, Konferenzen und sogar Tagungen finden über das Internet statt. Die eigene Wohnung wird zum Arbeitsplatz. Damit entsteht eine Situation, die ganz dem Zeitalter der Bewusstseinsseele angehört. Die Menschen vereinsamen und konzentrieren sich auf ihre Eigeninteressen. Die innere Einsamkeit weckt jedoch die Sehnsucht nach Gemeinschaft. Im Ich des Menschen wirkt nicht nur die Kraft des Trennens, sondern auch die des Verbindens. Die Aufgabe des neuen Bewusstseins ist es, für Trennen und Verbinden zu einem neuen, selbstgeschaffenen Verhältnis zu finden. Die ‹Pädagogischen Räume› sind die Keimzellen dafür. Sie sind das Herz von Kindergarten und Schule. Sie haben eine wichtige Aufgabe in der Bildung und entziehen sich weitgehend der Planung. Sie werden immer wieder neu geschaffen aus den bestehenden Verhältnissen heraus. Sie bilden sich zwischen und durch Menschen. Wir untersuchen seit längerem welche Chancen und Gefahren die digitale Welt für den Zwischenraum und die ‹Pädagogischen Räume› darstellt. Welches Verhältnis zu Welt und Mensch ermöglichen sie?

Wir Menschen sind wie die Erde, die ihre Geschwister im Weltall hat, mit den andern Menschen, der Natur und dem ganzen Kosmos verbunden. Wir verändern mit unserer Arbeit seit Jahrhunderten die Natur. Die Zukunft der Erde und der Menschheit hängt von der Art und Weise ab, wie wir unsere Verbundenheit realisieren. Es hängt davon ab, welches Verhältnis wir zur Erde, dem Kosmos, den Menschen und zu unserer eigenen Leiblichkeit aufbauen und welche Verantwortung wir für sie übernehmen.

Entfalte dein Potenzial und entfalte es immer weiter und weiter. Das ist die heutige Bildungsdevise. So darf der Mensch sich ständig weiterbilden, alles selbsttätig entdecken und permanent Neues schaffen. Die Ansprüche sind so groß, dass die Überforderung fast eine logische Konsequenz ist.

Alain Ehrenberg[5] sah 1998 (in seinem gleichnamigen Buch) das erschöpfte Selbst voraus. Um nicht in diesen Zustand zu gelangen, entsteht der Wunsch nach einem sicheren Weg, den Anforderungen zu genügen. Ein solcher Weg ist bestimmt von Kontrolle und Macht. Was nicht berechenbar oder planbar ist, erscheint fragwürdig. Was die Welt gegenwärtig in großem Stil erlebt, ist die Installation eines Kontrollmechanismus. Er weckt wieder den alten Glauben, das Mensch und Welt kontrollierbar sind.

Zum Einsatz von Technologie, die die Umsetzung dieser Prinzipien ermöglicht, gehört eine stille Voraussetzung: ihre Verfügbarkeit – was alle ausschließt, die keinen Zugang haben, abgesehen davon, dass nicht alle mit ihr zurechtkommen. Zum anderen besteht die Gefahr, auf das, was Technik ‹kann›, reduziert zu werden. Schließlich ist auch diskriminierend, wenn die Begleitung mit einer Lehrperson eine Frage des Wohlstands ist im Sinne von ‹Den Armen geben wir die Maschine, den Reichen die Menschen›.

Wirken durch Anwesenheit – die Frage nach der Menschenwürde

Damit ist auf einen zweiten Weg hingewiesen. Seine Stärke liegt in der menschlichen Beziehung. Bezugspersonen strafen und drohen nicht. Sie wirken durch ihre Anwesenheit. Sie halten – unabhängig vom Verhalten des anderen – das Beziehungsangebot offen. Ihre Kontrolle ist die Selbstkontrolle. Verfehlungen treten sie entgegen, ohne die Beziehung infrage zu stellen. Sie sprechen beharrlich das Gute im Menschen an.

Im Ringen um die Erziehungskunst beim Umgang mit Bestimmungen und Online-Stunden brechen für Augenblicke neue Qualitäten der menschlichen Begegnung auf. Aus der Erfahrung solcher Augenblicke erhält die Frage nach der Würde des Menschen einen Bezug zur erlebten Wirklichkeit. Etwa jener Moment, in dem der Schule neue behördliche Richtlinien mitgeteilt werden, deren Einhaltungen auf dem ersten Blick kaum durchführbar erscheinen. Dann aber bildet sich aus dem Kollegium eine Verantwortungs-Runde, die das Blatt wendet: Persönliche Briefe an die Schüler werden geschrieben, Telefonate geführt, Aufgabenstellungen übermittelt. Erst aus dem initiativen Zusammenwirken vieler Menschen wird jene große Herausforderung im Einklang mit den Elternhäusern schließlich gemeistert. Dann ist da jener Augenblick, in dem sich nach Wochen der Entfernung eine Schülerin und ihre Lehrerin wieder gegenüberstehen. Die Kollegin dazu: «Da war das gegenseitige Aufmerken – das bist du!» Im Raum zwischen Mensch und Mensch taucht das sonst Gewohnte, Alltägliche für einen Moment im Bewusstsein auf. Zu einem solchen Moment der Wiederbegegnung ergänzt ein Kollege: «Erst im Nachhinein merkte ich, dass die Art der innerlichen Gedanken der vergangenen Zeit an die Klasse und an die Schülerpersönlichkeiten in diesem Augenblick des Wiedersehens wie anwesend waren.» Die Beschreibung des Ich-Sinns[6] wird hier greifbar: In der Unmittelbarkeit der Begegnung, im

‹Vibrieren› zwischen Sympathie und Antipathie, zwischen Hinwendung und Bewusstwerdung, kann der Mensch ein Wesenhaftes des anderen Menschen gewahr werden.

Auch bei den älteren Jahrgängen treten im Wechselspiel von Online-Wochen und realer Begegnung solche Augenblicke des Gewahrwerdens des Menschlichen auf. Neben der wachsenden Sehnsucht, der Klassengemeinschaft wieder zu begegnen, zeigten sich im Gespräch über die Erfahrungen des E-Learnings unterschiedliche Beobachtungen. So wurde von manchen Jugendlichen die Entdeckung beschrieben, dass sich der Stellenwert ihres PC vom ‹Freizeit- und Unterhaltungs-Gerät› zum ‹Arbeitswerkzeug› verschoben habe. Viele der jungen Menschen benannten die eher unangenehme Erfahrung, viele Stunden und Tage hintereinander am bloßen Online-Unterricht teilzunehmen. Es sei ‹unpersönlicher› und anstrengend, das Fehlende, das Nicht-Anwesende der Begegnung innerlich durch eine Art stetiger, fixierter Ausgleichsbewegung zu ergänzen. Dieser Beobachtung entsprechen Berichte aus den Hochschul-Studiengängen der vergangenen Wochen. Studenten beschreiben die Herausforderung einer solchen meist unerlösten Ausgleichsbewegung besonders in den Fachgebieten, in denen es weniger um gedankliche Wissenszusammenhänge, als um die Verknüpfung mit anderen menschlichen Erfahrungs- und Qualitätsebenen geht.

Nach seiner intensiven Auseinandersetzung mit der Wirkung digitaler Medien in der Pädagogik beschreibt Klaus Zierer bereits 2019 in einem Gast-Kommentar der NZZ sein Fazit:

«Schulen sind Orte von Menschen und für Menschen. Der Mensch muss im Zentrum stehen. Es geht um Bildung und damit um die Frage, was uns Menschen zu Menschen macht. Jedes Kind hat ein Recht auf eine humane Schule – auch oder gerade im Zeitalter der Digitalisierung.»[7]

Die Aktualität diese Fazits ist in nur wenigen Monaten dieses Jahres noch deutlich gestiegen. Während einer der vielen Online-Konferenzen sagte ein Kollege der Internationalen waldorfpädagogischen Bewegung: «Ich sehe immer nur Köpfe. Begegnen wir uns in Zukunft nur noch als Kopf?» Aus der pädagogischen Perspektive stellt sich hier die drängende Forschungsfrage, welche nachhaltige Wirkung sich für diejenigen Schülerinnen und Schüler einstellen, welche viele Tage und Wochen den mehr kognitiv orientierten Online-Unterricht erleben. Vice versa kann das Paradoxon eintreten, dass erst durch das virtuelle Klassenzimmer ein stärkeres Bewusstsein entsteht, was es wirklich bedeutet, sich im Erleben des Unterrichts von Mensch zu Mensch gegenüberzustehen.

Wir haben gerade erst begonnen, die pädagogischen Erfahrungen mit dem Covid-19-Lockdown auszuwerten. Neben vielen anderen Aufgaben gilt es, solche Umkehrmomente prüfend in den Blick zu nehmen, in denen Menschen erst aus der existenziellen Begegnung mit dem digitalisierten Maschinenwesen die Frage nach dem Wesen des Menschlichen neu stellen. Die Frage nach jenen Augenblicken des Den-Menschen-als-Menschen-neu-Gewahrwerdens gehören offenbar zur Signatur unserer Gegenwart und Zukunft.

Claus-Peter Röh und Florian Osswald

Anmerkungen

1 Rudolf Steiner: Allgemeine Menschenkunde, 8. Vortrag, Dornach 1992, S. 122.

2 Wolfram Meyerhöfer: Auch eine Krise der mathematischen Bildung, in: Zeitpunkt, 8.4.2020.

3 Caspar Hirschi: Unsere Pandemie-Experten wissen wenig – aber das dafür mit Nachdruck, in: NZZ am Sonntag, 17.4.2020.

4 Charles Eisenstein: Die Krönung, in: Zeitpunkt, 12.4.2020.

5 Alain Ehrenberg: Das erschöpfte Selbst, Frankfurt a. M. 2004.

6 Rudolf Steiner: Allgemeine Menschenkunde, 8. Vortrag, Dornach 1992.

7 Klaus Zierer, Professor für Schulpädagogik an der Universität Augsburg, in: «Ernüchternde digitale Bildungsrevolution», in: NZZ, 16.5.2019.

Geschichte nach vorne verstehen: Die Krise als Chance – Zur gesellschaftlichen Dimension der Covid-19-Pandemie

Krisen synchronisieren – und individualisieren uns zugleich. Wir alle folgen den gleichen Vorgaben, dürfen alle die gleichen Dinge nicht mehr tun – und sind doch plötzlich Monaden, strikt voneinander getrennt. Es hat fast etwas Gespenstisches, wenn die Menschen, wie von einer fernen Choreografie gesteuert, von einem Tag auf den anderen in ihren Häusern bleiben, wenn das öffentliche Leben erstirbt, wenn sie nicht mehr aufeinander zu-, sondern einander gewissenhaft aus dem Weg gehen, nicht mehr zusammenströmen, sondern den größtmöglichen Bogen um den anderen machen. Was sich so von außen beobachten lässt, findet ein Pendant im Inneren. Denn was ich tue, tue ich für andere – und diese für mich. Ich mache es alleine, ganz für mich, aber es macht nur Sinn, wenn alle es tun.

Mit der Gesellschaft ist es eine merkwürdige Sache. Es gibt Zeiten, da scheint alles fest und unabänderlich, wie in Beton gegossen. Und es gibt Zeiten, da ändert sich alles, schlagartig, von einem Tag auf den anderen. So jetzt. Etwas nie für möglich Gehaltenes ist eingetreten: Die Schulen, Kindergärten und Theater geschlossen, die Kirchen, Museen und Sporthallen geschlossen, die Geschäfte, Hotels und Restaurants geschlossen, die Spielplätze und Parks, die Betriebe und sogar die Grenzen geschlossen. Die Menschen in den Wohnungen eingesperrt – und wenn sie sich vor die Tür wagen, dann höchstens alleine oder zu zweit, in großem Abstand und mit Mundschutz. Und das nicht für einen Tag, nicht für ein Wochenende, sondern zum Teil schon seit Monaten.

Kleine, mittlere und große, weltweit operierende Unternehmen, auch solche, die gerade noch zu den erfolgreichsten gehörten, verlieren fast ihren gesamten Wert, stehen am Abgrund, müssen Konkurs anmelden oder werden zur hilflosen Beute gieriger Finanzspekulanten. Flugzeuge bleiben am Boden, die Mitarbeiter zuhause, Reisen, Konferenzen, Kultur- und Sportveranstaltungen werden abgesagt. Millionen Menschen verlieren ihre Arbeit, viele auch ihr Einkommen, nicht wenige verlieren auch den Mut, den Sinn und den Kontakt zu ihren Lieben. Die Welt ist eine andere geworden. Und die Menschheit hat Angst.

Die Öffentlichkeit wird derzeit ganz überwiegend von zwei eng verwandten Reflexen bestimmt: Angst und Abwehr. Das Virus wird von den Regierungen weltweit als Feind ins Visier genommen und mit kriegsähnlichen Handlungen bekämpft. In Frankreich spricht der Präsidenten bewusst martialisch vom Krieg gegen das Virus. Der Präsident der USA stellt das Ganze gar als eine ausländische Invasion dar, gegen die das mächtige Amerika mit allen Mitteln kämpfe. Die Vereinigten Staaten von Amerika befinden sich demnach im Kampf gegen das ‹Chinesische Virus› – und die Regierung verlangt sogar von den Vereinten Nationen, das offiziell so festzustellen. Die Reaktionsmuster sind nicht überall gleich, es gibt durchaus Nuancen, die viel über die Denkweise und den Charakter bestimmter Politiker, über die Kultur eines Landes und über den Reifegrad einer Gesellschaft erzählen, doch die aggressiv-kämpferische Denkweise überwiegt.

Darin zeigt sich ein Denk- und Reaktionsmuster, das ein feindliches Verhältnis zur Welt kultiviert, eine Handlungsweise im Kampfmodus, in Abwehr-, Eroberungs- oder Herrscherverhalten. Alles, was nicht integriert werden kann in den Rahmen des vertrauten Weltbildes, wird ausgeblendet oder vernichtet. Was dabei geschieht, ist das Gegenteil dessen, was in einer aufbauenden Weise im Umgang mit der Situation getan werden könnte oder sollte. Menschen zu isolieren, auszugrenzen aus ihrer schaffenden Tätigkeit, sie einzuschränken in ihrem gewohnten Bewegungsdrang, all dies schwächt massiv die menschliche Fähigkeit, sich in gesunder Weise mit einer möglichen Bedrohung durch das Virus auseinander zu setzen. Hilfreich wäre in dieser Hinsicht genau das Gegenteil, wären soziale Kontakte, Wärme, Nähe, Begegnung, aber auch Bewegung, Sonne, frische Luft, Freude und Sinn im Leben und im Tun. Inzwischen wird sogar öffentlich darüber gestritten, was letztlich die schlimmeren Folgen habe: Die Ansteckung vieler Menschen mit dem Virus oder die Maßnahmen zu seiner Abwehr.

Pandemie als Aufwacherlebnis für die Menschheit?

Der Blick auf die soziale Dimension des Geschehens richtet sich hier ganz bewusst nicht auf das Anprangern oder die Aufarbeitung von Fehlern und Versäumnissen, nicht auf eine Analyse des Geschehenen, sondern versucht vielmehr, vorsichtig und tastend, im Verständnis des Geschehens um die Corona-Pandemie einen Blick nach vorne.

Im Sozialen ist ein gänzlich abstraktes, neutrales Darstellen eine Illusion. Vielmehr ist die Art, wie wir etwas anschauen, verstehen und beschreiben, das noch im Geschehen ist, immer zugleich auch ein Stück Mit-Bewirken. Denn das Soziale bildet sich zwischen den Menschen; alle sind daran beteiligt. Wir sind dabei keine neutralen Zuschauer, sondern sind mit verantwortlich, etwa auch dafür, was daraus entsteht. Aus dieser Perspektive voller Mitverantwortung ist dieser Beitrag verfasst.

Eine Krankheit kommt immer ungelegen. Wir haben Wichtigeres zu tun als krank zu sein. Manchmal aber geht es nicht anders. Dann müssen wir der Krankheit Zeit und Raum geben. Wer dann aufmerksam in sich hineinhört, findet fast immer Gründe, warum er krank wurde. Denn jede Krankheit hat auch einen Grund – und einen spezifischen Sinn.

Könnte nicht so, wie jede Krankheit für den einzelnen Menschen einen biografischen Sinn hat, dies auch bei einer Pandemie der Fall sein – nur dann für die ganze Menschheit? Wie uns Krankheiten individuell oft darauf stoßen, dass wir etwas Bestimmtes in unserer Biografie nicht bewältigt haben, und uns zwingen, uns damit auseinanderzusetzen, so könnte eine Pandemie eine Art Trick der Natur sein, die ganze Menschheit mit bestimmten, bislang verdrängten Fragen zu konfrontieren und bisher versäumte Schritte zu tun. Meist muss der Patient begreifen, dass seine bisherige Lebensweise ungesund war, und er sich eine andere angewöhnen muss, will er wieder gesund werden und noch länger leben.

Es ist unverkennbar, dass wir als Menschheit immer weiter in einen Modus geraten sind, wo wir die Welt zerstören, wo wir ihr feindlich gegenüberstehen, wo wir versuchen, sie auszubeuten und zu beherrschen – und wo wir selbst, um es sehr verkürzt zu sagen, von allem nur noch den Preis kennen und von nichts mehr den Wert. So haben wir zunehmend die Verbindung verloren: zu unseren Mitmenschen, zu uns selbst, viel mehr aber noch zur Natur und zu all den anderen Wesen, die mit uns diese Welt bevölkern und beleben.

Wissenschaft und Technik sind Realisierungen unseres Denkens und unseres Willens. Diese beide halten in rasenden Tempo die Welt in Atem. Zurückgeblieben sind dabei Beziehung oder Verbindung – die Qualitäten unseres Herzens, unserer Lunge, unserer Mitte. Dieses Virus wirkt ja insbesondere auf unsere Mitte, also auf das, was zwischen Denken und Gliedmaßen als menschliche Mitte die Verbindung zur Welt schafft. Hier, im Atem und im Herzschlag, bin ich bei mir und zugleich ganz verbunden mit der Welt. Ich nehme mit jedem Atemzug Welt in mich auf und verströme wiederum beim Ausatmen ein Teil von mir in die Welt. Aber gerade hier entfaltet das Virus seine krankmachende Wirkung.

Nicht nach hinten, sondern nach vorne begreifen

Alleine zuhause, und immer mehr auf das Internet angewiesen, verlieren wir zunehmend unsere Stützen in der äußeren Wirklichkeit. Wir verlieren unsere Sicherheit und unsere Gewissheiten – im Ökonomischen, im Sozialen, aber auch im Geistigen und Politischen. Wir wissen zunehmend weniger, was stimmt. Es gibt unendlich viele Narrative, Erzählungen und Einschätzungen, was hinter dem Ganzen steht. Stammt das Virus tatsächlich von einer Fledermausart, die in Wuhan auf einem Wildtiermarkt gehandelt wurde? Oder wurde es – absichtlich oder versehentlich – durch das nahe gelegene Bio-Labor freigesetzt, in dem mit eben solchen Viren geforscht wird? Nicht nur hierüber tobt ein erbitterter Streit.

Auch sonst werden die Auseinandersetzungen heftiger, und die Narrative so unterschiedlich, dass es scheint, als lebten ihre Vertreter in unterschiedlichen Wirklichkeiten. Auffallend ist dabei die Heftigkeit der Urteile. Viele Gespräche sind heute nach einem ersten Abtasten schnell schon wieder beendet – zu inkompatibel erscheint dem einen die Weltsicht des anderen. Die Gewissheit auf der einen und die Unfähigkeit, mit anderem Erleben umzugehen, auf der anderen Seite, befremden. Es entsteht wie ein inneres Gefühl der Scheingröße diesem Geschehen gegenüber, weil man meint, es genau erklären und damit auch wie bannen zu können. Damit verbunden ist fast immer ein Denken in Kategorien von Gut und Böse bzw. Schwarz und Weiß, was dem geschichtlichen Werden, in dem wir uns befinden, überhaupt nicht mehr angemessen ist.

Eine Hochzeit der Kontrolle und Überwachung

Tatsächlich erleben wir eine Hochzeit für Erfassung und Kontrolle, etwa mittels Überwachungs-Apps, oder durch den Plan, Chips zu implantieren, die anzeigen, ob jemand geimpft und ob jemand Antikörper hat oder nicht. In China muss man bereits heute eine App auf dem Handy haben, die das Ansteckungs-Risiko des Besitzers permanent in den Farben Rot, Gelb oder Grün anzeigt. Über die Zuordnung entscheiden die Behörden ohne Anhörung oder Einspruchsmöglichkeit des Besitzers.

Diejenigen, bei denen das Handy rot leuchtet, dürfen keine öffentlichen Verkehrsmittel mehr benutzen. Sie dürfen auch öffentliche Gebäude sowie die meisten Räume oder Geschäfte nicht mehr betreten. Sie werden aufgrund einer maschinellen Entscheidung daran gehindert. Und das ist nur ein erster Vorgeschmack. Wir werden uns in Zukunft mit noch weitergehenden Gefahren und Tendenzen auseinandersetzen müssen.

Das Weltgeschehen hat heute sehr viele Schichten und ist höchst komplex. Der gewöhnliche Verstand sucht nach einer einzigen, nach *der* Erklärung. Es muss immer die eine Ursache, den einen Grund geben, aus dem sich alles Folgende ableiten lässt. In diesem Verständnis verläuft Geschichte in Form von Ursachen und Folgen linear von A nach B. In der Wirklichkeit aber liegen die Dinge meist ungleich komplexer und vielschichtiger. Selten genügt eine einzige Erklärung, um ein geschichtliches Ereignis umfassend verstehen und einordnen zu können. Die meisten Erklärungen treffen nur eine Schicht, einen Aspekt des Ganzen. Simple, reduktionistische Erzählungen wie die Überzeugung, das ganze Geschehen sei als Plan von einer bestimmten Person oder Stelle ausgeheckt und dann weltweit durchgeführt worden, gehen so fast immer fehl. Anthroposophische Geschichtsbetrachtung untersucht daher geschichtliche Tatsachen nicht nur in ihrer kausalen Folge, sondern belässt ihnen ihre Besonderheit und partielle Unverfügbarkeit und versucht eher, sie als Symptome zu verstehen: wie Verdichtungen bzw. sinnvolle Äußerungen einer umfassenderen Wirklichkeit, die sich dem Verstehen nicht entzieht, aber auch nicht vollständig enthüllt, die eher wie eine Sprache gelesen werden können, bei der wir je nach Fähigkeit und Horizont immer noch weitere, zunächst verborgene Verständnisebenen erschließen können.

Deshalb sei ganz bewusst nach der soeben genannten noch eine andere, ebenso wahre Sicht des Geschehens hier wenigstens kurz angedeutet: Wenn man einigermaßen auf das vertrauen darf, was sich an politischen Vorgängen und Äußerungen durch diverse Medien und persönliche Kontakte zu involvierten Personen verfolgen lässt, dann war, jedenfalls in den meisten Ländern, das zentrale Motiv der ergriffenen Maßnahmen nicht, Kontrolle, Überwachungen und Impfungen zu implementieren, sondern vielmehr: Menschen zu schützen und Menschenleben zu retten. Wenn es stimmt, so ist das eine überaus bemerkenswerte Tatsache, dass wir als Gesellschaft heute an einem Punkt angekommen sind, an dem wir nicht mehr bereit sind, eine größere Zahl von Menschenleben zu opfern, sondern an dem wirklich versucht wird, um jedes Menschenleben zu ringen. Das ist eine neue Stufe in der Menschheitsentwicklung. Und eine neue Erfahrung. Wir erleben und wir üben dabei, Solidarität zu realisieren und Verantwortung füreinander zu übernehmen. Ute Hallaschka nennt das: «Die physische Distanz wahren aus innerer Nähe zum nächsten».[1] Wir alle sind verbunden. «Wir sind ein Organismus. Ein Menschheitskörper.»[2]

In diesem Zusammenhang scheint mir noch etwas wichtig: Natürlich kann man allen Mutmaßungen, Indizien und Beweisen nachgehen, um den Verursacher eines historischen Geschehens zu identifizieren. Doch führt das am Ende kaum oder gar nicht zu einer Lösung. Öfter, als man denkt, verhält es sich sogar umgekehrt. Wer auf jemanden mit dem Finger zeigen kann und sagen: «Der war's», hat das Problem noch lange nicht gemeistert.

Ich möchte es so formulieren: Immer weniger können wir die Situationen, in denen wir leben, nach hinten begreifen. Wir können die Situationen, in denen wir leben, vielmehr nur noch nach *vorne* begreifen.

Die Rätsel, die die Geschichte uns stellt, können wir deshalb nicht nach hinten, sondern nur noch nach vorne lösen. Nach vorne begreifen und lösen heißt: Der «Haltet den Dieb!»-Gestus ist bei den großen Prüfungen, in die die Menschheit geht, nicht mehr interessant und nicht mehr relevant. Denn es hilft uns nicht, einen (oder viele) Schuldige benennen zu können. Es hilft nicht, mit den Fingern auf andere weisen und sich selbst einen schlanken Fuß machen zu können. Drei Finger meiner Hand weisen dabei immer auf mich zurück. Die Frage lautet nicht nur: Wie kann ich das Geschehen nach möglichst vielen Ebenen und Seiten verstehen, sondern auch: was kann ich, was können wir beitragen? Was, zum Beispiel, kann ich künftig anders machen?

Richtig ist: Krisen dienen immer auch als Gelegenheit, politische Ziele im Rahmen vermeintlicher Sachzwänge durchzusetzen und dabei grundlegende öffentliche Diskussionen zu vermeiden. Richtig ist aber auch: Krisen bergen in sich immer auch die Möglichkeit, falsche Verfahrensweisen und Entscheidungen zurückzunehmen, nicht fortzusetzen, und die öffentliche Diskussion über und Unterstützung für neue, bessere Wege zu suchen.

Es ist offen. Nach beiden Seiten. Es ist eben nicht vorherbestimmt, was daraus wird. Was aus einer Krise entsteht, liegt in unserer Hand. Die Art, wie wir eine Krise verstehen sowie die Entschlüsse, die wir in ihrem Angesicht fassen, entscheiden mit darüber.

‹Follow the science›

Ein markantes Charakteristikum der mit dem weltweiten Auftreten des neuartigen Coronavirus einhergehenden Krise besteht darin, dass sämtliche politischen Maßnahmen den Vorgaben einer vergleichsweise überschaubaren Zahl von Wissenschaftlern folgen. Es sind im Wesentlichen Virologen und Epidemiologen, die den Kurs bestimmen. Ihr Handwerkszeug sind Modelle, Diagramme, Prognosen und Wahrscheinlichkeiten. Doch schon Intensivärztinnen, Lungenfachärztinnen oder ganzheitlich orientierte Mediziner kommen oftmals zu anderen Auffassungen. Nähme man noch Menschen aus anderen Fachdisziplinen und Berufen hinzu, vielleicht auch ein Paar Eltern oder Künstlerinnen, so wären differenziertere, ausgewogenere Ergebnisse denkbar. So aber führt das manchmal schon belächelte Diktat des ‹herrschenden Virologiats› zu einer Engführung der Politik.

Unter dem Druck der Krise entstand unmerklich eine Herrschaftsform, wie sie zuvor schon öfter gefordert worden war. Die Herrschaft der Wissenschaftler – oder Technokratie.

‹Follow the science› war wie selbstverständlich zu einem Schlagwort zahlloser Klimaschützer geworden. Ist das nicht richtig? Gilt es nicht, denjenigen zu folgen, die wirklich Ahnung haben?

Nein. Die Forderung ignoriert das Wesen des Geisteslebens und es verkennt (bzw. verwechselt) Geistes- und Rechtsleben. Die ‹Haltung› oder ‹Anweisung› des Geisteslebens ist auch nie einheitlich oder klar. Dieses spricht nicht mit einer einzigen, einheitlichen Stimme. Es hat keinen kollektiven Charakter. Und keinen bestimmenden. Vielmehr ist es ein Ort permanenten Ringens – oft auch Streits – um die rechte, die bestmögliche Erkenntnis. In jedem Individuum, jedem Begriff, jedem Gedanken, jeder Entscheidung, jeder bewussten Handlung wird Erkenntnis, wird Geistesleben präsent und wirksam. In und durch uns – das Individuum.

Wenn aber eine bestimmte Ansicht allgemeine Geltung verlangt oder gar Herrschaft über alle, wenn sie glaubt, vorschreiben zu können, was für die Menschen richtig ist und was falsch, was man glauben, denken, sagen oder tun darf, dann wird es gefährlich – oder sogar böse. Was in Form von Recht und Gesetzen für alle gelten soll, das kann heute nicht (mehr) einseitig verordnet, das muss vielmehr miteinander ausgehandelt und demokratisch entschieden werden. Anderenfalls träte an die Stelle des Rechts das Diktat, an die der Demokratie Diktatur.

Die Tendenz zur Technokratie oder Expertokratie stellt eine immer größere Gefahr für die Demokratien dar. Die von wissenschaftlichen Erkenntnissen bestimmte Politik wird blind gerade für das Eigentliche der Politik, die Menschen. Sie neigt dazu, Alternativen auszublenden und sich gegen gesellschaftlichen Widerspruch zu immunisieren. Sie unterdrückt und zensiert Debatten, schließlich kann man sich ja nicht gegen die Wissenschaft stellen. Wer eine solche Politik vertritt, verkennt, dass die Wissenschaft selbst plural ist. Jedenfalls, solange sie noch Wissenschaft ist. Wo sie ihre Pluralität aufgibt, wo sie neue Erkenntnisse und andere Zugänge ausschließt, hat sie diesen Charakter und Geltungsanspruch bereits verloren. Denn Wissenschaft ist kein feststehender Inhalt, sondern ein offenes, plurales Verfahren.

In der Demokratie kann nie nur eine Sichtweise gelten. Vielmehr müssen verschiedene gegeneinander abgewogen werden. Wo das nicht oder nicht ausreichend der Fall ist, lehnen sich die Menschen dagegen auf. Das ist verständlich und berechtigt. Gefährlich aber ist der Unwillen, andere Sichtweisen anzuerkennen. Diese Haltung nimmt auf beiden Seiten zu. Wie in einem spiegelbildlichen Mißtrauens-Überbietungswettbewerb weigern sie sich, das Berechtigte der anderen Sicht anzuerkennen. Wer so denkt, vergiftet und zerstört den demokratischen Diskurs. Er baut mit an einer undemokratischen Welt aus unbeirrbar vertretenen einseitigen Welt- und verzerrenden Feindbildern, die mehr und mehr Menschen beherrschen.

Was zunächst angesichts der prognostizierten Gefahr einer dramatischen, das Gesundheitssystem überfordernden Pandemie zum Schutz der Bevölkerung als richtig erachtet wurde – akut und zentral verordnete Beschränkungen – das fängt an, im Empfinden einer zunehmenden Zahl von Menschen umzuschlagen. Sie klagen über Repression von oben und protestieren gegen die Einschränkung ihrer Freiheits- und Bürgerrechte. Grund ist ein dramatisches Versäumnis der Politik: Die betroffenen Menschen werden nicht einbezogen, nicht gehört, nicht gefragt. Sie fühlen sich nicht ernst genommen. Wie anders wäre es gewesen, wenn nach einer kurzen Zeit, in der die Prognosen und Modellrechnungen einiger Virologen fast allein das Handeln bestimmten, bald schon offene, dialogische und demokratische Verfahren entwickelt worden wären? Runde Tische mit Ärzten und Pflegekräften unterschiedlicher Fachgebiete und Sichtweisen zum Beispiel – oder Runde Tische zum Thema ‹Kinder› mit Erziehern, Lehrern, Eltern, Jugend- und Sozialämtern und Freien Trägern? Wenn im Sinne funktionaler Gliederung und demokratischer Selbstverwaltung mehr miteinander als übereinander gesprochen, vereinbart und entschieden worden wäre?

Auszeit – Die Krise als Chance

«Time out» nennt sich etwa im Sport eine Unterbrechung des Spiels, in der beide Mannschaften sich sammeln, Zeit nehmen und neu überlegen können, wie sie fortan das Spiel gestalten wollen. Corona offeriert uns die Möglichkeit, aus dem Abstand der erzwungenen Quarantäne auf unsere Welt und unser Leben zu schauen. Wir können in uns hineinhorchen und uns fragen, was uns wirklich wichtig ist, wie wir in den nächsten Jahren arbeiten und leben, wo wir die Schwerpunkte setzen und was wir in Zukunft anders machen wollen.

Können wir, zum Beispiel, ein anderes Verhältnis zur Erde finden?

Können wir lernen, mit den Tieren anders umzugehen?

Können wir anders wirtschaften, ganzheitlicher, nachhaltiger und in Kooperation statt in Konkurrenz?

Können wir Gesellschaft anders gestalten, freiheitlicher, demokratischer und solidarischer?

Können wir Entscheidungen anders treffen, demokratisch und mit- statt gegeneinander?

Wir lernen gerade, dass es möglich ist, neu zu denken und Dinge ganz anders zu machen als bisher. So kann jede Krise zur Chance werden für eine gründliche Neu-Besinnung unseres Verhältnisses zur Erde, denn die gegenwärtige Pandemie hat bewiesen, zu welch großen Veränderungen wir fähig sind, wenn es uns notwendig erscheint. Dann gelingen uns in kürzester Zeit Veränderungen, die vorher über Jahre nicht möglich schienen. Das ist vielleicht die wichtigste Erfahrung der letzten Wochen und Monate. Wir dürfen sie nicht vergessen.

Ertrinken im Meer der Schulden?

Ich glaube, dass die Zeit nach Corona die politischste sein wird, die wir je erlebt haben werden. ‹Politisch› meine ich hier im besten Sinne. Denn es geht um unsere *polis*, um das Gemeinwesen. Es werden fundamentale Entscheidungen anstehen und gefällt werden müssen. Und ich hoffe, Sie sind dabei! Denn die Zeit ist vorbei, in der fundamentale Entscheidungen für das Ganze hinter verschlossenen Türen von einer Handvoll Menschen gefällt werden konnten. Wir brauchen für all die anstehenden Fragen eine transparente und öffentliche Debatte, das Abwägen unterschiedlicher Wege und am Ende die größtmögliche Beteiligung der Menschen an den Entscheidungen selbst. Das wird nicht von selbst kommen. Vielmehr muss man dafür kämpfen. Bereiten Sie sich gerne schon einmal darauf vor.

Die großen und schweren Fragen, die nach der Pandemie zu klären sein werden, beginnen alleine schon mit dem Problem der Schulden. Die Folgekosten der Pandemie werden täglich unkalkulierbarer. Nur ein Beispiel: 1,2 Billionen Euro beträgt (Stand: Mitte Mai 2020) alleine das von der deutschen Regierung aufgelegte Hilfsprogramm für die deutsche Wirtschaft bislang. Hinzu kommen weitere Ausgaben für europäische und bilaterale Hilfen. Es ist das größte Hilfsprogramm der deutschen Geschichte. Das reißt tiefe Löcher in ohnehin schon leere Kassen. Hinzu kommt eine Verringerung des Steueraufkommens alleine im Jahr 2020 um voraussichtlich weitere 100 Milliarden Euro.

Wer soll diese Schulden tragen? Wie – und von wem – sollen sie je zurückgezahlt werden? Im Augenblick buchen wir sie ungefragt auf die nach uns kommenden Generationen. Damit belasten wir deren Zukunft schwer. Und es sind ja nicht die einzigen Schulden. Vielmehr erhöhen sie in aller Regel nur einen vorher schon bestehenden gigantischen Schuldenstand. Unser Geldsystem ist heute schon von dauerhaft nicht hinnehmbaren Disparitäten bestimmt. Das Gemeinwesen, die öffentliche Hand, Staaten, Regionen und Gemeinden versinken in einem Meer von Schulden, während andere Vermögensbesitzer zugleich maß- und sinnlosen Reichtum anhäufen. Unabhängig von ökonomischen und politischen Fehlern, die ganz zweifellos hier und da das Problem verschärft haben, verweisen diese Symptome auf ganz grundsätzliche Defekte unseres Geldsystems.

Die aktuelle Krise könnte Anlass sein, diese ins öffentliche Bewusstsein zu rücken und über eine grundlegende Geldreform als einzig dauerhaften Weg zur Lösung des Problems nachzudenken. In der Sektion für Sozialwissenschaften und den weltweit angegliederten Arbeitskreisen und Instituten arbeiten wir seit vielen Jahren an Ansätzen und Bausteinen hierzu. Eine Grundlage hierfür ist der *Nationalökonomische Kurs* Rudolf Steiners, in dem dieser als einer der ersten dieses Problem erkannt, durchdacht und Wege zur Gesundung des Geldes entwickelt hat.[3] In Deutschland organisiert die bei ihrer Entstehung aus dem anthroposophischen Sozialimpuls inspirierte GLS-Bank jährlich einen großen ‹Geldgipfel›, auf dem Experten und Interessenten gemeinsam über einen zeitgemäßen Geldbegriff und Elemente zu seiner Durchsetzung sprechen.[4] Auch am Goetheanum, dem Sitz unserer Hochschule, widmen wir uns diesem Themenfeld – zuletzt etwa im November 2019 bei der Tagung ‹Ökonomie der Brüderlichkeit – Geld im Lichte von Freiheit und Karma›.[5] Zu dieser so dringenden und überfälligen Reform unseres Geldwesens ist also schon viel vorgearbeitet worden. Nicht nur auf der Grundlage des Werks Rudolf Steiners,[6] auch auf anderen Wegen. Und doch kommen die hiermit Befassten zu ganz ähnlichen Ansätzen. Es wäre also zu wünschen, dass die Diskussion dazu endlich beginnt. Wie wäre es, wenn die Regierungen anstatt z. B. zu einem weiteren

‹Autogipfel› mit dem fragwürdigen Ziel der Rettung einer in der Vergangenheit verhafteten Industrie einzuladen, nun erstmals breit zu einem offiziellen ‹Geldgipfel› einlüden – mit dem Ziel, das Geldwesen umfassend im Sinne von mehr Nachhaltigkeit, Angemessenheit, Solidarität und Freiheit zu reformieren?

Demokratie und Charakter

Corona zieht den Schleier weg, bringt an den Tag, konkretisiert, macht klar, was und wieviel sich auf dieser Erde ändern muss, damit wir nicht von einer bedrohlichen Krise in die nächste taumeln. Diese Krise lässt wie unter einem Brennglas zahlreiche geistig-kulturelle, ökonomische und politische Entscheidungen, die in den letzten Jahrzehnten unbedacht, unvernünftig und mit einem zu geringen Bewusstsein unserer Verantwortung für das Ganze der Schöpfung und der Erde getroffen wurden, nun überdeutlich zu Tage treten. Sie zeigen sich in ihren oft fatalen Auswirkungen klarer als zuvor. Mit der großen Corona-Pause hätten wir die unerwartete Möglichkeit bekommen, unsere wirtschaftlichen, politischen und kulturellen Systeme zu reformieren und umzubauen. Es ist keineswegs ausgemacht, wie es ausgeht – aber es liegt in unseren Händen.

In Bezug auf Demokratie und Recht hat die Pandemie die meisten Länder und Gesellschaften wie mit einem Fußtritt zurück in die Vergangenheit befördert. Von einem Tag auf den anderen fand man sich in längst überwunden geglaubten Verhältnissen. An die Stelle gründlich diskutierter Parlamentsbeschlüsse und Gesetze traten eilig zusammengeschriebene Verordnungen. Grundrechte – vom Allgemeinen Persönlichkeitsrecht über die Versammlungsfreiheit, Vereinigungsfreiheit, Bewegungsfreiheit, Berufsfreiheit, Eigentumsgarantie und die Freiheit der Religionsausübung – wurden in einem Maße eingeschränkt, wie das sonst nur in Kriegszeiten der Fall war.

Ausmaß, Weg und Form waren in den verschiedenen Ländern unterschiedlich. So erlaubt der Umgang mit dieser Herausforderung auch einen Kulturen- und Systemvergleich. Und er demonstriert die Stärken und Schwächen der uns Regierenden. Interessant und lehrreich ist zum Beispiel ein Blick auf Neuseeland, Finnland, Dänemark, Island und Deutschland. Diese Länder sind bislang relativ erfolgreich durch die Pandemie gekommen. Sie haben vergleichsweise niedrige Infektionsraten und/oder wenige Todesfälle. Und sie werden alle von weiblichen Staatschefs regiert! Auch hierin können wir, vor dem Hintergrund, dass Regieren jahrhundertelang als männliche Domäne galt, einen Hinweis sehen auf die neuen Qualitäten, die in der Politik und Gesellschaftsgestaltung in Zukunft unverzichtbar werden.

Umgekehrt sehen wir mit großer Sorge und extremem Schmerz: Wo die Regierung von Männern geführt werden, die sich gerne als besonders starke Typen, als unbesiegbare Gewinner, als Machos oder als Populisten gerieren, herrscht derzeit zumeist nicht nur heftige, oft unüberwindliche Konfrontation und gegenseitige Schuldzuweisung, sondern meist auch erschütternde Inkompetenz. Das Ausmaß der Gefahr für die Bürger hängt eben ganz wesentlich mit ab vom System, in dem sie leben und von der Qualität ihrer Repräsentanten. Leugnen, Vertuschen, Selbstinszenierung, Unterdrückung, Einschüchterung, staatliche oder polizeiliche Brutalität: antidemokratische Systeme werden in Corona-Zeiten noch rigoroser – polarisieren ihre Gesellschaft und haben schlechtere Ergebnisse. In einer solch unsicheren, präzedenzlosen Situation hängt letztlich alles von der Frage ab: «Kann ich den Menschen, die jetzt entscheiden, vertrauen? Wem schulden sie Rechenschaft? Was treibt sie? In wessen Namen und Interesse handeln sie?» Und davon, dass sich diese Leute ständig der Diskussion und Beurteilung stellen müssen: im Parlament, in der Öffentlichkeit, in direkten Abstimmungen und schließlich auch in den politischen Wahlen. Die Tendenz, in der Krise nach dem ‹starken Mann› zu rufen, oder Demokratie durch Technokratie ersetzen zu wollen, ist hochgefährlich. Demokratie ist gerade in Situationen der Bedrohung noch wichtiger als sonst. Und die Qualität von Demokratien bemisst sich auch daran, ob ihre Verfahren offen und flexibel genug sind, auch in extremen Fällen auf demokratisch legitimiertem Wege zu angemessenen und maßvollen Entscheidungen zu kommen

Politik vom Kopf auf die Füße stellen

Auch wenn die Situation von Land zu Land verschieden ist, so lässt sich doch sagen: Zu Beginn verständigten sich die Menschen fast überall darauf, sich um der Schwächsten willen solidarisch zu verhalten und trugen angeordnete Maßnahmen mit. Das aber ändert sich. Denn am Anfang, als die Gefahr immens schien und noch wenig belastbare Informationen und Erfahrungen im Umgang mit der Krise existierten, konnte der Staat nicht anders reagieren als mit massiven Einschränkungen und pauschalen Anordnungen von oben. Inzwischen aber ist das anders. Inzwischen haben wir ein weit differenzierteres Bild und sehr viel genauere Kenntnisse der Lage. Jetzt ist ein anderes, weit weniger massives und pauschales Vorgehen gefragt. Damit aber tun sich die Verantwortlichen schwer. Und so, wie es zu Beginn eine Tugend war, zur Vermeidung von Gefahr für andere den Anordnungen präzise zu folgen, wäre es Monate später geradezu unheimlich, ja erschreckend, wenn eine Gesellschaft im Ausnahmezustand weiterhin einfach lammfromm der Obrigkeit folgte. Meinungsunterschiede, Diskussion und in begründeten Fällen auch Widerstand gehören zu den essenziellen Bedingungen und Notwendigkeiten einer Demokratie. Wir sind nicht Untertanen, sondern freie, selbstbestimmte Individuen.

Es ist unverkennbar: Bestimmte umsatzstarke Unternehmen und mächtige Verbände haben großen Einfluss auf die Politik. Wenn ich Deutschland als Beispiel nehme, so sind das dort etwa die Automobilhersteller, die Lufthansa oder auch der Deutsche

Fußballbund. Sie bekamen sehr früh Gehör – und großzügige Unterstützung oder Erleichterungen bei den Einschränkungen. Aber andere Gruppen und Individuen, die möglicherweise viel dringender das Ohr und die Aufmerksamkeit der Politik bräuchten, tun sich schwerer. Die gegenwärtigen Maßnahmen gehen zum Beispiel völlig an den Lebensrealitäten von Eltern, Kindern, Kindergärten und Schulen vorbei. Kinder, die am wenigsten gefährdet sind und am meisten Luft und Licht, Spiel, Bewegung und Begegnungen brauchen, über Monate in engen Wohnungen und Häusern einzusperren, ist wenig zielführend und pädagogisch und sozial untragbar. Dass diese Beschränkungen zu den letzten gehören, die aufgehoben werden, zeigt, wie wenig kindgerecht und kinderfreundlich unsere Gesellschaften noch immer sind. Das Wissenschaftlergremium, das sich in Deutschland sehr wirksam zu dieser Frage geäußert hat, die Nationale Akademie der Wissenschaften, besteht seinerseits aus Akademikern, von denen niemand jünger als 50 ist und nur zwei von 24 Mitgliedern weiblich sind.

Ich nehme das als Beispiel dafür, wie unser Staat und Gemeinwesen sich verändern muss. Denn die Menschheit selbst hat sich geändert und wird das weiter tun. Sie befindet sich auf diesem Weg an einem entscheidenden Übergang: Von der Fremd- zur Selbstführung. Strebte sie «im Anfange der Kulturzustände nach der Entstehung sozialer Verbände», denen das Interesse des Individuums untergeordnet wurde, so führt «die weitere Entwicklung [...] zur Befreiung des Individuums von dem Interesse der Verbände und zur freien Entfaltung der Bedürfnisse und Kräfte des Einzelnen», schreibt Rudolf Steiner im sogenannten ‹Soziologischen Grundgesetz›[7].

Im Mittelalter etwa erlebte die Menschheit das Recht noch als etwas, das wie von außen und von oben kam. Es lag in den Händen einiger weniger: Könige, Landesherren, Fürsten. Heute hat sich das Bewusstsein der Menschen und damit das Verhältnis des Einzelnen zum Recht gewandelt. Wir sind freier geworden. Und damit auch individueller. Das heißt aber auch:

verantwortlicher. Der ‹Souverän› ist heute nicht mehr der Fürst oder König, sondern die Gemeinschaft freier und gleicher Bürger. Wir Menschen bringen das Recht gemeinsam hervor. Damit kann nur heute noch dasjenige als Recht angesehen werden, bei dem jede/r die Möglichkeit hatte, mitzuwirken. Der Obrigkeitsstaat muss abgelöst werden von einem von allen Bürgern gemeinsam gestalteten und verantworteten demokratischen Rechtsstaat.

Selbstverwaltung und Bürgerräte

Dafür braucht es neue Formen von Demokratie. Je vielfältiger die Meinungen und Perspektiven sind, die in politische Entscheidungen einfließen, desto besser sind am Ende auch die Entscheidungen selbst. Gerade jetzt, als Konsequenz aus den widersprüchlichen Erfahrungen in der Corona-Pandemie, geht es darum, neue Formen der Beteiligung und Entscheidung zu schaffen. Es müssen alle wichtigen Stimmen einfließen können. Bei den Entscheidungen zur Reaktion auf eine Pandemie stellen sich ja bei weitem nicht nur medizinische Fragen. Die Mitwirkung der Sozialwissenschaften, der Ethik, der Ökonomie, der Rechts- und Politikwissenschaft sind zum Beispiel ebenso unverzichtbar. Sie sollten in den entsprechenden Beratungsgremien der Regierungen angemessen vertreten sein.

Noch wichtiger aber ist es, nicht nur Experten, sondern die Betroffenen und die Bürger selbst einzubeziehen. Eine Möglichkeit dazu wäre auf den verschiedenen Ebenen Runde Tische zu etablieren, an denen sich die verschiedenen Sichtweisen treffen und zu einem Ausgleich gelangen. Eine andere wären repräsentativ zu besetzende Bürgerräte. Auf allen Ebenen, im Stadtviertel bzw. der Gemeinde, auf Stadt-, Landkreis-, Regions- und Länderebene können während dieser schwierigen Zeit solche partizipativen Beteiligungsgremien geschaffen werden. Die Folge wäre eine wesentlich bürgernähere Politik. Ich bin mir sicher: sobald die Menschen selbst miteinander zu sprechen anfangen, wie sie in ihren Vierteln das Leben mit den Kindern oder die Versorgung von Älteren, Einsamen und Risikogruppen organisieren wollen, entstehen weitaus lebenspraktischere und wirklichkeitstauglichere Vorschläge, als wenn dies weit weg in einer Behörde geschieht.

Dieser Schritt lässt sich noch weiterdenken. Denn wir brauchen für die großen Aufgaben, die vor uns liegen, ein wirklich starkes und leistungsfähiges, selbstbestimmtes, demokratisches und solidarisches Gemeinwesen. Heute entscheidet ein und dieselbe Regierung zentral und von oben über die denkbar unterschiedlichsten Fragen – von Theater- und Schulschließungen oder der Einschränkung von Gottesdiensten bis hin zu Kaufprämien für Automobilkunden oder strategischen Entscheidungen für den künftigen Betrieb einer Fluggesellschaft. Ginge das nicht auch besser, sachkundiger, bürgernäher und demokratischer? Stellen wir uns also einmal vor, wir hätten nicht eine Regierung, die über alle noch so unterschiedlichen gesellschaftlichen Bereiche hinweg bis in die kleinen Details hinein entscheidet, sondern wir hätten eine Form von Politik, in der die Aufgaben selbstverwaltet, dezentral und näher bei den Menschen besprochen und gelöst werden.

Ent-Machtung und Gliederung der Gesellschaft

Nehmen wir, um es konkreter zu machen, als Beispiel die Schulen. Sie wurden zuletzt monatelang durch zentralistische staatliche Anordnung geschlossen, vollständig, ohne auch nur die kleinste Ausnahme, genauso wie Spielplätze und Parks, Kindergärten und andere Beratungs- und Betreuungseinrichtungen. Eltern fanden sich in der Folge mit ihren Kindern zuhause festgesetzt, Kinder waren in dunklen und engen Räumen für endlose Zeiträume sich selbst überlassen oder manchmal dem Einfluss alkoholisierter, verzweifelter, unbeherrschter Erwachsener ausgeliefert. Die Jugendämter, die Betreuerinnen, die Lehrer wussten von diesen Fällen. Aber sie konnten, ja sie durften nichts tun! Die riesigen Schulanlagen standen derweil gähnend leer. Das war eine von Virologen erdachte Verordnung, nicht eine von Pädagogen oder betroffenen Eltern. Ich bin sicher, wenn man den Rahmen deutlich gemacht und dann die Verantwortung in die Selbstverwaltung der mit Schule und Erziehung befassten Menschen gegeben hätte, und nicht in die einer von Virologen beratenen Bürokratie, wäre es zu wesentlich sinnvolleren und besseren Lösungen gekommen.

Der Staat müsste nur sagen: Das sind die Gesichtspunkte, die ihr nicht aus den Augen verlieren dürft – und jetzt schaut mal, ob ihr es besser schafft, ob ihr eine Art und Weise findet, mit euren Kindern umzugehen, die beidem gerecht wird: dem Ansteckungsschutz wie dem Spiel- und Bewegungsbedürfnis der Kinder. Dann könnte es weiterhin sein, dass manche Schulen schließen, aber an anderen findet vielleicht trotzdem Schule statt – nur anders, in Bewegung, an verteilten Orten, im Freien oder in Formen, auf die vorher keine/r gekommen wäre. Es geht dabei um die Kraft der Selbstorganisation, darum, dass und wie Menschen miteinander den geeigneten Weg finden, aus der Kenntnis der zu beachtenden Gesichtspunkte sowie des jeweiligen Bereiches und der konkreten Kinder.

So könnte, auch auf den anderen Gebieten, nach und nach Selbstverwaltung entstehen. Sinnvoll wäre dabei, neben dem Aspekt der Selbstverwaltung selbst, eine Gliederung nach den kategorial unterschiedlichen gesellschaftlichen Funktionsbereichen der Kultur (mit Bildung, Kunst, Wissenschaft und Religion), des Rechtlich-Politischen und der Wirtschaft.

Die Zeit, in der Gesellschaft einheitlich und zentralistisch von oben nach unten geordnet und regiert wurde, ist vorbei. Eine neue Zeit ist angebrochen. Die Menschen wollen nicht übersehen und nicht übergangen, sie wollen gefragt, gehört und beteiligt werden. Sie wollen erleben, dass ihr Wort und ihre Stimme zählen. Wenn die Regierungen diesen Ruf überhören und die Menschen immer weiter unmündig halten und übergehen, dann wird sich die schon jetzt weltweit zu beobachtende Empörung und Ablehnung der bisherigen Formen und ihrer Protagonisten noch steigern. Diese Ablehnung hat ihren Ursprung in dem manchmal auch unbewussten inneren Wunsch, als Mensch ernst genommen zu werden – auch wenn sie sich oft eher in Anklage, Wut und Empörung äußert.

Wo diese Kraft nicht ihre sinnvolle Betätigung und ihren angemessenen Ausdruck findet, droht sie, destruktiv zu werden. Rudolf Steiner wies darauf hin, wie die sich emporringende Kraft der Individualität zunehmend in Egoismus, Vereinzelung und Zerstörung führen muss, wenn wir uns nicht entschließen, die Gesellschaft dementsprechend neu einzurichten und die ‹Soziale Ordnung› auf diese Kraft menschlicher Selbstverwaltung zu bauen. Mit dem Weg in neue Formen funktionaler Gliederung und Selbstverwaltung aber wächst eine neue Fähigkeit und Kraft. Diese entfaltet sich aus der konkreten Erfahrung aktiver Teilhabe, und zwar in zwei Richtungen zur gleichen Zeit: nach innen als eine das Individuum stärkende Erfahrung und Kraft der Selbstwirksamkeit und Selbstbestimmung – und nach außen als wachsende Fähigkeit zur Anerkennung und Rücksichtnahme auf andere, zum Verständnis und Einbezug größerer Zusammenhänge und schließlich zur Empfindung der Verantwortung für das Ganze.

Von der Herrschaft zur Beziehung

Lange haben wir die Erde wie ein beliebiges Objekt betrachtet. Wir haben sie mit Füßen getreten, geplündert, vergiftet, zerstört. Ganz ähnlich haben wir gegenüber den Tieren gehandelt. Was wir diesen wunderbaren Wesen noch heute täglich antun – etwa in der industriellen Massentierhaltung oder durch die Zerstörung ihrer Lebensräume und die Ausrottung unzähliger Arten –, ist kaum zu ertragen und erfüllt uns mit Schuld und Scham. Wir haben auch Menschen zu Objekten gemacht und tun das noch immer. Wir haben sie ausgebeutet, verfolgt, unterworfen, versklavt. Nun werden wir durch eine dramatische Folge von Krisen darauf hingewiesen, dass es so nicht mehr weitergeht. Wir müssen ein anderes Verhältnis gewinnen zu den Menschen, die vor, mit, um und nach uns leben – und die mit uns verbunden und für uns da sind, genau wie wir für sie –, ein anderes Verhältnis mit den Pflanzen, denen wir so unendlich viel verdanken, nicht zuletzt all die Schönheit, unser Leben und unsere Gesundheit, ein anderes Verhältnis mit den Tieren, die unsere Begleiter und Gefährten sind und ein anders Verhältnis mit der Erde, die uns trägt und erträgt – und ohne die wir nicht wären.

All diese Wege sind zugleich Wege ins Spirituelle. Wir überschreiten die engen Grenzen unseres Vorstellungsbewusstseins zum Spirituellen hin, wenn es um ein neues Verhältnis zur Tierwelt geht, um ein solches zur Pflanzenwelt oder zur Erde. Denn dieses Verhältnis meint Beziehung, Verbindung zu etwas, dem ich nur begegnen kann, wenn ich die engen Grenzen abstrakten Denkens und leibgebundenen Erlebens bewusst und aktiv übersteige. Genauso ist es bei der Begründung einer anderen Ökonomie, die nicht zuvörderst auf den Profit achtet, auf den materiellen, den monetären Verdienst, sondern auf das, was wir für die Erde, und für die anderen Menschen tun können. Und wir sind im auch Spirituellen, wenn wir im Politischen nicht mehr in Dekreten, in Anordnung und Ausführung denken, sondern wenn wir gemeinsam versuchen, durch Gespräch, durch Dialog und durch gemeinsame Entscheidung die uns von der Zeit und dem Schicksal gestellten Fragen zu lösen. Immer geht es um die Überschreitung der eigenen Grenzen und um die Öffnung für das je andere Wesen. Dies – und nicht mehr Macht und Beherrschung ist der neue Ur-Gestus des Sozialen.

Gerald Häfner

Anmerkungen

1 Ute Hallaschka: «Menschheit», in: Gegenwart – Zeitschrift für Kultur, Politik, Wirtschaft, Nr. 2/2020, S. 26.

2 Ebenda.

3 Rudolf Steiner: Nationalökonomischer Kurs, Aufgaben einer neuen Wirtschaftswissenschaft I (GA 240), Dornach 2002.

4 https://www.glsbankstiftung.de/besucherinnen/geldgipfel/geldgipfel-2020/ (27.5.2020).

5 https://www.confoedera.ch/assets/uploads/files/confoedera/Aktuelles.Archiv/Archiv/Veran-staltungen/Programm_Ökonomie%20der%20Brüderlichkeit.pdf (27.5.2020).

6 Rudolf Steiner: Die Kernpunkte der sozialen Frage in den Lebensnotwendigkeiten der Gegenwart und Zukunft (GA 23), Dornach 1976.

7 Rudolf Steiner: Gesammelte Aufsätze zur Kultur- und Zeitgeschichte 1887–1901 (GA 31), Dornach 1966, S. 255, erstmals veröffentlicht in: Rudolf Steiner: Freiheit und Gesellschaft, Magazin für Literatur 1898, 67. Jg., Nr. 29 und 30.

Soziale Herausforderungen und Impulse in der Pandemie

Seit mehreren Monaten leben wir in der Undurchschaubarkeit der Covid-19-Pandemie. Das betrifft sowohl die wirklichen Ursachen wie auch die persönlichen, wirtschaftlichen und sozialen Auswirkungen. Dass sich die Zukunft verändern wird ist unausweichlich, aber doch auch notwendig. In dieser Situation sind wir – mit allen Menschen – weltweit vereint, denn niemand bleibt von den Folgen dieser Krise verschont. Diese Tatsache, so erschreckend sie sein mag, kann zugleich als eine Bestätigung unseres aktuellen kosmopolitischen Weltzusammenhangs aufgefasst werden.

Zwar hat jedes Land seine besonderen Infektionsraten, medizinischen Voraussetzungen und wirtschaftlichen Herausforderungen zu bewältigen, was sich in der verschiedenen Ausgestaltung des Lockdown auswirkt. Überall aber sind Betriebe, Läden, öffentliche Plätze und die Grenzen geschlossen, um ‹social› und ‹spatial distancing› (sozialer und räumlicher Abstand) zu gewährleisten. Eine bisher nie dagewesene Maßnahme, begründet mit der gesundheitlichen und gesellschaftlichen Fürsorge. Doch ihre Auswirkungen sind je nach sozialer Situation außerordentlich vielschichtig: vom Genuss einer ‹verordneten› Ruhepause bis zur verzweifelten, wochenlangen Einsamkeit; vom staatlich erfolgten finanziellen Ausgleich bis hin zur Hungersnot von Tausenden in den Entwicklungsländern – und jeder Form von Zwischenstufen. Wir blicken mit einiger Sorge auf die ungewisse Zukunft sowie auf eine vielleicht fragwürdig gewordene Vergangenheit, erzwungen durch die Zeit des Innehaltens und der individuellen Einkehr.

Der Umgang mit der Angst

Unser Lebensstil, der zu Wirtschafts- und Gesundheitskrisen – nicht zu vergessen zur Klimaveränderung – in großem Ausmaß führt, kann nur als menschheitlich unwürdig bezeichnet werden und nicht etwa als eine Normalität, zu der wir zurückkehren wollen. Aber eine unvorhersehbare Zukunft, die noch nicht existiert oder sogar undenkbar erscheint, ruft nach Einsatz und Engagement – trotz aller Furcht und Angst. Der Philosoph Martin Heidegger (1889–1976) spricht in diesem Zusammenhang von Angst als Offenbarung des Nichts[1] und somit von der Einladung, in der eigenen Unendlichkeit des Nichts nach einer unbegrenzten Möglichkeit der schöpferischen Eigengestaltung zu suchen. Dazu gehört die aus Lebenserfahrung errungene Erkenntnis Hannah Arendts: *Angst ist für das Überleben unverzichtbar*[2] – weckt die Kräfte, mit der eigenen Angst umgehen zu müssen – denn weder verschwindet sie von selbst noch löst sie die Ursache der Furcht, sondern bleibt eine *treue Begleiterin*[3] auf dem Wege zur Selbst- und Welterkenntnis.

Karl König schließlich beschreibt, wie wir durch das eher unbewusste Gefühl der Furcht den Abgrund des Nichts wahrnehmen können, ohne zu wissen, was jenseits dieser Schwelle sein kann. Angst, als deutlich wahrnehmbare Emotion, öffnet die Türe und zwingt uns, in den Abgrund (das Nichts) hineinzuschauen, wo Leben und Tod sich begegnen.[4] Dort in dem dunklen Nichts darf die Seele ein neues ungeahntes Leben gebären.

In diesem gegenwärtigen, äußerst realen Erleben von Angst, Machtlosigkeit und Isolation suchen viele Zeitgenossen weltweit nach neuen transregionalen und transkulturellen Wegen der Begegnung. Insbesondere durch den Fortschritt der sozialen Medien und der Technologie werden andere Möglichkeiten der Verbundenheit gesucht oder Formen experimentiert, mit Menschen in Beziehung zu bleiben und gemeinsame

Erfahrungen auszutauschen. Viele der Interaktionen im Alltag, vom Lehren und Lernen im Klassenzimmer bis zum Studium in Hörsälen, von Geschäftsbüros bis zu Konferenzen, sogar kontemplative Praxen und Sporttraining sind in private Wohnräume umgezogen, wo sie über Bildschirme und Kameras miteinander verbunden sind. Diese Entdeckungen sind zunächst aufregend, da ein Gefühl grenzenloser virtueller Verbundenheit die Angst vor der Isolation zu vertreiben scheint. Doch reicht dieses Surrogat aus, um eine dem Menschen würdige und wahre Begegnung von Mensch zu Mensch zu ermöglichen?

> Eins ist notwendig – hier
> in dieser unserer schwierigen Welt
> von Haus- und Heimatlosen:
> In sich selbst wohnhaft zu werden
> Ins Dunkle zu treten
> und den Ruß von der Lampe zu putzen.
> So, dass die Menschen auf den Wegen
> Licht erblicken können
> *in deinen bewohnten Augen.*[5]

Soziale Auswirkungen der Covid-19-Pandemie

> *«Wenn wir jemals den Punkt erreichen, an dem wir glauben, dass wir genau verstehen, wer wir sind und wo wir herkommen, werden wir versagt haben.»*[6]

Die mit dem angeordneten räumlichen Abstand verursachte soziale Distanzierung hat Gesellschaften und soziale Gemeinschaften in Europa wie in Afrika, Asien oder Nord- und Südamerika wochenlang vor beispiellose Herausforderungen gestellt. Berechtigt ist die Frage aufgeworfen worden, ob der Mangel an sozialen Begegnungen, an körperlicher Bewegung oder am täglichen Arbeitszweck nicht die Vitalität des Immunsystems bei einer weit größeren Anzahl von Menschen in Frage stellt wie eine Infektion durch den Virus. Diese Frage lässt sich nicht einfach beantworten, weil sowohl die soziale als auch die gesundheitliche Situation komplexer und individuell verschiedener ist als ein einfacher Vergleich.

Drei Hauptmerkmale der sozialen Auswirkungen der Pandemie können identifiziert werden:

1. *Furcht* vor dem unbekannten Ursprung des Virus und der Übertragung durch Begegnung mit anderen Menschen, *Angst* aufgrund des Mangels an geeigneter und wirksamer Behandlung sowie *Ohnmacht* angesichts einer unvorhersehbaren Zukunft.
2. Aufgrund des Lockdowns und den räumlichen Einschränkungen ist die Isolation und damit einhergehende Einsamkeit eine existenzielle Erfahrung vor allem von älteren und alleinstehenden Menschen. Umgekehrt eskalieren Aggression und Gewalt, wo große Familien oder soziale Gruppen auf engem Raum und in unhygienischen Umgebungen ‹eingesperrt› sind, ohne jegliche Rückzugsmöglichkeiten (wie in den Townships und Slumgebieten in Afrika und Indien). Dies geht oft besonders zu Lasten der Kinder.
3. Arbeitslosigkeit aufgrund der Schließung von Betrieben und Dienstleistungen ist für Millionen von Gelegenheitsarbeitern in ärmeren Gruppen und Ländern zu einer lebensbedrohlichen Realität geworden, bringt Hunger und Verzweiflung, Zweck- und vermeintliche Sinnlosigkeit mit sich, was letztlich Kriminalität, jede Art von Drogen und das Streben nach ungesunder Selbstbefriedigung fördert.

Rainer Maria Rilke beschäftigte sich mit der Wirkung einer erlebten, allgegenwärtigen Realität der Angst und Furcht in solchen Ausnahme- und Umbruchsituationen und bringt diese Erfahrung in folgende Worte:

«Die Angst vor dem Unerklärlichen hat nicht nur unser Innenleben verarmt, sondern auch die Beziehungen zwischen den Menschen verschlechtert; [...] Denn es ist nicht nur die Trägheit, die die menschlichen Beziehungen so unsagbar eintönig macht, es ist die Abneigung gegen jede neue, unvorhergesehene Erfahrung, von der wir nicht sicher sind, ob wir damit umgehen können.»[7]

Die Auswirkungen von solcherart Angst in sozialen Begegnungen äußern sich meistens im äußeren Rückzug, in innerer Verkrampfung und emotionaler Verschlossenheit. Manche Menschen wenden sich nach innen, z. B. diejenigen, die durch den hohen Risikofaktor in die Isolation gedrängt werden und aufgerufen sind, sich diesen unbekannten Ängsten zu stellen. Andere, die sich frei bewegen können, fliehen an lichtere Orte. Beide Gruppen scheinen heute einem Drang nach Verbundenheit zu folgen, der jetzt scheinbar durch die Technologie ermöglicht wird. Was verbirgt sich in diesem Verlangen nach Verbundenheit? Die Suche nach Freundschaft, nach der Begegnung mit etwas Wesenhaftem, Schönem, Inspirierendem? Liegt es daran, dass wir nur so, in einer solchen Begegnung mit einem Anderen uns selbst als lebendige Wesen erkennen können?

Auch der Bezug zur Welt und zum Sozialen ändert sich. Erstaunt nimmt man aus der persönlichen Isolation heraus die gar nicht mehr für möglich gehaltene Entschleunigen des Alltags wahr sowie ein Innehalten und Gewahrwerden dessen, was um uns herum geschieht. Eine neue Ebene des bewussten *Wahrnehmens* und *Erkennen* kann entstehen, die über die eigenen inneren Erlebnisse der Angst und Verletzlichkeit hinaus hilft. Auch schafft die Aufmerksamkeit auf kleine Details der Umgebung eine Art Ausgleich und mögliche Vorbereitung, sich einer unbekannten und nicht gesicherten Zukunft ahnend zu stellen. Das Interesse für die umgebende Sinneswelt und ihren Wandel erwacht – eine Wildblume, ein Insekt, der Sonnenuntergang, ein Kind.

Die Herausforderung, einer solchen besonderen Zeit wie der Pandemie und dem Lockdown gerüstet gegenüberzutreten, scheint darin zu liegen, dass ein gesteigertes *Interesse* und *Bewusstsein* für alles Ungewohnte erwacht. Das bildet

Gegengewichte zu Angst, Furcht und Isolationsgefühlen in der Seele. Die Fülle der Natur, die Schönheit eines unerwarteten Gesprächs mit einem anderen oder die Stille eines beschaulichen Augenblicks tauchen als unerwartete Gaben innerhalb der Ausnahmesituation auf.

Das Beispiel des Social Initiative Forum

Kurz hingewiesen sei an dieser Stelle auf eine Initiative der Freien Hochschule in diesem Zusammenhang. Das *Social Initiative Forum* ist ein noch junges Projekt innerhalb der Sektion für Sozialwissenschaften und versteht sich als ein Netzwerk von Sozialarbeiterinnen und Sozialarbeitern oder noch weiter gefasst, aller Menschen, die sich für den sozialen Wandel in der Welt einsetzen. Ursprünglich angestoßen von einzelnen Menschen, die wie Ute Craemer in Montze Azul/Brasilien oder Truus Geraets in Alexandra/Südafrika große soziale Projekt aus Impulsen der Anthroposophie ins Leben gerufen haben, ist eine aktive weltweit Gruppe entstanden, die Allianzen im offenen Dialog mit anderen ‹Changemakers› sucht. Einig sind sich die Mitwirkenden, eine Transformation der Lebensverhältnisse in sozialen Brennpunkten der Welt anzustreben, zum Beispiel durch Förderung

- der Entfaltung des individuellen menschlichen Potenzials in Freiheit,
- einer Ressource der Empathie für das Interesse und die Wertschätzung anderer Menschen und Kulturen,
- einer generativen Wirtschaft in Diensten der Erde und einer gesunden, interrelationalen Gesellschaft.

Das Social Initiative Forum sieht seine gegenwärtige und zukünftige Arbeit in der Bekräftigung von Individuen und Organisationen zum Dialog, um gemeinsam Mitverantwortung für die Würde des Menschseins, die Gesundheit der Gesellschaft und der Umwelt mitzutragen und zu gestalten. In regelmäßigen internationalen Foren ist das Netzwerk bestrebt,

Zeuge der Bedürfnisse und Herausforderungen der gegenwärtigen globalen Situation zu sein und aus ihnen zu lernen, zur Unterstützung des jeweils notwendigen sozialen Wandels.

Die Veranstaltungen, Foren und Konferenzen eröffnen und pflegen soziale Räume, in denen jeder Einzelne durch die Anwesenheit und Interaktion anderer über sich selbst hinauswachsen kann. Diese Lebenskraft kann aktives Engagement inspirieren sowie den Willen zur Teilhabe in einer sich wandelnden Welt. Das Social Initiative Forum lädt ein zu dem Verständnis und der Praxis, dass «Arbeit sichtbar gemachte Liebe ist»[8], die menschliche Fähigkeit, in der Überwindung persönlicher Bedürfnisse, Ängste und Isolation und in der Freude an einer gemeinsame Verwirklichung zu einer sich selbst heilenden, gesellschaftliche Zukunft beizutragen. (Information und Kontakt: www.socialinitiativeforum.org).

Dieser soziale Impuls kann ungefähr in Rudolf Steiners Maxim des freien Menschen zusammengefasst werden: «Leben in der Liebe zum Handeln und Leben lassen im Verständnis des fremden Wollens ist die Grundmaxime der freien Menschen».[9]

Joan Sleigh

Anmerkungen

1 Zitiert nach Karl König: Über die menschliche Seele, Stuttgart 2011.
2 Hannah Ahrendt: Die Freiheit frei zu sein?, München 2018.
3 Karl König: Über die menschliche Seele, Stuttgart 2011.
4 Ebenda.
5 Hans Børli (1918–1989), norwegischer Dichter.
6 Rainer Maria Rilke (1875–1926).
7 Ebenda.
8 Khalil Gibran: Der Prophet, 12. Aufl., München 2017.
9 Rudolf Steiner: Philosophie der Freiheit (GA 4), 16. Aufl., Dornach 1995, Kapitel 8.

Konsequenzen von Covid-19 – Perspektive der Anthroposophischen Heil- und Sozialpädagogik, Sozialtherapie und inklusiven Sozialgestaltung

In seiner Ansprache an die Verantwortlichen für die *United Nations Disability Inclusion Strategy* am 6. Mai 2020 rief UN-Generalsekretär António Guterres dazu auf, die Covid-19-Krise als «einzigartige Chance [zu ergreifen], inklusive und barrierefreie Gesellschaften zu gestalten und umzusetzen.»[1] Guterres spricht eine dringliche Aufforderung an alle Regierungen aus, Menschen mit Behinderungen ins Zentrum ihrer Covid-19-Maßnahmen und gesellschaftlichen und wirtschaftlichen Erholungsstrategien zu stellen und als Mitgestaltende in alle richtungsweisenden Entscheidungen einzubeziehen.[2]

Wir schließen uns diesem Aufruf mit allem Nachdruck an. Jeder gesellschaftliche Gestaltungsschritt, der zu einem inklusiveren Gemeinwesen führt und die Lebensqualität derjenigen Menschen verbessert, die am stärksten von Ausgrenzung und den damit verbundenen wirtschaftlichen, sozialen und gesundheitlichen Vulnerabilitätsfaktoren bedroht sind, steigert die Resilienz und Entwicklungsfähigkeit des gesamten Gemeinwesens. Die Perspektive von Menschen mit Assistenzbedarf bietet daher im Zusammenklang mit den Perspektiven anderer Demografien, die gesellschaftliche Marginalisierung erleben, einen wichtigen Leitstern und eine Messlatte für alle gesellschaftlichen Umgestaltungsprozesse.

Allerdings kann sich dieser Aufruf nicht nur an Regierungen richten, sondern muss vor allem auch zivilgesellschaftlich aufgegriffen werden. Wie Rebecca Solnit[3] schon im Nachklang von 9/11 und dem 2003 durch die USA begonnenen Krieg im Irak aufgezeigt hat, entstehen neue gesellschaftliche Gestaltungsmöglichkeiten so gut wie immer zuerst in dem freien Raum, der sich durch ‹Grassroots-Initiativen› (‹Graswurzel-Initiativen› oder Bürgerinitiativen) bildet, und in dem neu gegriffene, moralisch-ethisch fundierte Impulse – ganz im Sinne der von Rudolf Steiner beschriebenen *moralischen Phantasie*[4] – ihr sozialgestalterisches Potenzial entfalten und experimentelle Prototypen neuer Gemeinschaftsformen und -prozesse schaffen können.[5]

Graswurzel-Aktivismus und institutionelles Krisenmanagement

Die makro-systemischen Umwandlungen, die sich letztlich für alle sichtbar auf der großen politischen Bühne abspielen und den Großteil der medialen Aufmerksamkeit erhalten, stellen gewöhnlich nur einen letzten Umsetzungsschritt dar, der erfolgt, wenn die eigentliche Arbeit, die dezentralisiert, dialogisch und pluralistisch von der Peripherie aus in den gesellschaftlichen Diskurs und die kollektive Bewusstseinsbildung hineinwirkt, schon weitestgehend abgeschlossen ist. Dieser Ablauf im gesellschaftlichen Wandlungsprozess, von der Peripherie ausgehend und hin zum Zentrum, lässt sich an allen großen menschen- und bürgerrechtlichen Bewegungen der neueren Zeit nachvollziehen – so auch zum Beispiel an der Behindertenrechtsbewegung.[6]

Weltweit können wir hier also auf ein Netzwerk von Aktivisten und Organisationen mit einem hohen Erfahrungsschatz in der intentionalen Gestaltung gesellschaftlichen Wandels zurückgreifen, den wir nicht ungenutzt lassen dürfen.

Krisis, im ursprünglichen Wortsinn, meint den Wendepunkt in einem Krankheitsverlauf, in dem entschlossenes Handeln notwendig ist, und in dem sich entscheidet, ob der Prozess zu Tod oder Heilung – und damit auch Verwandlung – führt.

Dass gerade existenzielle gesellschaftliche Krisen Öffnungen für graswurzel-initiierte Innovation bieten, zeigt sich am Phänomen der *Disaster Communities*, die sich in Katastrophensituationen spontan bilden. In ihren Untersuchungen dazu legt Solnit zwei sich diametral gegenüberstehende Dynamiken frei, die sowohl in Naturkatastrophen als auch in menschlich verursachten Notsituationen auftreten.[7]

Auf der einen Seite steht das institutionelle Krisenmanagement, das vor allem durch die staatlichen Exekutivorgane nach zentral definierten Leitvorgaben innerhalb einer Top-Down-Organisation und gewöhnlich mittels eines *Command-and-Control*-Handlungsmodells ausgeführt wird. Aus diesem Blickwinkel besteht das Desaster wesentlich in einem drohenden oder tatsächlichen Kontrollverlust und der Desintegration bestehender Struktur- und Ordnungsprinzipien. Diesem entgegenzuwirken heißt primär, die Kontrolle über die Situation wieder zu erhalten, um sie nach messbaren Zielvorgaben steuern zu können. Aus der *Command-and-Control*-Perspektive erscheinen alle ungesteuerten Prozesse potenziell als Bedrohung, wobei sich organisch selbstorganisierende Prozesse von tatsächlichem Chaos nur sehr schwer unterscheiden lassen, da sich beide den zentralen Steuerungsmechanismen entziehen.

Im Sinne der von Frederic Laloux[8] beschriebenen Organisationsparadigmen lässt sich sagen, dass institutionelles Krisenmanagement, wenn es rein auf Strukturerhalt abzielt, dem konformistischen Paradigma (*Amber*) folgt; wenn es sich stärker an quantitativen Messungen und Steuerung orientiert – wie derzeit in vielen Ländern stark im Vordergrund –, dem erfolgsorientierten Paradigma (*Orange*), das auch die Organisation traditioneller moderner Wirtschaftsunternehmen bestimmt. Viele nationale und staatliche Maßnahmenprogramme sind dementsprechend nach den Prinzipien der *Strategischen Planung* aufgesetzt.

Dem zentral gesteuerten institutionellen Krisenmanagement gegenüber stehen die von Solnit beschriebenen solidarischen

Grassroots-Initiativen, die sich spontan aus individueller Initiative, manchmal auf der Grundlage bestehender Beziehungsnetzwerke, oft aber auch durch ganz neu entstehende Beziehungen zur Lösung konkreter Problemstellungen vor Ort, im unmittelbaren Kontakt mit der zu lösenden Problemsituation, spontan bilden. Da diese Initiativen in einem direkten Feedback-Loop mit der Situation und den Konsequenzen ihres Handelns stehen, sind sie gewöhnlich viel schneller handlungsfähig, können sich wandelnden Bedingungen flexibel anpassen, durch schnelle Metamorphosezyklen gehen und sind in einem hohen Grad lernfähig. Ihre Urteilsbildung findet innerhalb des Ökosystems der Krise und direkt am Objekt statt, nicht auf Distanz.

Solnits Untersuchung zeigt, dass die Frage, ob ein Gemeinwesen gut durch eine Krise kommt und dabei einen Entwicklungsfortschritt erfährt (im Sinne eines *Posttraumatischen Wachstums* in Richtung eines inklusiveren und damit resilienteren Gemeinschaftsorganismus), ob es stagniert, oder ob es sich regressiv entwickelt (ähnlich einer *Posttraumatischen Belastungsstörung*), wesentlich davon abhängt, ob sich neben dem institutionellen Krisenmanagement auch die Grassroots-Dynamik der *Disaster Communities* frei entfalten kann.

Problematisch ist dabei, dass das institutionelle Krisenmanagement mit seinem gewöhnlich mechanistischen Funktionsmodell die salutogenetische, spontan und organisch selbstorganisierte Dynamik der *Disaster Communities* (die dem von Laloux[9] beschriebenen emergenten *Teal*-Paradigma folgt) typischerweise als Störfaktor wahrnimmt und einzudämmen versucht, anstatt mit seinen Mitteln den Freiraum für heilende gesellschaftliche Selbstregulationsprozesse zu schaffen und die notwendigen Ressourcen zu stellen. Erfolgreich sind, wie sich auch in der gegenwärtigen Krise abzeichnet, politische Institutionen, die sich vom zentralistischen Top-Down-Schema lösen, ihre Rolle als Netzwerkorganisationen wahrnehmen und helfen, dezentralisierte private und öffentliche Ressourcen und Kompetenzen lösungsorientiert miteinander in dynamische Verbindung zu bringen.[10]

Ob und wie diese beiden Elemente in ein ausgeglichenes und sich wechselseitig unterstützendes Verhältnis gebracht werden, ist also eine zentrale Frage.[11] Die Weichenstellung dafür muss in der Covid-19-Krise jetzt geschehen, um die Chance zu nutzen, auf die Guterres aufmerksam macht, aus der oft erwähnten *Green Recovery* und *Sustainable Recovery* auch eine *Inclusive Recovery* zu machen.[12]

Dabei bietet die gegenwärtige Pandemie eine besondere Herausforderung. Die Grassroots-Dynamik entsteht zwar ‹von selbst› und muss nicht zentral organisiert werden; man muss sie nur entstehen lassen und ihr nichts in den Weg setzen. Sie hat aber eine entscheidende Bedingung: Dass die von einer Krisensituation betroffenen Menschen frei in Kontakt miteinander kommen können. Nur so öffnet sich die Begegnungs-, Beziehungs- und Dialogebene, in der salutogenetische gesellschaftliche Entwicklungsimpulse geboren werden können. Dies ist ein eigens zu überwindendes Hindernis in allen Krisen, in denen der Mensch selbst potenziell als Bedrohung wahrgenommen und Begegnung und Kontakt als Gefahr gesetzt werden. Die Covid-19-Pandemie potenziert damit eine Problematik, die an sich schon die Tendenz hat, alles institutionelle Krisenmanagement zu verzerren, und die in einem tief in der Moderne verankerten Menschenbild wurzelt, das weitgehend als selbstverständlich und ‹realistisch› propagiert wird, aber sich – wie Bregman[13] zeigt – bei näherer Betrachtung als Illusion erweist.

Menschenbild und heilende Beziehungsgestaltung

Spätestens seit Hobbes wird staatliche Machtausübung mit der Vorstellung legitimiert, dass der Mensch seiner Natur nach ausschließlich am Eigennutzen orientiert sei und Zivilisation nur dadurch ermöglicht werde, dass diese menschliche Natur durch den Staatsapparat unter Gewaltandrohung unterdrückt wird. Herkömmliche Krisenmanagementkonzepte gehen von der Grundannahme aus, dass ohne die starke Hand der Institutionen der von Hobbes vorhergesagte ‹Krieg aller gegen alle› ausbräche, und dass es gelte, dies um jeden Preis zu verhindern.

Diese Annahme macht, wie Solnit verdeutlicht, die Betroffenen einer Krisensituation selbst – also im Fall einer globalen Pandemie im Prinzip die gesamte Weltbevölkerung – zur Gefahrenquelle, deren Verhalten es zu kontrollieren gilt – oft mit tragischen Konsequenzen im Sinne von iatrogenen Effekten, bei denen die zentral angeordneten Maßnahmen große Langzeitschäden verursachen, die ihre vordergründige Schutzfunktion eventuell weit überwiegen.[14]

Die Wirklichkeit zeigt, so Bregman,[15] dass der Mensch von Natur aus auf Beziehung, Kooperation und gegenseitige Hilfe angelegt ist. Diese Erkenntnis, dass der Mensch ein Beziehungswesen ist, ist auch Grundlage und menschenbildlicher Kern der anthroposophischen Heil- und Sozialpädagogik, Sozialtherapie und inklusiven Sozialgestaltung.[16] Sie wird vertieft durch die differenzierte Betrachtung von menschlichen Begegnungs- und Beziehungsprozessen in ihrer heilenden Potenz.[17] Es ist diese Potenz, die in Krisensituationen zu spontanen Gemeinschaftsbildungen mit salutogenetischer Wirksamkeit führt.[18] Sie ist es auch, die Karl König, der Gründer der Camphill-Bewegung, in seinem weitgefassten Verständnis des heilpädagogischen Impulses anspricht:

«[Die Heilpädagogik] will zu einer weltweiten Tätigkeit werden, um der überall entstehenden ‹Bedrohung der Person› hilfreich entgegen zu treten. Die ‹Heilpädagogische Haltung› muss in jeder sozialen Arbeit [...], aber auch in der Entwicklungshilfe, im internationalen Friedenskorps und ähnlichen Bestrebungen sich zum Ausdruck bringen. [...] Nur die Hilfe von Mensch zu Mensch – die Begegnung von Ich mit Ich – das Gewahrwerden der anderen Individualität, ohne des nächsten

Bekenntnis, Weltanschauung und politische Bildung zu erfragen – sondern einfach das Aug'-in-Auge-Blicken zweier Persönlichkeiten, schafft jene Heilpädagogik, die der Bedrohung des innersten Menschseins heilend entgegentritt.»[19]

Solche Gemeinschaften, die aus der freien Begegnung entstehen, deren Zusammenhalt in menschlichen Beziehungen gründet, und deren Form sich fluide den sich wandelnden Umständen und Herausforderungen anpassen kann, sind nicht nur resilient sondern ‹antifragil›.

Antifragilität und Black Swans

Antifragilität, ein von Taleb[20] eingeführter Begriff, ist ein Charakteristikum des Lebendigen. Nicht-lebendige Körper, die nach mechanischen Gesetzmäßigkeiten funktionieren, unterliegen der Entropie. Stress führt zu fortschreitendem Verschleiß, und es gibt keine generativen Selbstregulationsprozesse, die in dem Mechanismus selbst angelegt sind. Er muss immer wieder durch ordnende Eingriffe von außen ‹repariert› werden, um seine Funktionalität zu erhalten und seine Funktionsdauer zu verlängern. Sie sind daher grundsätzlich fragil; das heißt, sie verlieren angesichts unvorhergesehener, ungeplanter und bei ihrer ursprünglichen Konstruktion nicht berücksichtigter Ereignisse ganz oder teilweise ihre Funktionalität und sind latent immer der Gefahr eines Zusammenbruchs ausgesetzt.

Lebende Organismen hingegen stehen in einer dynamischen Resonanzbeziehung mit ihrer Umwelt, die Entwicklung, Erneuerung, Umwandlung und Fortpflanzung ermöglicht. Sie sind nicht nur resilient, im Sinne der Fähigkeit, nach einem Trauma einen vorhergehenden Gleichgewichtszustand wiederherstellen zu können; sie brauchen sogar Stress und Störungserlebnisse, um sich zu entwickeln und ihre Fähigkeiten zu erweitern. Grundlage dafür sind die in den organischen Bildekräften und Lebensprozessen angelegten Prinzipien der dynamischen Selbstorganisation, Selbstregulation und responsiven Selbststeuerung, die sich gerade auch aus anthroposophisch-geisteswissenschaftlicher Perspektive sehr differenziert beschreiben lassen.[21]

Auch Sozialorganismen – von Partnerschaften zu Gemeinschaften und Organisationen jeder Art und Größe, über kommunale Gemeinwesen, Staaten und transnationale Verbünde, bis hin zur globalen Gemeinschaft – lassen sich unter dem Gesichtspunkt der Fragilität und Antifragilität betrachten. Dabei ist kein Organismus absolut fragil oder antifragil. Die Frage ist vielmehr, in welchem Grad ein Gemeinwesen antifragil – oder mit anderen Worten ‹lebendig›, also ‹gesund› – ist. Dies zeigt sich in der Reaktion des Organismus auf Stress und Trauma: Je mehr die mechanischen Organisationsprinzipien (zentrale Steuerung nach festgesetzten Zielvorgaben und mittels linearer Prozess- und Kommunikationsschemen[22]) überwiegen, umso fragiler reagiert der Organismus, und umso eher treten posttraumatische Störungen auf, in denen sich Trauma-Abwehrreaktionen in dysfunktionalen Strukturen verfestigen oder sogar einen Zusammenbruch, ähnlich eines Organversagens, auslösen. Je stärker jedoch das Gemeinwesen die Selbstorganisationsprinzipien und die dezentralen, dynamisch-responsiven Selbststeuerungsprozesse verkörpert, die einen lebendigen Organismus ausmachen,[23] umso besser kann es mit Stress und Trauma umgehen und durch deren Bewältigung wachsen und sich weiterentwickeln.

Das Kerncharakteristikum eines antifragilen Organismus ist Optionalität, also Bewegungsspielraum. Je weniger der Organismus auf nur eine eng definierte Tätigkeit spezialisiert ist, und je mehr er seine Tätigkeit spontan ändern und anpassen kann, sich nach neuen Mustern bewegen kann, umso antifragiler ist er. Das heißt alles, was den Bewegungsspielraum einer Organisation oder einer Gemeinschaft einschränkt, macht sie tendenziell fragil; alles, was Optionalität schafft, die mögliche Handlungsfähigkeit erweitert, macht antifragil.

Die Inklusivität eines sozialen Organismus ist eine Funktion seiner Optionalität, also seiner Flexibilität, Beweglichkeit und Anpassungsfähigkeit. Eine inklusive Gemeinschaftsbildung bedingt einen Atmungs- und Zirkulationsprozess zwischen Zentrum und Peripherie, der lebensspendend ist und Antifragilität erzeugt. Dieser hat sowohl eine horizontale Dimension, in der Wechselbeziehung zwischen einem sozialen Organismus und seinem Ökosystem, als auch eine vertikale, die sich im Kultur- und Kultusleben der Gemeinschaft verwirklicht, in dem die geistige, soziale und ökologische Ebene des Gemeinwesens in eine immer neue und entwicklungsfähige lebendige Resonanz gebracht werden.[24]

Die Covid-19-Pandemie trägt alle Züge des von Taleb beschriebenen *Black-Swan-Ereignisses*.[25] Ein *Black Swan* (schwarzer Schwan) wird vorausblickend als hochgradig unwahrscheinlich eingeschätzt, ist in seinen Auswirkungen extrem, erscheint aber rückblickend, weil in der Rückschau nachvollziehbar, als vorhersehbar. Fragile Organismen zerbrechen an solchen *Black Swans*; antifragile Organismen erleben Stress und bewältigbaren Schaden, gehen aber gestärkt und mit neuen Möglichkeiten aus dem Trauma hervor. Es ist diese Antifragilität, die wir in unseren Netzwerken, Organisationen und Gemeinschaften – und mittels dieser Organe gesamtgesellschaftlich – aktivieren müssen, um den *Black Swan* der Pandemie zu einem Entwicklungssprung in Richtung einer grünen, nachhaltigen und inklusiven globalen Gesellschaft zu nutzen und die Verhärtung von akuten gesellschaftlichen Trauma- und Abwehrreaktionen in Langzeitfolgeschäden nach dem Schema der Posttraumatischen Belastungsstörung zu verhindern.

Institutionalisierung und Deinstitutionalisierung in der Krise

Die Behindertenrechtsbewegung des 20. Jahrhunderts fokussierte ihre Anstrengungen auf eine umfassende Deinstitutionalisierung aller Aspekte des Lebens von Menschen mit Behinderungen.[26] Institutionalisierung erzeugt hochgradig fragile soziale Zusammenhänge, wie auch gerade jetzt in der Covid-19-Epidemie wieder deutlich wird, in der Menschen in Pflegeinstitutionen, Gefängnissen, Flüchtlings- und Abschiebelagern und anderen geschlossenen Systemen zu denjenigen Gruppen gehören, die den höchsten Risiken ausgesetzt sind.

Institutionelle Systeme haben gewöhnlich den Auftrag, das Individuum, das Gemeinwesen oder beide durch strenge Regulations- und Kontrollmechanismen zu schützen. Sie können diese Schutzfunktion aber – wenn überhaupt – nur in Bezug auf eine bestimmte, eng definierte Risikodimension innerhalb weitgehend stabiler Funktionsparameter erfüllen. Darüber hinaus erzeugen sie oft iatrogene Nebenwirkungen, die sowohl die Gesundheit und Lebensqualität des Individuums schädigen als auch innerhalb des Gemeinwesens – ähnlich wie chronische Erkrankungen – die Entwicklung von Antifragilität hemmen und Fragilität erzeugen.

Gegenwärtig machen wir als Menschheit in einem gemeinsamen Prozess Erfahrungen mit dem Phänomen der Institutionalisierung, die gewöhnlich Menschen mit Behinderungen und anderen marginalisierten Gruppen vorbehalten sind, oder in die wir sonst nur in individuellen Ausnahmesituationen kurzzeitig eintauchen dürfen. Dazu gehören zum Beispiel – je nach Situation und Prädisposition und ohne Anspruch auf Vollständigkeit – folgende Erlebnisse:

- Wesentliche Aspekte meines Alltagslebens werden durch eine höhere Autorität geregelt, die sich weitgehend meinem Zugriff und meiner Einflussnahme entzieht.
- Die Maßregeln schränken meinen individuellen Bewegungs-

spielraum in hohem Maße auf vordefinierte Handlungs- und Bewegungsabläufe ein, unter denen ich zwar gegebenenfalls auswählen, die ich aber nicht selbst gestalten kann.

- Die Kontrolle und Einschränkung meines individuellen Entscheidungs- und Handlungsspielraums werden ausgeübt, um mich und/oder andere vor mir selbst zu schützen. Das heißt, ich stelle ohne externe Kontrollmechanismen eine Gefahr für mich selbst oder das Gemeinwesen dar – ob ich das will, oder nicht. Dieses Selbstverständnis werde ich angeregt zu internalisieren.
- Die Einschränkung meines freien Kontaktes zu anderen außerhalb regulierter und kontrollierter Interaktionsprozesse schützt auch mich vor den anderen und vor einem Gemeinwesen, so werde ich einer Bedrohung aussetzt, der ich nicht gewachsen bin. Auch dieses Verständnis meiner Beziehung zum Gemeinwesen ist als Selbst- und Weltbild zu verinnerlichen.
- Da sowohl die von mir, als auch von den anderen ausgehende Bedrohung unsichtbar ist und ich sie nicht zuverlässig situativ erkennen kann, muss ich die Evaluation der Gefährdungslage, der notwendigen Maßnahmen und damit auch die Entscheidung darüber, was richtiges und gutes Handeln ist, einer anderen Instanz überlassen, die Zugang zu den mir fehlenden Informationen, sowie die Kompetenz hat, diese für mich so pädagogisch aufzubereiten, dass sie mich zu richtigem Handeln veranlassen, ohne dass ich mich auf mein eigenes Urteilsvermögen verlassen muss.[27]
- Unabhängig von meinem Verhalten stellt schon meine leibliche Präsenz im öffentlichen Raum einen Risikofaktor dar. Es gilt daher, diese leibliche Präsenz soweit wie möglich dem öffentlichen Raum fernzuhalten.
- Da die Problematik, auf die sich die institutionalisierenden Maßnahmen beziehen, in meiner Leiblichkeit verortet ist, hat die höhere Instanz, die so meine Lebensausübung maßregelt, gegebenenfalls auch die Autorität, nach ihrem Ermessen

unmittelbar in meine Leiblichkeit selbst einzugreifen. Ob und wann es zu diesem Schritt kommen wird, weiß ich nicht, aber die Entscheidung hierüber entzieht sich meiner Kontrolle.

Es geht bei dieser Darstellung nicht darum, zu bewerten, ob und in welchem Umfang die Eindämmungsmaßnahmen, die in verschiedenen Gemeinwesen ergriffen wurden, angemessen und gerechtfertigt waren und sind. Eine solche Auswertung würde den Rahmen dieses Textes sprengen und wird auch auf längere Sicht nicht eindeutig und abschließend möglich sein.[28] Es geht darum, eine Erfahrung qualitativ zu charakterisieren, die man aus diesem Blickwinkel als ein globales Institutionalisierungserlebnis bezeichnen kann – eine Art der Erfahrung, für welche die Expertise im Umgang mit ihr in hohem Grade bei Menschen mit Behinderungen und in der Behindertenrechts- und Self-Advocacy-Bewegung liegt.[29]

Das Phänomen der Institutionalisierung, wie es ja auch klassisch von Foucault[30] ausgiebig beschrieben wurde, ist ein unmittelbares Gegenbild der Bedingungen für Antifragilität in sozialen Organismen. Indem es geradezu als zentralen Wirkmechanismus das Prinzip nimmt, Optionalität und damit selbstbestimmten Bewegungsspielraum zu reduzieren, erzeugt es Ausgrenzung, Gewaltrelationen und Initiativ- und Autonomieverluste, die in den depressionsartigen Zustand der *erlernten Hilflosigkeit* münden.

Die Institutionalisierung – sowohl im engeren Sinne der Institutionalisierung von Menschen mit Behinderungen in dafür geschaffenen und professionalisierten Einrichtungen, als auch im Sinne der modernen technischen Steuerungs- und Regulationsmechanismen für öffentliche Belange im Allgemeinen – ist ein historisches Erbe der europäischen Aufklärung. Sie gehört damit zu einer bestimmten, ziemlich genau eingrenzbaren Stufe der menschlichen Bewusstseinsentwicklung und der damit einhergehenden gesellschaftlichen Entwicklung.

In seinem Aufsatz zur Covid-19-Pandemie weist Charles Eisenstein darauf hin, wie diese unsere hergebrachten und gut beherrschten Verständnis- und Bewältigungsmuster überfordert und uns auf allen Ebenen vor unauflösbare Ambiguitäten stellt. Er interpretiert dies als Aufruf zu einem neuen Schritt der Bewusstseinsentwicklung – als eine Art Initiationsprozess, durch den die Menschheit gemeinsam geht, und der bewusst als Chance ergriffen werden will.[31] Das ist die innere Seite dessen, was Guterres, wie eingangs zitiert, aus mehr äußerer Perspektive als «einzigartige Chance, inklusive und barrierefreie Gesellschaften zu gestalten und umzusetzen», liest.[32]

Laut Taleb lässt sich fast jeder wesentliche kollektive Evolutionsschritt auf die Konfrontation mit einem *Black Swan* zurückführen, also mit einem unvorhergesehenen Ereignis, das eine tiefe Krise auslöst, die zum Absterben fragil gewordener Denk- und Organisationsformen führt und neue antifragile Bewusstseinsweisen und soziale Gestaltungsprinzipien zum Zug kommen lässt, die zuvor nur eine periphere Existenz hatten, die aber gerade diejenigen Kapazitäten und Fähigkeiten ausbilden konnten, welcher die sich unvorhergesehen verändernde Situation neu bedarf. Dieser Prozess findet, wie Solnit anhand der *Disaster Communities* aufzeigt, im kleineren oder größeren Rahmen in so gut wie jeder Krisensituation statt.[33]

Der Auftrag der anthroposophischen Heilpädagogik und Sozialtherapie

Aus Sicht der anthroposophischen Heilpädagogik, Sozialtherapie und inklusiven Sozialgestaltung stellt sich angesichts des *Black Swans* der Covid-19-Pandemie die Aufgabe, die in den Sozialzusammenhängen dieses Arbeitsfeldes gewonnenen Erfahrungen gemeinsam mit den Lebenserfahrungen von Menschen mit Behinderungen als den eigentlichen Experten für Deinstitutionalisierung in einen gesellschaftlichen und globalen Heilungsprozess einzubringen. Dabei geht es zunächst darum, aufzuzeigen, wie sich Gemeinschaften wieder aus der Kontraktion lösen können, in die sie sich durch die Krise versetzt fanden, um eine neue Flüssigkeit der Bewegung zu entwickeln, in der sich auch schon vor der Krise angelegte Versteifungen zugunsten einer gesteigerten Beweglichkeit auflösen.

Um im Sinne einer globalen Deinstitutionalisierung wirken zu können, müssen die Gemeinschaften und Organisationen der heilpädagogischen und sozialtherapeutischen Bewegung, ebenso wie andere zivilgesellschaftliche Initiativen, zunächst vor allem in den eigenen Zusammenhängen noch bestehende Institutionalisierungstendenzen umwandeln. Dabei geht es darum, die selbstregulierenden Organe zu entwickeln, die in einem dynamischen Balanceakt zwischen Form und Prozess, Gleichgewicht und Ungleichgewicht wahrnehmen und entsprechende ausgleichende Impulse geben können.

In der Bildung inklusiver Gemeinschaften und Gemeinwesen bedeutet das auch, die falsche Alternative von Institution oder Vereinsamung zu überwinden. Aus den Erfahrungen mit den Covid-19-Maßnahmen wird deutlich, dass häusliche Isolation unter Umständen genauso institutionalisierend sein kann, wie die Unterbringung in einer Großeinrichtung, gegen die sich die traditionelle Institutionskritik richtet. Ob ein Gemeinwesen aus qualitativer Sicht institutionell ist, lässt sich nicht daran ablesen, ob eine gewisse Anzahl Menschen mit oder ohne Behinderungen auf einem bestimmten zusammenhängenden Raum zusammenlebt, oder über eine Nachbarschaft oder Stadt geografisch verteilt ist. Entscheidend ist vielmehr, welche Prinzipien der Sozialgestaltung innerhalb dieses sozialen Organismus wirksam sind; mit anderen Worten, wie in diesem Zusammenleben Beziehungsgestaltung geschieht, und welche Qualität sie hat.

Die Beziehungsgestaltung ist für die Antifragilität eines Gemeinwesens und die Gesundheit, die Entwicklung und das Wohlbefinden der ihm zugehörigen Individuen der entscheidende Gesichtspunkt. Dabei ist das Leitprinzip die ermündigte Selbstbestimmung im Kontext gegenseitiger Wahrnehmung und verbindlicher, aber freilassender wechselseitiger

Begleitung und Unterstützung. Institutionalisierung schaltet diese lateralen Verbindungen aus, isoliert das Individuum und unterstellt es einer hierarchischen Ordnung, die nicht gemeinsam aus der Begegnung heraus gestaltet, sondern von einer – wie auch immer wohlmeinenden – Instanz übergeordneter Macht vorgegeben wird, die sich ihrerseits dem gestalterischen Eingriff der Betroffenen entzieht.

Wenn wir uns so in unseren Grassroots-Initiativen und Gemeinschaften als *Disaster Communities* konstituieren – nicht nur in Bezug auf die Covid-19-Pandemie, sondern auch im erweiterten Sinn, als Antwort auf die Desaster des gewöhnlichen Lebens, dann können wir prototypisch in die Gesellschaft hineinwirken, neue Möglichkeiten aufzeigen und auch im globalen Kontext aus einer peripheren Wirksamkeit heraus Impulse für eine antifragile Entwicklung menschlicher Gemeinschaften setzen.

Inklusive Gemeinwesen gestalten

Ein Gemeinwesen kann nur antifragil sein, wenn es auch inklusiv ist. Ein Inklusivitätsdefizit, gleich wen es betrifft, bedingt immer Fragilität. Wenn zum Beispiel in den USA Obdachlose[34] und ethnische Minderheiten[35] einer weit höheren Sterblichkeit bei der Erkrankung mit Covid-19 ausgesetzt sind, hat das wenig mit dem Virus selbst zu tun, sondern ist ursächlich in tief verankerten strukturellen gesellschaftlichen Ausgrenzungen angelegt. Die Auswirkungen dieser sozialen Missstände auf die Gesundheit eines großen Teils der Bevölkerung werden durch die Viruserkrankung nur an die Oberfläche gehoben und sichtbar gemacht.

Im Bestreben, die Covid-19-Krise als Chance zu einem gesellschaftlichen Wandel zu nutzen, der nicht nur *grün* und *nachhaltig* ist, sondern auch *inklusiv*, geht es nicht nur um Menschen mit Behinderungen, sondern um alle durch Marginalisierung gefährdete Menschen. Aber Menschen mit Behinderungen und ihre Partner können Pioniere in der Entwicklung inklusiver und antifragiler Gemeinwesen sein.

Die Erfahrungen in der Sozialgestaltung unter Berücksichtigung des Dreigliedrigkeitsprinzips, der Verwirklichung assoziativer und solidarischer Wirtschaftsformen, der Unterstützung gleichberechtigter Mitsprache auch unter erschwerten Bedingungen und der Förderung der freien Entfaltung individueller Fähigkeiten in lebenslangem Lernen, die in der inklusiven Sozialgestaltung auf anthroposophischer Basis gemacht wurden und werden, können hierzu konkrete und praktische Beiträge leisten, deren gesellschaftliche Relevanz jetzt mehr als je zuvor evident ist. Dazu bedarf es der Haltungen, Fähigkeiten und Werte, die in der anthroposophischen Heilpädagogik und Sozialtherapie schon seit Jahrzehnten gepflegt werden – mal mehr, mal weniger erfolgreich:[36]

- Entscheidungen treffen unter Risikobedingungen;
- tiefes Interesse, Empathie, Hingabe, radikale Milde und Andacht zum Kleinen als Forschungshaltungen in der gelebten Praxis, um mit Unbekanntem umzugehen;
- eine transdisziplinäre Perspektive, in der sich Soziales, Pädagogisches, Medizinisches, Therapeutisches, Ökologisches, Künstlerisches, Beziehungsgestaltung und Begegnung in einer gelebten Gemeinschaftsbildung ineinander verweben und gegenseitig befruchten;
- Schutz der menschlichen Würde in schwierigen Situationen;
- Umgang mit Polaritäten, Spannungsverhältnissen und rhythmischen Prozessen;
- Mut, Durchhaltevermögen, Geistesgegenwart, Gleichmut und Positivität;
- innere Beweglichkeit, um Gewohnheiten, Haltungen, Verhalten, Maßnahmen kurzfristig und spontan situationsgemäß zu ändern;
- Entwicklung von Individuallösungen innerhalb eines allgemeinen Konsenses, ohne Verlust des Gesamtzusammenhanges;

- Umgang mit eigenen Gefühlen der Unsicherheit, des Zweifels und der Angst, bei gleichzeitiger verantwortlicher Fürsorge für die Stimmung und das Gefühlsleben anderer;
- Kreativität, schöpferische und gestalterische Potenz;
- Förderung von Resilienz, Lebenskraft, Immunität, Stärkung der Lebensprozesses;
- innere Verbindlichkeit und Sicherung von Grundwerten und Menschenrechten (Arbeit, Bildung, Gesundheit, Gemeinschaft);
- situations- und kontextgerechte Umsetzung allgemeiner Maßnahmen;
- respektvoller und nachhaltiger Umgang mit der Pflanzen- und Tierwelt;
- bewusster Einsatz von Humor als Werkzeug, um Gestautes wieder in Bewegung zu bringen, sowie künstlerischer Prozesse zur Pflege der seelischen Gesundheit.

Dies – und es ließen sich noch mehr hinzufügen – sind wesentliche Elemente, durch die ein Gemeinwesen Optionalität, Flexibilität und Beweglichkeit erlangt – die Bedingungen der Antifragilität. Wie gut dies gelingt, zeigt sich daran, wie gut es den nach äußeren Kriterien schwächsten Gliedern einer Gemeinschaft geht. Geht es ihnen gut, dann stimmen die Voraussetzungen dafür, dass es allen gut gehen kann. Dann bildet die Gemeinschaft eine gute Grundlage, auch für individuelle Gesundheit, Resilienz und Antifragilität.

UN-Generalsekretär Guterres ruft dazu auf, Menschen mit Behinderungen ins Zentrum der Antwort auf die Covid-19-Krise zu stellen und ihnen eine führende Rolle in der Gestaltung einer neuen inklusiven und barrierefreien Gesellschaft einzuräumen. Wir haben die Aufgabe und Möglichkeit, unsere Arbeit als zivilgesellschaftliches Engagement neu zu fassen, um dies zu vermitteln und zu ermöglichen. Dadurch können wir gemeinsam und partnerschaftlich eine vertiefte gesellschaftliche Wirksamkeit entfalten, durch welche die in unserer Bewegung erarbeiteten Qualitäten und Kapazitäten in den gesellschaftlichen Entwicklungsprozess einfließen.

Wir wissen nicht, was der nächste *Black Swan* sein wird. Vermutlich kein Coronavirus. Aber je mehr wir unsere Gemeinschaften und Gesellschaften jetzt nach den Prinzipien des Lebendigen neugestalten, umso besser werden wir auch die nächste globale Krise als Initiationsprozess und Entwicklungschance greifen und nutzen können.

Jan Göschel
Anthroposophic Council for Inclusive Social Development

Dank an Bart Vanmechelen für Feedback und Input

Anmerkungen

1 Guterres, A. (2020). «We have a unique opportunity to design and implement more inclusive and accessible societies». https://www.un.org/en/coronavirus/we-have-unique-opportunity-design-and-implement-more-inclusive-and-accessible-societies (27.5.2020).

2 Ebd. «I urge governments to place people with disabilities at the center of COVID-19 response and recovery efforts and to consult and engage people with disabilities.»

3 Solnit, R. (2016). Hope in the Dark: Untold histories, wild possibilities. Chicago: Haymarket Books.

4 Steiner, R. (1962). Die Philosophie der Freiheit: Grundzüge einer modernen Weltanschauung. Dornach.

5 Vgl. Scharmer, O. (2016). Theory U: Leading from the future as it emerges (2nd ed.). Oakland: Berrett-Koehler.

6 Siehe dazu u. a. den unter der Schirmherrschaft von Michelle und Barack Obama produzierten und parallel zur Covid-19-Krise erschienenen Dokumentarfilm ‹Crip Camp›: https://cripcamp.com (Newnham, N. & LeBrecht, J. (2020). Crip Camp: A disability revolution. Netflix.).

7 Solnit, R. (2009). A Paradise built in Hell: The extraordinary communities that arise in disaster. New York.

8 Laloux, F. (2014). Reinventing Organizations: A guide to creating organizations inspired by the next stage of human consciousness. Brussels.

9 Ebd.

10 Mazzucato, M. & Quagiotto, G. (2020). The Big Failure of Small Government. Project Syndicate. https://www.project-syndicate.org/commentary/

small-governments-big-failure-covid19-by-mariana-mazzucato-and-giulio-quaggiotto-2020-05 (19.5.2020).

11 «There are important reasons to favor a carefully managed decentralization. Not only do members of smaller political entities tend to face similar problems; they also typically demonstrate greater social and political solidarity, which makes it easier for them to engage with one another and find solutions.» Rajan, R. G. (2020). Which Post-Pandemic Government? Project Syndicate. https://www.project-syndicate.org/commentary/covid19-decentralized-vs-centralized-government-by-raghuram-rajan-2020-05 (22.5.2020).

12 «The aim is to ensure social justice and equal opportunities for all. The engine will be a new form of economic growth, built around providing goods and services that contribute positively to wellbeing and reducing those that harm society and the environment.» Tubiana, L. & Guerin, E. (2020). Toward a Sustainable Recovery. Project Syndicate. https://www.project-syndicate.org/onpoint/european-green-deal-sustainable-recovery-after-covid19-laurence-tubiana-and-emmanuel-guerin-2020-05 (22.5.2020).

13 Bregman, R. (2020). Humankind: A hopeful history. New York.

14 Solnit (2009), a.a.O.

15 Bregman (2020), a.a.O.

16 Vgl. Blomaard, P. (2012). Beziehungsgestaltung in der Begleitung von Menschen mit Behinderungen: Aspekte zur Berufsethik der Heilpädagogik und Sozialtherapie. Dornach.

17 Vgl. Steiner, R. (1990). Heilpädagogischer Kurs. Dornach.

18 Solnit (2009), a.a.O.

19 König, K. (2008). Das Seelenpflege-bedürftige Kind. Vom Wesen der Heilpädagogik. Stuttgart.

20 Taleb, N. N. (2012). Antifragile: Things that gain from disorder. New York.

21 Siehe dazu die umfangreiche und fachübergreifende anthroposophische Literatur zu den ‹Lebensprozessen›.

22 Vgl. die von Laloux (a.a.O.) beschriebenen Organisationsparadigmen ‹Amber› und ‹Orange›

23 Vgl. das von Laloux (a.a.O.) beschriebene emergente Organisationsparadigma ‹Teal›

24 Den Hinweis auf diese Zusammenhänge verdanke ich Bart Vanmechelen.

25 Taleb (a.a.O.). Der ‹schwarze Schwan› galt seit dem Altertum in Europa als philosophische Metapher für etwas, das per Definition nicht existieren kann (da das weiße Federkleid als integrales Wesensmerkmal des Schwanes angesehen wurde). In Australien begegneten die europäischen Seefahrer dann zu ihrem Erstaunen ausgerechnet dieser sprichwörtlichen Unmöglichkeit – die damit auch zum Einsturz eins statischen und damit fragil gewordenen scholastischen Gedankengebäudes beitrug.

26 Siehe Newnham, N. & LeBrecht, J. (a.a.O.).

27 Ein Beispiel dafür ist die immer wieder in der Presse auftauchende Diskus-

sion darüber, ob Masken in der Öffentlichkeit primär deswegen zu tragen seien, weil sie helfen, Übertragungen des Virus zu verhindern, oder weil sie als visuelle Erinnerung an die Gefahrensituation und den potentiellen Lokus der Gefahr im eigenen Leib und im Leib des anderen Menschen dienen und daher zur Einhaltung der anderen Vorgaben mahnen.

28 Vgl. Skidelsky, R. (2020). The Unspoken Reason for Lockdowns. Project Syndicate. https://www.project-syndicate.org/commentary/governments-cannot-admit-covid19-herd-immunity-objective-by-robert-skidelsky-2020-05 (18.5.2020).

29 Zum Vergleich: Eine Operation ist ein tiefer mechanischer Eingriff in den lebenden Organismus, der ihm eine schwere, oft lebensbedrohliche Verletzung zufügt. Die zur Operation gehörenden Maßnahmen machen den Organismus in hohem Grade fragil, setzen ihn Todesprozessen aus und lassen sich nur aus einer extremen Notsituation heraus verantworten, die einen radikalen Eingriff in die physische Struktur des Leibes notwendig macht, um den Lebens- und Selbstheilungskräften des Leibes den Weg wieder freizumachen. Der Zustand, in den der Leib während eines solchen Eingriffes gebracht wird, lässt aber sich nicht über einen sehr engen zeitlichen Horizont hinaus verlängern, ohne dass die Todesprozesse überhandnehmen und der Organismus daran stirbt. Die Notwendigkeit eines solchen Eingriffs entsteht außerdem oft erst dann, wenn ein Krankheitsprozess soweit fortgeschritten ist, dass er sich nicht mehr auf der Ebene der Lebensprozesse regulieren lässt, sondern sich in die physische Strukturbildung verfestigt hat, oder wenn ein physisches Trauma eine Strukturschädigung auslöst, der die Selbstheilungskräfte des Organismus aufgrund des sich im normalen Entwicklungsverlauf ergebenden Verhärtungsgrades des betroffenen Organs ohne direkte mechanische Intervention auf der Strukturebene nicht gewachsen sind. Sobald der chirurgische Eingriff beendet ist, gilt es jedoch, wieder alle Aufmerksamkeit auf die Stärkung der Lebensprozesse und Vitalität des Organismus zu lenken, mit dem Ziel, nicht nur den vor der Operation bestehenden fragilen Gesundheitszustand wiederherzustellen, sondern ein höheres Maß an Antifragilität zu etablieren.

30 Siehe z. B. Foucault, M. (1965). Madness and Civilization: A history of insanity in the age of reason. New York.

31 Eisenstein, C. (2020). The Coronation. https://charleseisenstein.org/essays/the-coronation/ (27.5.2020).

32 Guterres (a.a.O.).

33 Solnit (2009) und Solnit (2016), a.a.O.

34 Centers for Disease Control and Prevention (2020). People Experiencing Homelessness. https://www.cdc.gov/coronavirus/2019-ncov/need-extra-precautions/homelessness.html (27.5.2020).

35 Centers for Disease Control and Prevention (2020). COVID-19 in Racial and Ethnic Minority Groups. https://www.cdc.gov/coronavirus/2019-ncov/need-extra-precautions/racial-ethnic-minorities.html (27.5.2020).

36 Diese Auflistung verdanke ich Bart Vanmechelen.

Sozialwissenschaftliche Sektion

Eine medikalisierte Gesellschaft?

History does not repeat, but it does instruct.
Timothy Snyder[1]

Manche der Stimmen kritischer Virologen und Mediziner, die sich in der aktuellen Corona-Krise zu Wort meldeten, haben mir zu denken gegeben, darunter insbesondere die des Mikrobiologen und Infektionsepidemiologen Professor Bhakdi in verschiedenen Interviews.[2] Ja, der Buddhist Sucharit Bhakdi hat mich mit seinen Darstellungen sehr beeindruckt, fast so wie Navid Kermani mit seinen Reden in der Frankfurter Paulskirche bei der Verleihung des Friedenspreises des Deutschen Buchhandels (Oktober 2015) und im Deutschen Bundestag zum 75. Jahrestag des Grundgesetzes (Mai 2014).

Ein Urteil über Bhakdis Aussagen zur aktuellen virologischen, epidemiologischen und klinischen Situation der Pandemie in Deutschland, die sich in grellem Kontrast zu den offiziellen Einschätzungen, jedoch in Konvergenz mit den kritischen Stimmen anderer Autoren befinden, maße ich mir nicht an, obwohl mir vieles von dem, was Sucharit Bhakdi ausführte, einleuchtend erscheint; zur wirklichen Beurteilung aber fehlen mir der klinisch-virologische Überblick und die diesbezügliche Urteilskraft. Die eindrucksvoll vorgebrachten Sorgen und Befürchtungen Sucharit Bhakdis zur politisch-gesellschaftlichen und ökonomisch-sozialen Lage, zur Frage der Demokratie, der Freiheit und des Umgangs der Menschen miteinander sowie seine Betroffenheit darüber teile ich jedoch in vollem Umfang.

Diese Sorgen und Befürchtungen sind auch in einem geschichtlichen Horizont sehr berechtigt, wie ich meine, vor dem geschichtlichen Hintergrund unseres Lebens in Deutschland und Europa. Ich möchte an dieser Stelle auf das kleine Buch des Yale-Historikers Prof. Timothy Snyder hinweisen, das 2017 erschien, auf seine «20 Lektionen aus dem 20. Jahrhundert». Es ist eine knappe, aber wichtige Schrift. Auf S. 114 der Taschenbuchausgabe heißt es:

«Die Demokratie ist in Europa in den 1920er-, 1930er- und 1940er-Jahren gescheitert, und heute scheitert sie nicht nur in einem Großteil Europas, sondern auch in vielen Teilen der Welt. Es ist diese Geschichte und Erfahrung, die uns das finstere Spektrum unserer möglichen Zukunft offenbart.»

Timothy Snyder schrieb das drei Jahre vor der weltweiten «Corona-Krise». Aber die Tendenz zu autoritären Gesellschaften und Herausforderungen, zum Abbau der Demokratie, zur Zunahme des Rechtspopulismus und Rechtsextremismus, zum Rückgang der Medienfreiheit, zu dirigistischen Obrigkeitssystemen, zu Überwachungsstaaten mit technischer Perfektion sehen wir seit Jahren in erschreckender Weise am Werk, die Richtung und den «Ruck» nach rechts in der Gesellschaft, mit diktatorischen Entwicklungstendenzen in vielen Ländern, auch in europäischen Ländern wie Ungarn und Polen. «Und es ist viel mehr als nur ein Ruck. Die liberale Demokratie, das gesellschaftliche und ökonomische Erfolgsmodell des 20. Jahrhunderts, ist fragiler als gedacht», schrieb Sascha Lobo in seinem lesenswerten Buch «Realitätsschock», das 2019 erschien.[3] Wir sehen auch die demokratiefeindliche Macht der Großkonzerne und des Großkapitals, das seine Interessen rücksichtlos durchsetzt – trotz bestehender demokratischer Ordnungen in vielen Ländern. Die Menschen, die Erde, die Pflanzen- und Tierwelt, die Gewässer, die Luft und das Klima werden nicht berücksichtigt und nicht gefragt, wenn massive ökonomisch-industrielle Willensrichtungen im Spiel sind, und die Verfassung wird zur Farce.

Ich bin darüber hinaus der Auffassung, dass ein Abbau oder Rückbau des Pluralismus, der Meinungsfreiheit, der Lebensvielfalt auch im wissenschaftlichen Bereich seit Jahren zu beobachten ist. Der methodische Wissenschaftspluralismus, der sich in den 1970er- und 1980er-Jahren entwickelte – nach den Arbeiten von Feyerabend und Kuhn, dem Einsatz von Kienle und anderen – scheint mir in Auflösung begriffen, und auch die «Skeptiker» sind nur ein Symptom dieses Rückgangs, ein Symptom einer autoritären Normalisierung und Regulierung des Wissenschaftsbetriebs, ein Ausdruck der fiktionalen und dogmatischen Behauptung: es gäbe *die* Wissenschaft, eine einheitliche und einzige, materialistische und normative.[4] Diese normative Wissenschaft – «*die* Wissenschaft» – ist in sich jedoch alles andere als «frei», sondern von Finanzierungen abhängig, in erster Linie von der Industrie. Was würde heute aus einem genialen Querdenker und hochgebildeten Akademiker wie Ivan Illich werden, der in den 1970er- und 1980er-Jahren mit seinen Schriften und Vorträgen so populär und wirksam war, seinen kritischen Einwürfen zum Schulsystem, zu «Fortschrittsmythen», zur «Entmündigung durch Experten» und anderen Problemen?

1977 erschien die deutsche Ausgabe von Illichs «Grenzen des Gesundheitswesens» mit dem Obertitel «Die Nemesis der Medizin»; ich las das Buch 1981 in der von Freimut Duve herausgegebenen «rororo aktuell»-Ausgabe, mit 18 Jahren, kurz vor dem Abitur – Illichs außerordentlich fundierte und prägnante Kritik an der ärztlichen Monopolisierung und am «Szientismus» des modernen Gesundheitswesens, der «Medikalisierung des Lebens», wie er das nannte, und ihren verhängnisvollen Folgen sprach mich damals sehr an. Den Einbruch des industrialisierten Medizinbetriebes, auch in alte, traditionelle Kulturen, untersuchte Ivan Illich, Sohn einer jüdischen deutschen Mutter und eines kroatischen Katholiken unter anderem in Südamerika sehr genau. Was würde er, der in Mexiko lehrte, heute zum verordneten «Shutdown», zum Einfrieren des ganzen gesellschaftlichen Lebens nach den Vorgaben von Virologen sagen?

Von der totalitären Utopie öffentlicher Gesundheit

Ich komme zu Sucharit Bhakdi zurück; seine Aussagen gingen mir, wie zuvor betont, nahe, und dies gerade auch dort, wo er über Deutschland und Europa sprach – er, der von weither Gekommene. Zum «finsteren Spektrum» der Geschichte und Erfahrung Europas gehört das nationalsozialistische Deutschland bekanntlich im Kern, und dieses finstere Spektrum umfasst auch die Medizin, ich meine hier: die Medizin im Nationalsozialismus, die Rolle der Medizin im totalitären System. Darüber sprach Sucharit Bhakdi nicht, das ist nicht sein Thema – und es war auch nicht das Thema Ivan Illichs, der nach dem Einmarsch der deutschen Wehrmacht aus Wien nach Italien fliehen konnte, dort Philosoph, katholischer Theologe und Priester wurde, um dann nach New York und nach Lateinamerika zu gehen.

Mir jedoch geht das Thema seit Jahrzehnten «unter die Haut», weil ich 1963, achtzehn Jahre nach dem Ende des Zweiten Weltkriegs, geboren wurde, in der Schule nahezu nichts vom Nationalsozialismus hörte, aber mein Medizinstudium zu einer Zeit begann (1986), als die NS-Medizin zum öffentlichen Thema wurde. In Witten/Herdecke, meiner Universität, lehrte Klaus Dörner, der engagierte Sozialpsychiater aus Gütersloh, die medizinischen Aspekte des Nationalsozialismus; zu Dörners Verdiensten gehört unter anderem die späte, aber komplette Edition des Nürnberger Ärzteprozesses. Später absolvierte ich selbst eine psychiatrische Ausbildung und setzte mich unter anderem mit den grausamen Krankenmorden an psychiatrischen Patienten in der NS-Zeit auseinander, die mit erbbiologischen und gesundheitspolitischen Argumenten begründet wurden (jedoch in Wahrheit in erster Linie ökonomisch motiviert waren). Seit 2009 veranstalten wir von der Universität Witten/Herdecke medizinethische Seminare in Auschwitz-Birkenau; es wurde einiges dazu veröffentlicht.[5]

Ich möchte und ich muss das heikle Thema der NS-Zeit in

meine nachfolgenden Überlegungen mit einbeziehen, weil ich der Auffassung bin, dass das Unbehagen an der «medikalisierten Gesellschaft» bzw. der «Medikalisierung des Lebens» zumindest indirekt damit zu tun hat – und weil man an dem geschichtlichen Extremfall etwas besser verstehen kann, was als andauernde Problematik der Moderne existiert und nicht wenigen Menschen große und, wie ich meine, berechtigte Sorgen bereitet. Es geht um die Bedeutung medizinischer Argumente in politisch-sozialen Auseinandersetzungen und um die Bedeutung der Gesundheitspolitik für die Politik im Ganzen, für das Leben der Gesellschaft, für unser aller Leben. Es geht insofern nicht um die aktuellen Kriseninterventionen zur Eindämmung oder Begrenzung einer epidemischen Gefährdung, wohl jedoch um die Gefahren, die mittel- oder langfristig mit ihnen verbunden sein können, und in der Gegenwart bereits anfänglich zum Vorschein kommen.

Dabei ist mir klar, dass mein Blickwinkel ein geprägter und sehr bedingter ist. Wenn man sich mit der NS-Zeit und der Rolle der Medizin intensiv auseinandersetzt, sieht man anders auf manche Vorgänge, in besonderer Weise alarmiert und empfindlich, das möchte ich in Rechnung stellen. Ob überempfindlich bleibt dahingestellt. Aber es fehlt meiner Stellungnahme zu den aktuellen Ereignissen und Vorgängen – sehr wahrscheinlich deswegen – eine gewisse Gelassenheit, eine ruhige Zuversicht, die ich an manchen meiner ärztlichen Kollegen feststelle. Sie leisten ihre Arbeit für die Patienten inmitten veränderter Umstände und finden die Vorsichtsmaßnahmen sinnvoll und weitgehend unproblematisch. Auch ich verstehe deren Begründung und war in der Anfangszeit froh über das – in Deutschland – ruhige, klare und gut organisierte Vorgehen. Die Sorgen, die Sucharit Bhakdi zum Ausdruck brachte, aber haben mich mehr und mehr begleitet und beschäftigt.

*

Die Medizin steht seit vielen Wochen wieder im Mittelpunkt des gesellschaftlichen Interesses, nicht die gravierende Erderwärmung und ihre katastrophalen Folgen, nicht die Welternährung, nicht die katastrophale Lage der Flüchtlinge an den gut gesicherten europäischen «Außengrenzen», nicht die Armut in Afrika und anderswo, sondern die Intensivbetten bestimmen die Schlagzeilen. Die Infektionszahlen, die Zahl der Erkrankten und Gestorbenen dominieren in der Berichterstattung, die Stellungnahmen einzelner Experten, sodann die Schutz- und Prophylaxe-Maßnahmen. Klaus Dörner sprach früher einmal von einer «Medicokratie». Eine solche «Medicokratie» aber ist und bleibt ein gefährliches Gesellschaftsmodell, wie ich glaube und am geschichtlichen Extremfall illustrieren möchte. In keiner Weise ist dieser Extremfall mit dem gegenwärtigen Zustand zu vergleichen, was ich beim Lesen des gesamten folgenden Textes sehr zu bedenken bitte. Es geht mir überhaupt nicht um den Vergleich, sondern um etwas ganz anderes. In erster Linie um die Rolle der Medizin in der Gesellschaft – jener Medizin, der wir in Notlagen sehr zu Dank verpflichtet sind, deren Position in unserem Dasein, auch in unserem zivilgesellschaftlichen Dasein, dennoch kritisch reflektiert werden muss, gerade auch angesichts der Entwicklungen des 19. und 20. Jahrhunderts. Man kann vielleicht sagen, dass die Zeiten einer akuten Epidemie oder Pandemie für eine solche Reflexion denkbar ungeeignet sind, da in ihnen Anderes im Vordergrund steht und Not tut – und die Spannung groß ist, auch die emotionale Spannung. Das stimmt ohne Zweifel. Dennoch sind Zeiten des «Stillstands», sofern man nicht intensivmedizinsch tätig oder, auf der anderen Seite des Spektrums, akut kinderpsychiatrisch mit den Folgen von Angst, Furcht und Traumatisierung beschäftigt ist, auch Zeiten des Nachdenkens, zumindest in der privilegierten Situation Deutschlands oder der Schweiz. Vielleicht entsteht dort sogar eine Verpflichtung zur weitergehenden Reflexion, zumal in krisenhaften Umbrüchen die Linien, die Richtungen der Zukunft gestaltet werden, oder zumindest vorgedacht und geplant. Es sind sensible Zeiten, die Chancen in sich bergen, aber auch große Gefahren. Es geht um die Zukunft nach der Krise, um die Art der Zukunft.

Um aber zuerst auf das «finstere Spektrum» *der Vergangenheit* zu sprechen zu kommen, möchte ich daran erinnern, dass die Medizin auch von 1933 bis 1945 mit im gesellschaftlichen Zentrum steht – nicht infolge einer Pandemie, sondern weil sie für die Errichtung einer biopolitischen Diktatur zwingend gebraucht wurde, einer Diktatur, die das Leben des Einzelnen und des ganzen «Volkskörpers» im Blick hatte und bestimmte, vom Anfang bis zum Ende zu beherrschen suchte, aus «rassischen», ökonomischen und industriellen Gründen. Das diktatorische System in Deutschland wollte das Leben regulieren und tat es auch – von der Erbgenetik und der Schwangerschaft bis zum Tod, dirigistisch, selektierend und optimierend. Die Einzelheiten der unfasslichen Verbrechen sind mittlerweile allgemein bekannt – von den ca. 400.000 Zwangssterilisationen und ca. 200.000 Krankenmorden in Deutschland bis zu den 6 Millionen jüdischen Menschen, die als Angehörige einer genetisch «minderwertigen Rasse» getötet wurden, genau wie die Sinti und Roma und andere unerwünschte Randgruppen der Gesellschaft. Weniger allgemein bekannt sind die Denkgrundlagen des Vorgehens.

Was die Beteiligung der Medizin und der Ärzte am System der Beherrschung, der Selektion und Tötung angeht, ist, wie ich meine, wichtig zu wissen, dass der Einbezug der Medizin in die Staatsverwaltung und Staatswissenschaft bereits Ende des 18. Jahrhunderts, in der Zeit des Absolutismus und Merkantilismus begann, in einer Zeit, in der nicht zufällig auch die «Medizinalstatistik» entwickelt wurde, die in unseren Tagen wieder eine große Rolle spielt. Die Vision des «Systems einer vollständigen medizinischen Policey» (Franck) stammt vom Ende des 18. Jahrhunderts – und nicht aus der Ära des Nationalsozialismus, was zu beachten ist. Gesundheit wurde innerhalb dieses Systems nicht länger als Privatsache, sondern als öffentliche Angelegenheit definiert, und das Ideal der «wissenschaftlich begründeten Lebensführung» – das heißt einer rationalen Lebensführung nach den Vorgaben der Wissenschaft – sollte, so das Programm, staats- und gesellschaftstragend, ja allgemeinverbindlich und zwingend werden. In einfachen Worten: Die Menschen sollten in Zukunft ihr Leben nach den Vorgaben der Wissenschaft einrichten, weil es die Staatsgesundheit und -ökonomie erfordert, die über allem steht. Der Medizinhistoriker Alfons Labisch arbeitete in bemerkenswerten Publikationen heraus, welche «totalitäre Utopie öffentlicher Gesundheit» bereits damals entworfen wurde, lange vor dem deutschen Faschismus – in Verbindung mit politisch-ökonomischen Interessen.[6]

Ich gehe geschichtlich weiter, wenn auch nur in groben Strichen. Im 19. Jahrhundert wurde die Naturwissenschaft maßgeblich für die ganze Medizin; diese verstand sich schließlich selbst als angewandte Naturwissenschaft und Technik und verkündete optimistisch die baldige Beherrschung und Elimination *aller* Krankheiten, ja, die Lenkung aller Leibesvorgänge nach «Belieben der menschlichen Vernunft», wie der Physiologe Carl Ludwig 1852 betonte.[7] Sie tat dies im Bann einer epochalen Utopie des Fortschritts, die mittlerweile von kritischen Medizinhistorikern in ihrer Problematik hinreichend aufgearbeitet wurde, damals jedoch, ab der 2. Hälfte des 19. Jahrhunderts, keinerlei Widerspruch duldete. Wer das «Evangelium der naturwissenschaftlichen Methode» nicht anerkannte, als der einzigen Methode, «die überhaupt existiert»[8], «verdiente» den «Namen eines Arztes» nicht mehr.[9] Der Preis des Fortschritts war – für die Medizin als Ganzes genommen – nicht unerheblich; die «Objektivierung» des ehemaligen Patienten zum wissenschaftlichen «Fall» setzte damals ein, die Leugnung seelisch-geistiger und sozialer Faktoren für Gesundheit und Krankheit, der Rückgang der Empathie und die Auflösung der therapeutischen Beziehung, die Umwandlung von Hospitälern in wissenschaftliche Beobachtungs- und Forschungsanstalten – und einiges andere mehr, was hier nicht im Einzelnen thematisiert werden muss.

Nicht nur bedenklich und unangenehm, sondern überaus gefährlich wurde die Situation, als sich der medizinische Fortschrittsoptimismus an der Wende zum 20. Jahrhundert mit den Paradigmen des Sozialdarwinismus und der Eugenik verband und die Medizin zum wesentlichen Instrument einer «eugenischen» und «rassenhygienischen» Optimierung des «Volkskörpers» wurde. Die Diskussion darüber intensivierte sich in Deutschland nach dem verlorenen Ersten Weltkrieg; was zunächst nur gesundheitspolitische Vision gewesen war, wurde dann unter der Gewaltherrschaft des Nationalsozialismus systematisch realisiert. Es ist bekannt, dass die deutschen Ärzte 1933–1945 nicht nur in der NSDAP und ihren Organisationen, sondern auch in universitären Führungsstellen (Rektoraten) überrepräsentiert waren und dass sie das Sterilisationsgesetz nahezu einmütig unterstützten; dass ihr Berufsstand eine eindrückliche Aufwertung durch das Regime erfuhr, von Anfang an hofiert und mit steigendem Einkommen und anderen Vergünstigungen versehen wurde, um zu einer der tragenden Säulen des NS-Systems zu werden, eines Systems, das als eine biopolitische Ordnungsdiktatur im Sinne Foucaults beschreibbar ist (aber von den meisten der Ärzte erst sehr spät als solche durchschaut wurde). Viele Maßnahmen des NS-Regimes wurden zum Teil medizinisch, zum Teil mit medizinischer Metaphorik begründet – auch die Verfolgung und Vernichtung des Judentums, das als «Ferment der Zersetzung», «Virus» und «Schädling» am «gesunden Volkskörper» Deutschlands bezeichnet wurde, als Träger furchtbarer Erbkrankheiten. Darüber sprach «Reichsärzteführer» Wagner, der eine hohe Position im Machtgefüge des NS-Staates innehatte, auf dem Nürnberger Reichsparteitag vor Verkündigung der «Rassengesetze» (an denen er wesentlich mitgewirkt hatte).

Obwohl uns heute das Vorgehen des NS-Regimes und seine Ziele vollkommen aberwitzig, irrational und höchst grausam erscheinen, galten viele seiner «bevölkerungspolitischen» Ziele damals als «wissenschaftlich» und zwingend notwendig – und die in diesem System erzogenen Ärzte, zu deren universitären Lehrfächern Rassenhygiene, Erbbiologie, Wehrmedizin und anderes gehört hatten, glaubten sich auf dem richtigen Weg, auch medizinisch-wissenschaftlich auf dem richtigen Weg. Labisch schreibt:

«Die führenden NS-Ärzte sahen die Gesundheitssicherung des Nationalsozialismus gänzlich im Rahmen der naturwissenschaftlichen Entwicklung der modernen Medizin. Nach der ‹hygienischen Revolution im medizinischen Denken›, den naturwissenschaftlichen Gesundheitswissenschaften und dem wie selbstverständlich vollzogenen Wechsel von der Sozial- zur Rassenhygiene stellten sich die NS-Ärzte in ihrer Interpretation an die Spitze der medizinischen Entwicklung. Die medizinischen Maßnahmen galten ihnen als wissenschaftlich, therapeutisch und ethisch gerechtfertigt und damit als geboten. Die NS-Medizin legitimierte und exekutierte das biologistische Gesellschaftsmodell des Nationalsozialismus weitgehend selbständig. Der Nationalsozialismus und die Medizin im Nationalsozialismus sind dem Projekt der Moderne immanent.»[10]

Nach dem Zusammenbruch des «Dritten Reiches» war das Vertrauen der deutschen Bevölkerung in ihre Ärzte erschüttert, die mit der politischen Führung mehrheitlich kooperiert, Fragebögen ausgefüllt und Gesundheitsdaten behördlich weitergereicht hatten. Als zwanzig deutsche Ärzte, darunter Universitätsprofessoren, sowie drei hohe Bürokraten 1946/47 im ersten Folgeprozess der Nürnberger Kriegsverbrecherprozesse vor Gericht gestellt wurden, entsandten die sich neu formierenden westdeutschen Ärztekammern eilig eine «ärztliche Kommission» zur Prozessbeobachtung, um den Schaden am öffentlichen Ansehen der Ärzte nach Möglichkeit zu begrenzen – unter anderem durch die Behauptung, die deutschen Mediziner hätten mit dem NS-Regime nichts zu tun gehabt, bis auf wenige pathologische Verbrecher. Ungeschickterweise wurde die Leitung der Kommission jedoch einem habilitierten Neurologen aus der Schule Viktor von Weizsäckers anvertraut, der ein genuines Interesse an einer genauen Aufarbeitung des Geschehens hatte, um aus ihm Lehren für die Zukunft ziehen zu können: dem Psychoanalytiker Alexander Mitscherlich. Mitscherlichs Dokumentationen, die er mit einem seiner Studenten (Fred Mielke) 1947/49 unter dem Titel «Das Diktat der Menschenverachtung» bzw. «Wissenschaft ohne Menschlichkeit» vorlegte, wurden innerhalb der ärztlichen Profession wenig rezipiert und waren insgesamt unerwünscht. Mitscherlich, der als unkollegialer «Nestbeschmutzer» und «Vaterlandsverräter» apostrophiert wurde, beschuldigte jedoch niemanden persönlich, sondern zeigte vielmehr auf, wie sehr die Medizin in den NS-Staat integriert gewesen war, wie unfrei die Ärzte gehandelt hatten, wie sehr sie im Dienst medizinfremder Mächte und Interessen standen – und auch, zu welch gefährlichem Instrument die Medizin im Griff politischer, ideologischer und ökonomischer Kräfte werden kann. Dies insbesondere dann, wenn die Medizin keine eigene Anthropologie (oder, so Mitscherlich, «Menschenkunde») entwickelt hat und sich lediglich als «weltanschauungsneutrale» Naturwissenschaft definiert.

Alexander Mitscherlichs Diskussion der geistigen Grundlagen der Humanmedizin und der medizinischen Ausbildung war Ende der 1940er-Jahre unwillkommen – und es dauerte Jahrzehnte, bis er mit seinen Anliegen in der Zeit der APO und der Studentenproteste erstmals wirklich Gehör fand; die von ihm begonnenen Forschungen zur NS-Medizin wurden erst Anfang der 1980er-Jahre fortgesetzt. Ab dem Jahr 1983 gab es an der von Gerhard Kienle gegründeten Universität Witten-Herdecke erstmals einen Medizinstudiengang, der den Abgründen des 20. Jahrhunderts in Deutschland, der «Geschichte und Erfahrung» (Snyder) umfänglich Rechnung tragen und die Konsequenzen aus dem Missbrauch der Medizin ziehen wollte. Die Ausbildung der Studierenden könne, so Kienle, nur dann als erfolgreich angesehen werden, «wenn sie zur Fähigkeit der persönlichen Verarbeitung und damit zur inneren Freiheit gegenüber den Aussagen, Methoden und Erkenntnisgrundlagen der einzelnen wissenschaftlichen Disziplinen sowie zu einer Vertiefung des Verantwortungsbewusstseins gegenüber der Mitwelt» führe.[11] «Denkstile» und «Denkkollektive» (Ludwik Fleck[12]) sollten von den Studierenden früh durchschaut werden; Ziel sei, den Zugang zu den «sozialgestaltenden Kräften» zu finden und jenen Tendenzen zu widerstehen, «die jetzt über die Gesundheitspolitik und im Sozialen zerstörend auf uns zukommen.» – «Es ist notwendig, dass etwas in uns an innerer Gestaltungskraft entsteht, das die Zerstörung ins Gleichgewicht mit Zukunftskräften bringt.» (Kienle, 1982[13])

*

Alexander Mitscherlich, Gerhard Kienle und andere arbeiteten nach 1945 dafür, dass die Medizin zu einer eigenständigen, neuen Begründung ihrer selbst kommen und sich aus alten Abhängigkeiten lösen konnte, womit nicht in erster Linie oder gar ausschließlich der Faschismus gemeint war, sondern die generelle Instrumentalisierbarkeit der Medizin durch politische und ökonomische Interessen. Beide, Mitscherlich und Kienle, unterstrichen, wenn auch auf unterschiedliche Art, dass die Medizin zu eigenständigen medizinisch-therapeutischen Begriffsbildungen, Qualitäten und Zielsetzungen finden und tatsächlich *frei* werden müsse, frei auch von fragwürdigen und am Ende fatalen Menschenbildern, die in sie hineingetragen und nicht aus ihr selbst entwickelt werden.[14]

Der kritische Rückblick auf die vergangenen Jahrzehnte zeigt jedoch, dass Mitscherlichs und Kienles Initiativen zur Befreiung und zum Mündigwerden der Medizin als Heilkunde letztlich kein durchgreifender Erfolg beschieden war, zumindest nicht im Großen. Das Krankenhauswesen und das Gesundheitssystem wurden ab den 1990er-Jahren vielmehr einem folgenreichen Diktat der Ökonomisierung unterworfen, das die Standardisierung und Entpersonalisierung klinischer Abläufe mit sich brachte. Der industriell-technologische Innovations- und Optimierungsdruck mit großen finanziellen Interessen wirkt darüber hinaus ungebrochen und massiv auf die Medizin ein – ebenso wie staatliche Zielsetzungen, Kontroll- und Planungsanliegen sowie administrative Systeme mit eigener Logik. Selbst das mechanistische Menschenbild des 19. Jahrhunderts mit Krankenhäusern als effektiven Reparaturbetrieben ist noch immer voll in Kraft – trotz allen Bemühungen um eine geisteswissenschaftliche Erweiterung, Vertiefung und Erneuerung der Medizin, trotz einem 20. Jahrhundert der Psychologie, Psychotherapie, Psychosomatik und Biografik. Der medizinisch-anthropologischen Grundlagendiskussion stehen andere Interessen und Mächte gegenüber, die viel mit Geld zu tun haben; der «technische Imperativ» (Hans Jonas) wirkt weiter, und seine Versprechungen werden mit Hilfe der Medien weltweit verbreitet.

Dialektik von Schutz und Verweigerung der Gesundheit

Man kann sich fragen, was all dies mit der aktuellen Corona-Krise und ihrer Bewältigung zu tun hat, dem «größten Schock seit dem Zweiten Weltkrieg» (Vogel[15]). Vordergründig überhaupt nichts. Auf der anderen Seite wird durch die geschichtliche Besinnung, so meine ich, zumindest deutlich, dass «die Medizin», entgegen landläufiger Meinung, kein eigenständiger und freier Faktor in der Gesellschaft ist – auch nicht in der aktuellen Pandemie. Die Ärzte betreuen die Patienten innerhalb und außerhalb der Intensivstationen – und dies mit großem Engagement und an vielen Orten mit existenziellem Einsatz. Sie arbeiten mit Hingabe und sind in keiner Weise das Problem, ganz im Gegenteil. Die medizinisch bzw. pathogenetisch begründeten Zielvorgaben der Virologie – bzw. die Vorgaben einzelner Virologen – und die politisch-administrativen Verordnungen entstammen jedoch nicht der Medizin und werden auch keineswegs von allen Ärzten in dieser Form und in diesem Ausmaß für richtig erachtet. Eine zunehmende Anzahl von Ärzten warnt stattdessen vor den Folgen des kompletten «Shutdowns», dem «Einfrieren» der Gesellschaft und vor der Isolierung der Menschen mit unübersehbaren Folgen im ökonomischen, sozialen, psychologischen, zivilgesellschaftlichen, kulturellen *und* gesundheitlichen Bereich. Die getroffenen Maßnahmen sind normativer Natur und treffen alle Individuen; obschon zum «Schutz» der Bevölkerung erlassen, können sie die Einzelnen (bzw. sehr viele Einzelne) erheblich schwächen und schädigen, nicht nur in seelisch-geistiger und sozialer Hinsicht, sondern auch körperlich, wovon jedoch fast keine Rede ist – auch nicht von den diesbezüglichen Erkenntnissen der Psychoneuroimmunologie oder einer groß angelegten Metastudie aus dem Jahr 2010, die zeigte, dass das Mortalitätsrisiko unter mangelnden Sozialkontakten stärker ansteigt als durch Rauchen oder Übergewicht.[16]

Ivan Illich warnte vor der «Medikalisierung der Gesellschaft» und der «Enteignung der Gesundheit», vor einer Fortführung dessen, was Alfons Labisch für das späte 18. Jahrhundert als «totalitäre Utopie öffentlicher Gesundheit» und einer «wissenschaftlich begründeten Lebensführung» beschrieb. Illich würde sich heute, wie ich glaube, angesichts vieler Corona-Maßnahmen in seinen Warnungen und Voraussagen bestätigt sehen, und dies im Hinblick auf arme *und* reiche Länder. Rund 120 Millionen Tagelöhner und Wanderarbeiter wurden in Indien aus Gründen des «Infektionsschutzes» ihrer Existenzgrundlagen beraubt und mussten unter entsetzlichen Bedingungen zu Fuß viele Hunderte von Kilometern in ihre weit entfernten Heimatdörfer zurückkehren, geschlagen und gedemütigt von der Polizei, weil sie sich nicht an die «Ausgangssperre» hielten; anderswo dürfen Slumbewohner ihre militärisch bewachten Elendsviertel nicht mehr verlassen.[17] In europäischen Altenheimen wird alten Menschen zum Teil der Gang an die frische Luft verboten. Unzählige Beispiele wären aufzuführen, wo das System des «Schutzes» in sein Gegenteil umschlägt und der angerichtete Schaden die Bedrohung durch das Virus im Einzelfall weit übersteigt – nicht nur auf sozialpsychologischer, sondern auch auf medizinischer Ebene. Von den durchaus vorhandenen prophylaktischen und therapeutischen Möglichkeiten, die Abwehrkräfte der Individuen gezielt zu stärken, ist offiziell wenig oder nicht die Rede, sondern nahezu ausschließlich von Hygienemaßnahmen und «sozialer Distanz», Abschirmung und Impfung – gegen Covid-19 und in der Folge wohl auch gegen viele andere Virusepidemien. Ivan Illich aber schrieb schon 1977:

«Das gesundheitliche Niveau wird [...] dort am höchsten sein, wo die Umwelt die Menschen zu persönlicher, autonomer, verantwortlicher Lebensbewältigung befähigt. Das gesundheitliche Niveau sinkt nur dort, wo das Überleben übermäßig von der heteronomen (fremdbestimmten) Regelung der organischen Gleichgewichte abhängig gemacht wird. Jenseits einer kritischen Menge ist die institutionelle Gesundheitsfürsorge – gleichgültig ob in Form von Therapie, Prävention oder Umweltplanung – gleichbedeutend mit systematischer Verweigerung von Gesundheit.»[18]

Wird diese «kritische Menge» nicht auch durch die gegenwärtigen Corona-Maßnahmen an verschiedenen Orten überschritten und zur «Verweigerung der Gesundheit»? Was für eine unübersehbare Summe von psychischem, körperlichem und sozialem Leid, von Suiziden und schweren Gewalttätigkeiten bis hin zu den allein auf den Intensivstationen liegenden und allein sterbenden Menschen, zu denen in manchen Ländern jeder Zugang verboten wird, und den nicht in Würde stattfindenden Beerdigungen. Das Besondere des Menschen, so führte Hans-Georg Gadamer vor Jahren aus, liegt in seinem Vorrecht, seine Toten zu bestatten. «Damit steht der Mensch unter allen Lebewesen einzig da, so einzig, wie durch den Besitz der Sprache, oder vielleicht noch ursprünglicher.»[19] «Schutzmaßnahmen», die die Gestaltung einer solchen Bestattung verhindern, machen daher auch sprachlos. Sind sie wirklich gerechtfertigt? Humanitär und «wissenschaftlich» gerechtfertigt? – so fragen sich zumindest die betroffenen Angehörigen, mittlerweile aber nicht mehr nur sie.

Auf eine zunehmende Anzahl von Menschen wirkt das inzwischen fast weltweit etablierte und als völlig «alternativlos» dargestellte, in dieser Form nie dagewesene Schutz-System in vielen Zügen als verhängnisvolles Sozialexperiment, auch wenn sie sich der vorgebrachten medizinischen Argumente kaum oder nicht erwehren können – und froh sind, wenn sie in einer weniger betroffenen und politisch gemäßigten Region leben. Zu denken gibt dabei auch, dass die Akzeptanz des «Shutdown» in der Bevölkerung offensichtlich nur mit einer geballten Macht von Nachrichten und Bildern zu erreichen war, mit einer wie gleichgeschaltet wirkenden Medienlandschaft, die alle anderen Themen zunächst vollständig zur Seite schob und Zahlen über Zahlen, Statistiken über Statistiken, Särge über Särge zeigte. Der durch die Maßnahmen erzeugten Not wurde dagegen sehr wenig Raum in der Berichterstattung gegeben; Bedenken und Widerspruch oder alternative Strategien, der Pandemie zu begegnen, hatten medial keine Chance, wurden von vornherein und in aller Massivität negativ kommentiert und mussten sich eigene Kanäle suchen. Tauchten entsprechende Nachrichten im Internet auf, waren sie häufig bald wieder verschwunden – und die Buchhandlungen waren wie alle anderen «nicht systemrelevanten» Einrichtungen geschlossen. Wann hat man eine so ausgerichtete Berichterstattung außerhalb totalitärer Systeme je zuvor erlebt? Die Macht der Bilder und Zahlen wirkte und wirkt – tief in die Psychen der Menschen hinein, in ihr Selbst- und Lebensverständnis und ihr Sozialverhalten. In seiner neunten «Lektion» schrieb Timothy Snyder:

«Vor mehr als einem halben Jahrhundert warnten die klassischen Romane des Totalitarismus vor der Herrschaft der Bildschirme, der Unterdrückung von Büchern, der Beschränkung des Wortschatzes und den damit verbundenen Schwierigkeiten des Denkens. In Ray Bradburys *Fahrenheit 451,* veröffentlicht 1953, spüren Feuerwehrleute Bücher auf und verbrennen sie, während die meisten Bürger interaktives Fernsehen schauen. In George Orwells *1984,* veröffentlicht 1949, werden Bücher verboten und das Fernsehen ist nicht nur ein Empfänger, sondern erlaubt es der Regierung, die Bürger die ganze Zeit über zu beobachten. In *1984* ist die Sprache der visuellen Medien in hohem Maße eingeschränkt, um der Öffentlichkeit die Begriffe zu entziehen, die man braucht, um über die Gegenwart nachzudenken, sich an die Vergangenheit zu erinnern und Überlegungen hinsichtlich der Zukunft anzustellen.»[20]

Majorität und Minorität

In der Corona-Krise lassen sich jedoch nicht alle Menschen die mediale Überflutung, Uniformität und tendenzielle Bevormundung gefallen und versuchen stattdessen, was Snyder in seiner elften «Lektion» empfahl: «Frage nach und überprüfe. Ergründe Dinge selbst.»[21] Das «Suchen», «Ergründen» und «Überprüfen» spielt sich im Wesentlichen in jenem Internet ab, zu dem alle verurteilt sind. Kommen Menschen wie Sucharit Bhakdi nach ausgedehnten Recherchen zu ganz anderen Infektions-, Todes- und Letalitätszahlen, zu anderen Ergebnissen, Fragen und Vorschlägen als die medial präsentierten Experten und vertreten sie ihre Gesichtspunkte öffentlich, so sehen sie sich einer massiven Welle der Kritik und Diffamierung ausgesetzt; sie werden unverzüglich in das Lager der «Verschwörungstheoretiker» gedrängt, das damit zum generalisierenden Sammelpool *aller* abweichenden Meinungen geworden ist, zum bedenklichen, unter scharfer Beobachtung stehenden ideellen Massenquartier. Nicht wenige Kritiker landen in Elend und Verzweiflung. Wer möchte schon als leichtfertig und «unsozial» bloßgestellt werden, als jemand, der offensichtlich nicht bereit ist, andere zu «schützen» und für seinen «Egoismus» den Verlust von Menschenleben in Kauf nimmt?

Da die medizinische Wirklichkeit von Covid-19 in ihrem Gesamtumfang fast niemand zuverlässig kennt, kann sich tatsächlich auch niemand seiner Sache ganz sicher sein. Das Befremden und die Zweifel am Vorgehen, seinen Hintergründen und seinen Folgen aber nagen an vielen; die schweren Sorgen über die psychischen, sozialen und ökonomischen Schäden und über die gesellschaftlichen Perspektiven wachsen von Tag zu Tag – und liegen wie ein bleierner Albtraum selbst über manchen von denen, die weder erkranken, noch von den Maßnahmen ökonomisch sehr betroffen sind und fürs erste privilegiert, «entschleunigt» und mit intensiven Naturerlebnissen unter blauem Himmel und in regenerierter Natur weiterleben, in ihrem Garten, auf ihren Wanderungen oder wo auch sonst. Die weit überwiegende Zahl der Menschen in Deutschland oder der Schweiz ist jedoch, so zeigen die Umfragen, mit ihrer Situation und mit dem Vorgehen der Regierung, angesichts der Not-Berichte aus anderen Regionen, überaus zufrieden, in der eigenen kleinen Familie oder alleine. Sie nehmen die politische und gesellschaftliche, soziale, psychologische und pädagogische Lage hin, darunter auch hervorragende Pädagogen und Sozialpsychologen, markante Bürgerrechtler und bisherige Verteidiger der Demokratie einer freien Gesellschaft. Sie nehmen sie hin, weil, wie gesagt, gegen die medizinische, gesundheitspolitische und «soziale» Argumentation wenig zu sagen ist, gegen die Bilder der Intensivstationen, der Altenheime und der Särge, der scheinbaren oder realen «Alternativlosigkeit», auch nicht gegen die Autorität der Wissenschaft. Andere finden sich lautlos, aber voller Unbehagen in die Situation, weil sie mit einem Protest den Bruch enger Freundschaften und ihres persönlichen wie beruflichen Ansehens riskieren würden. Vielleicht auch, weil sie letztlich tief verunsichert sind und nicht wissen, welchen Quellen man wirklich trauen kann, auch wenn das offizielle Bild durch kritische Stellungnahmen von Wissenschaftlern und Ärzten inzwischen Risse bekommen hat.

Unzweifelhaft ist jedoch für alle, die sich damit beschäftigen, dass das Elend auch jenseits der direkten Pandemieopfer in Zukunft groß sein wird, das psychische, ökonomische, soziale und medizinische Elend. Sehr viele Menschen der Erde werden sterben oder tun es schon, keinesfalls aber nur «an» oder «mit» Covid-19, sondern auch aus Gründen, die mit den Gegenmaßnahmen in Zusammenhang stehen. Viele in den armen Ländern werden verhungern, weil ihr täglicher Lohn im komplett «eingefrorenen» Leben nunmehr fehlt – wie auch vorher schon 30.000 Menschen pro Tag verhungert sind, Menschen, für die sich keine entsprechende mediale Repräsentanz mit Statistiken, Kurven und Särgen fand, ebenso wenig wie für die zahllosen Toten der Umweltschäden, für die im Mittelmeer ertrunkenen Flüchtlinge und viele, viele andere direkten oder indirekten Opfer der «Externalisierungsgesellschaft» (Lessenich). Eineinhalb Millionen Menschen sterben weltweit jährlich an der Tuberkulose-Erkrankung, was durch die Besserung ihrer Lebensbedingungen verhindert werden könnte, ca. acht Millionen Menschen an den direkten Folgen der Luftverschmutzung – fast genauso viele an den Nebenwirkungsfolgen von Medikamenten der Pharmaindustrie, was jedoch keinen Eingang in die Massenmedien findet. Nun wird plötzlich gesagt, nichts stehe höher als ein Menschenleben und deshalb seien alle Corona-Maßnahmen gerechtfertigt; wie aber stand es bisher mit der Hochschätzung von Menschenleben und den notwendigen Reaktionen? Immer wieder war doch zu hören gewesen, es fehle das Geld zur Hilfe; nun ist plötzlich unglaublich viel Geld vorhanden. «Wir legen alle Waffen auf den Tisch», sagte der deutsche Bundesfinanzminister.

Im Internet oder mitunter selbst im Radio können skeptische

Menschen erfahren, dass einige ihrer Positionen und Sorgen mittlerweile von politisch rechten bis rechtsradikalen Kräften vertreten oder mit diesen medial assoziiert werden – darunter ihre Zweifel an der selbstlosen Lauterkeit der weltweiten Impfabsichten von Bill Gates und seines gewaltigen Imperiums, der von ihm mitfinanzierten WHO und anderen von seiner Stiftung geförderten Institutionen, die die offiziellen Zahlen veröffentlichen[22], auch ihre Zweifel an der geplanten Kontrolle von persönlichen Bewegungsdaten, möglicherweise bald auch aller anderer Gesundheits- und Personendaten (zur Erfassung der von Lobo beschriebenen zweiten «digitalen Körperlichkeit»[23]). Angesichts dieser bizarren und nahezu ausweglos erscheinenden Situation, unter Einschluss der Okkupation kritischer Positionen durch politisch rechtsradikale Kreise[24], scheint nur noch das Verstummen übrig zu bleiben. Lieber im privaten Versteck leben, als mit solchen Leuten gemeinsam zu demonstrieren oder auch nur in Verbindung gebracht zu werden, so sagt sich mancher. – Aber ist es denn möglich, berechtigte Fragen deswegen fallen zu lassen, weil sie von den falschen Kräften (aus welchen Gründen auch immer) politisch instrumentalisiert werden? Von totalitären, rechtslastigen bis rechtsextremen Kräften, wo es doch gerade um die Verhinderung des Totalitarismus geht? – Timothy Snyder erinnerte an Hannah Arendts Verständnis von Totalitarismus – dieser muss nicht notwendig den «übermächtigen Staat» bedeuten, sondern meint die Aufhebung des Unterschieds zwischen privater und öffentlicher Sphäre. Wenn das elektronische Bewegungsprofil eines Menschen aus «medizinischen» oder «gesundheitspolitischen» Gründen erfasst wird, löst sich der Unterschied zwischen privater und öffentlicher Sphäre auf. Aber schon ohne «App» hat die Kultur der Überwachung und des Misstrauens längst begonnen; Nachbarn sind dabei, sich untereinander ängstlich zu überwachen, ob all die verordneten Corona-Maßnahmen auch korrekt umgesetzt werden, und denunzieren sich gegenseitig. Die Massenpsychologie der Angst kann in eindrucksvoller Weise studiert werden und auch jenseits der eigenen Straße wird die Stimmung gespannter – «Es häufen sich Szenen, in denen verunsicherte Blicke, Kritik, Argwohn oder Wut wegen eines nicht eingehaltenen Sicherheitsabstands oder offene Empörung über Gruppen das soziale Miteinander prägen.» (Laudert[25]) Damit entsteht eine Dynamik, die mit dem Virus und der Krankheit weniger zu tun hat als mit den zerstörenden Kräften des Sozialsystems, von denen Gerhard Kienle sprach.

Die Zukunft der freiheitlichen Gesellschaft

Wie eingangs betont, gehöre ich nicht zu denen, die das Pandemiegeschehen im medizinischen Sinne überblicken und die reaktiven Erfordernisse einschätzen können – und gehöre damit zu den unsicheren Menschen. Aber ich bin kritischen Fachleuten wie Prof. Sucharit Bhakdi und anderen dennoch sehr dankbar, die sich nach innerem Überwinden und trotz eines nicht unerheblichen persönlichen Risikos vernehmlich zu Wort gemeldet haben – so wie ich Navid Kermani immer dankbar für seine Reden und Bücher war. Kermani erinnerte im Deutschen Bundestag vor sechs Jahren das geistig-politische Deutschland an sich selbst, an seine kosmopolitische und humanistische Vergangenheit, von der er, ein grundgelehrter Islamwissenschaftler und Germanist, ein deutscher Staatsbürger iranischer Herkunft, mit Sicherheit sehr viel mehr weiß als die meisten Parlamentarier in Berlin. Er brachte etwas an den Ort des Bundestages zurück und in ihm zur Geltung, wovon dort lange nicht gesprochen worden war. Er erzielte Betroffenheit, auch bei den Abgeordneten – und ich habe bis heute den Eindruck, dass der vorübergehende Mut zur großzügigen Flüchtlingsaufnahme in Deutschland auch eine Folge seiner glänzenden Rede war.

Kermani hoffte auf Deutschland und Europa; auch Sucharit Bhakdi tut dies offensichtlich – wo, wenn nicht hier, angesichts dieser humanistischen Vergangenheit, aber auch angesichts des von Deutschland 1933–1945 Angerichteten und nach 1949 demokratisch neu Begonnenen, wo, wenn nicht hier, sollte ein antiautoritärer, freiheitlicher Weg aus der Krise gefunden werden, ein Weg im Sinne des Grundgesetzes und eines Humanismus, der nicht deckungsgleich mit maximalem Virenschutz ist? Es fällt Kermani und Bhakdi offenbar leichter auf Deutschland zu hoffen als manchen Deutschen ohne Migrationshintergrund, oder sagen wir: sich zu dieser Hoffnung zu bekennen. Sie können etwas Kostbares ansprechen oder in Erinnerung rufen, ohne des Nationalismus verdächtig zu werden. Es ist das Land ihrer Wahlheimat – zumindest noch.

Ich hätte mir vor ein paar Jahren in den Auseinandersetzungen um die Aufnahme der Flüchtlinge sehr gewünscht, dass Angela Merkel nicht nur immer wieder «wir schaffen das» gesagt, sondern viel deutlicher auch begründet hätte, *warum* Deutschland in einer besonderen und einzigartigen Verantwortung steht. Eine geschichtliche Verantwortung, die einen anderen Umgang mit heimatlosen, existenziell bedrohten Menschen auf der Flucht rechtfertigt, ja notwendig macht, auch wenn kein weiteres europäisches Land sich daran in diesem Umfang beteiligen wollte. Es gibt so etwas wie ein «historisches Gewissen», und viele Menschen hätten Frau Merkel mit dieser Begründung bestens verstanden, innerhalb und außerhalb Deutschlands. Die Chancen für die AfD wären gesunken und nicht gestiegen, dessen bin ich mir sicher.

Auch Sucharit Bhakdi, der über Jahrzehnte an einer deutschen Universität lehrte, setzte offenbar Hoffnungen auf einen anderen Kurs Deutschlands in der Corona-Krise, und dies nicht ohne Grund. Die deutschen Maßnahmen gegen die Erkrankung waren bisher nicht besonders originell, aber auch keineswegs so rigide wie die mehrerer Nachbarländer – und es war und ist möglich, sich in Deutschland auch in dieser angespannten Lage nachdenklich und kritisch zu Wort zu melden, obwohl es deutlich schwieriger geworden ist.

Es wäre aber vordringlich, in Deutschland und Europa auch zu neuen *Zielvorstellungen*, zu angemessenen Antworten einer freiheitlichen Zivilgesellschaft in einer fundamentalen Krise zu finden, eine Krise, die über das Geschehen der akuten Pandemie hinausweist. Dafür sind meines Erachtens verschiedene *Einsichten* notwendig, darunter die folgenden:

- Die Zoonosen kommen nicht als Überfall aus dem Nichts, sondern haben mit ökologischen Systemen und deren Labilisierung und Zerstörung zu tun.[26] Das aber heißt: es müssen mit hoher Priorität Konzepte erarbeitet und umgesetzt werden, den kapitalistischen Raubbau an der Erde, an ihren Naturreichen und am sozialen Leben der Menschen zu beenden und eine ökologische, nachhaltige Land- und Ernährungswirtschaft, eine artgerechte Tierhaltung sowie eine sozialgerechte Ökonomie auf den Weg zu bringen. Dazu gehört ein neues Verständnis des Lebendigen, seiner Voraussetzungen und Bedingungen, eine Wissenschaft, die im Zeichen des Lebens und nicht des Todes steht.[27] Dazu gehört des Weiteren die kritische Hinterfragung des wissenschaftlichen Konzeptes, das an der Wende des 16. zum 17. Jahrhundert wesentlich von Francis Bacon («Novum Organon») und René Descartes («Discours de la méthode») entwickelt wurde, eines Konzeptes, demzufolge der Mensch «Herr und Besitzer» der Natur ist und alle technologischen Eingriffe erlaubt und wünschbar sind.
- Es ist das Ziel der freiheitlichen Gesellschaft und ihrer Humanmedizin, den Menschen zur «(selbst)verantwortlichen Lebensbewältigung» (Illich) zu befähigen und nicht ihn vom Leben abzuschirmen. Nicht die «Enteignung der Gesundheit», sondern deren gezielte Förderung ist von hervorragender Bedeutung für die Zukunft – damit auch die Unterstützung des Menschen, sich mit Hindernissen, darunter Mikroben, im Sinne einer «aktiven Immunisierung» erfolgreich auseinandersetzen zu können. Dies erfordert eine anders ausgerichtete, methodisch und inhaltlich erwei-

terte Medizin mit einem nicht nur pathogenetischen («Wie entsteht Krankheit?»), sondern auch salutogenetischen Therapieansatz («Was ermöglicht Gesundheit»?), eine Medizin, die die Menschen stärkt und nicht schwächt.[28]

- Es erfordert außerdem die Befreiung des Gesundheitswesens vom Diktat der Ökonomie. Die Gewinnorientierung und faktische Industrialisierung des modernen Klinikbetriebes, die das «Prozessmanagement», die Modularisierung und Standardisierung aller Abläufe mit sich brachte, die Pflegekräfte zu weiten Teilen wegrationalisierte und sich destruktiv auswirkte, muss unverzüglich rückgängig gemacht werden.[29] In diesem Zusammenhang müssen auch die existierenden industriellen Interessen und Einflüsse, darunter auch der expandierenden Impfstoffhersteller, auf die Medizin (und auf staatliche und überstaatliche Gesundheitsbehörden) schonungslos offengelegt, analysiert und gesellschaftlich diskutiert werden – aber nicht nur in Außenseiterkanälen, sondern in den führenden Medien.
- Medizinische Argumentationen und Argumentationslinien für gravierende gesellschaftspolitische Maßnahmen, darunter Grundrechtseinschränkungen, sind generell mit höchster Vorsicht zu betrachten.
- Auch befristete Gesetzesveränderungen zum «Schutz» der Bevölkerung neigen zur Chronifizierung, woran der Jurist und langjährige Herausgeber der «Süddeutschen Zeitung», Heribert Prantl, zuletzt am Beispiel der Sicherheitsgesetze aus der RAF-Zeit und der «Anti-Terror-Pakete» erinnert hat; sie werden zumeist als «Vorbeugungsmaßnahmen» fortgeführt: «Fast alle Sicherheitsgesetze wurden nicht nur nicht aufgehoben, sie wurden auch noch ausgebaut und verschärft […]. Was bei den bisherigen Sicherheitsgesetzen der Terrorismus war, ist bei den Gesundheitssicherungsgesetzen das Virus. Das Virus wird zum Gesetzgeber.»[30]
- Notwendig ist eine pluralistische Wissenschaftskultur und

nicht die Dominanz einzelner ausgewählter «Experten», deren Stellungnahmen gläubig gefolgt werden soll.[31]

- Die angemessenen Antworten auf die «Corona-Krise» in den Bereichen des Rechtstaates, der Ökonomie und des kulturell-geistigen Lebens (zu dem auch die Medizin und Pädagogik gehören) müssen von den jeweiligen Fachleuten der drei Bereiche gefunden und dann miteinander diskutiert werden, statt im überkommenen «Einheitsstaat» von oben herab, nach Hinzuziehung weniger Berater, angeordnet zu werden.[32] «Top-down»-Entscheidungen der Exekutive, deren Folgen in Bereichen wirksam werden, von denen weder die politischen Funktionsträger noch die sie beratenden Mikrobiologen inhaltlich viel verstehen und für die sie keine persönliche Verantwortung übernehmen (darunter die Kindesentwicklung und Pädagogik), sind entschieden abzulehnen.
- Es sollte in der öffentlichen Debatte klarer und deutlicher zwischen anerkannten wissenschaftlichen Erkenntnissen und dem unterschieden werden, was tatsächlich noch im Stand der – möglicherweise Interesse-geleiteten – Vermutung, der «Spekulation oder Hochrechnung» und mit Vorsicht zu behandeln ist.[33]
- Abweichende, kritische, aber in sich begründete und substanzielle Meinungen sind für die komplexe Wahrheitserkenntnis immer von Interesse und Bedeutung, zumal die politisch handelnden Akteure einen begrenzten Horizont haben. Die generelle und undifferenzierte Verwendung des Begriffs «Verschwörungstheoretiker» für Menschen, die solche Ansichten vertreten, ist vollkommen inakzeptabel. Aufzuklären gilt es in einer freiheitlichen Gesellschaft stattdessen, wie interessierte Gruppen mit Hilfe der Massenmedien ihren einseitigen Sichtweisen und Narrativen gezielt zur Dominanz in der Gesamtbevölkerung verhelfen (wie dies unter anderem auch den Leugnern des Klimawandels über lange Zeit gelang).[34]

- Das Grundgesetz muss in Deutschland auch in Zeiten der Not genauso «unantastbar» sein wie die Würde des Menschen, von der sein erster Paragraf handelt. Zu der grundgesetzlich geschützten Würde des Menschen gehört dabei auch die Würde des kranken, «behinderten» und alten Menschen, von dessen «Schutz» gegenwärtig so viel die Rede ist. Wie aber ist es mit dieser Würde und diesem «Schutz» wirklich bestellt, wenn alte und andere «gefährdete» Menschen, die als «Risikopatienten» taxiert werden, darunter die Menschen mit Behinderungen in Pflegeheimen und Betreuungseinrichtungen, nicht einmal mehr von ihren Angehörigen und engen Freunden besucht werden dürfen, die, ebenso wie die Betroffenen, keinerlei Mitspracherecht an den diesbezüglichen Bestimmungen des Staates haben – und gegen diese faktische «Zwangsisolierung» machtlos sind?[35] Die Tatsache, dass die Lage in den Altenheimen so schwierig ist, hat keineswegs *nur* mit dem Virus zu tun, sondern auch mit den Heimen selbst, ihrer Enge und Pflegeverarmung, ihrer oft desolaten Atmosphäre, skandalös schlechten Ausstattung und Struktur, ihrer absoluten Marginalisierung in der Leistungs- und Konsumgesellschaft. Wie war es bisher mit dem «Schutz» der alten Menschen in der Gesellschaft bestellt?
- Kinder erfahren im konkreten Sozialraum das Leben, sie lernen und reifen an ihm, in der direkten Begegnung, und nicht am Bildschirm und seiner hygienisch-sterilen, virtuellen Welt. Den lebendigen Bildungsprozess in der realen Schule trennen Welten von den online-Programmen der Wissensvermittlung.[36] Die forcierte «digitale Beschulung» ist aus pädagogischer wie kinder- und jugendpsychologischer Sicht ein tragisches, aber keineswegs überraschendes oder zufälliges Ergebnis der Krise. Die «Global Education»-Industrie verfolgt ihre Strategien zur weltweiten Vermarktung ihrer digitalen Lernprogramme seit längerer Zeit mit aller Macht – und die «Corona-Krise» eröffnet ihr ein umfassendes Einfallstor.

- Kinder haben ein absolutes Recht auf ihre Kameraden und auf das unverstellte, maskenlose Antlitz ihres Gegenübers, auf eine Entwicklung in einer sozialen Sphäre des Vertrauens und der Zuversicht. Eine durch Massenmedien systematisch geschürte und verbreitete Angst- und Panikepidemie ist für die Entwicklung der Kinder und Jugendlichen, ihres Selbst- und Weltverhältnisses und ihrer Beziehungsfähigkeit von katastrophaler Wirkung. Dasselbe gilt für die Falschdarstellung der viralen Welt als primärer und ausschließlicher Bedrohung, ohne deutlich zu machen, wie sehr die Viren und Bakterien zum biologischen Bestand des Menschen gehören – und dass sein Immunsystem sich an der Auseinandersetzung mit Keimen der Außenwelt entwickelt.
- Das kulturelle Leben unter Einschluss der Religion ist ein *lebenswichtiges* Gut, das unbedingt gefördert und auch in Krisenzeiten «life» (und nicht nur virtuell) aufrechterhalten werden muss, in echten Versammlungen und in echten Aufführungen mit echtem Publikum. Dies ist selbst unter medizinischen Gesichtspunkten (Psychoneuroimmunologie) von Bedeutung. Von künstlerischen «Botschaften von Gemeinschaft und Humanität, deren immunstärkende, um nicht zu sagen: antivirale Effekte man nicht unterschätzen sollte», schrieb zurecht Sonja Zekri in der «Süddeutschen Zeitung».[37] Die Abwehrkraft des Menschen, nicht nur des alten Menschen, bricht zusammen, wenn er seiner lebendigen sozialen und kulturellen Bezüge beraubt und isoliert wird, wofür es viele Beispiele gibt. Wie der kulturell-geistige Bereich in Zeiten mit einem erhöhten Hygienebedarf seine Aktivitäten weiterführen kann, muss von den Verantwortlichen dieses Bereiches autonom und kreativ erarbeitet werden. Äußerungen, denen zufolge dem kulturell-geistigen Leben keine existenzielle Bedeutung zukommt («Zerstreuung und Ablenkung») sind mit aller Entschiedenheit zurückzuweisen.
- Die primären und nahezu reflexartigen Antworten auf Kri-

sen, die ein System produziert hat, neigen stets dazu, *im Sinne des Systems* auszufallen. Sie haben die Tendenz, das System und seine «systemrelevanten» Prioritäten, Wertsetzungen und Hierarchien zu stabilisieren, anstatt sie in Frage zu stellen. So können sämtliche Krisen dazu benutzt werden, in der Richtung des Bisherigen, aber in intensivierter Weise fortzufahren – mit sehr vielen Verlierern und einigen eindeutigen Gewinnern. Diese gilt es rechtzeitig zu identifizieren und darüber öffentlich zu diskutieren.

- Die freiheitliche Gesellschaft ist keinesfalls *nur* von politisch rechtsradikalen Kräften bedroht, sondern auch von vordergründig «unpolitischen» Visionen einer kompletten technischen Überwachung, die sich in Zukunft noch oft und in verstärkter Weise medizinischer Argumente bedienen werden, darunter der Existenz viraler Pandemien. Nichts lieben die Menschen so sehr wie ihr Leben – und für nichts anderes opfern sie ihre Freiheit und ihre Grundrechte schneller. Die digitalisierte Gesellschaft als technisches Steuerungssystem, in der der öffentliche Raum aus «medizinischen» Gründen maximal kontrolliert werden muss, rückt mit der Corona-Krise – als einem passenden Anlass – entschieden näher, von China, das darin sehr weit fortgeschritten ist, nach Europa. Hierauf machte Sascha Lobo 2019 im Detail aufmerksam, noch vor Covid-19 und den Schutzmaßnahmen dagegen.[38] In diesem Sinne formulierte auch die indische Schriftstellerin Arundhati Roy jüngst in einem Interview: «Für mich fühlt sich diese Pandemie an wie der Übergang von der einen in eine andere Welt.»[39] Der Schritt vom «Nachverfolgen der Infektionswege» zum Nachverfolgen *aller* Wege der Staatsbürger ist nicht groß und die Rufe nach der – in Deutschland bereits vom Kabinett beschlossenen – «Digitalakte»[40], nach «Location Tracking» und «Big Data» sind, versehen mit medizinischen Argumenten, unüberhörbar. Vor einem «faschistoid-hysterischen Hygienestaat» warnte der deutsche Staats- und Kirchenrechtler Hans Michael Heinig angesichts des neuen «Gesetzes zum Schutz der Bevölkerung bei einer epidemischen Lage von nationaler Tragweite» vom 27.3.2020[41], das selbst vom wissenschaftlichen Dienst des Deutschen Bundestages in einzelnen Verordnungsermächtigungen als «verfassungsrechtlich problematisch» eingeschätzt wird.[42]

Epilog

«Glaube an die Wahrheit», so überschrieb Timothy Snyder seine zehnte «Lektion». «Engagiere dich für einen guten Zweck» die fünfzehnte. «Lerne von Gleichgesinnten in anderen Ländern» die sechzehnte. Im Motto der neunten «Lektion» steht:

«Vermeide die Phrasen und Schlagworte, die jeder andere verwendet. Erfinde deine eigene Sprechweise, selbst wenn du nur das vermitteln willst, was in deinen Augen jeder sagt.»[43]

In diesem Sinne sind auch meine Ausführungen gemeint. «Sprich auch du», steht bei Paul Celan, allerdings mit der Warnung verbunden: «Doch scheide das Nein nicht vom Ja».[44] Es ist wenig hilfreich und sogar sehr gefährlich, komplexe geschichtliche Situationen zu vereinfachen – und beispielsweise zu leugnen, dass Covid-19 eine sehr schwere Erkrankung mit vielen Todesfällen ist, auch wenn ihre Letalität sehr unterschiedlich beurteilt wird und von vielen Faktoren abhängig ist. Es ist des Weiteren hochproblematisch, den handelnden Politikern und anderen Protagonisten des öffentlichen Geschehens der Gegenwart in toto dirigistische oder gar totalitäre Absichten zu unterstellen, auch wenn unzweifelhaft ist, dass die Situation in vielen Ländern von autoritären Führern ausgenutzt wird.[45] Sucharit Bhakdi hat sich gegen solche Unterstellungen entschieden verwahrt. – Ebenso unverantwortlich wie leichtfertige Schuldzuschreibungen und Attribuierungen ist aus meiner Warte jedoch auch die Ignorierung von «medicokratischen», technokratischen und totalitären Kräfte, die vielmehr

Teil der Welt und in der Lage sind, die Situation auszunützen. Diesen Sachverhalt oder diese Gefahr komplett zu leugnen oder darüber nicht zu reflektieren, als handelnder Politiker oder mitbetroffener Bürger, scheint mir nicht nur naiv, sondern grob fahrlässig zu sein. Wie das Modell China lehrt (das im öffentlichen Ansehen der deutschen Bevölkerung in den letzten Wochen einen großen Zuwachs zu verzeichnen hat und dem – gefallenen – Wert der USA nunmehr gleichkommt), ist der autoritäre, digital organisierte und unter anderem medizinisch begründete Überwachungsstaat mit einer kapitalistischen Wohlstands- und Leistungsgesellschaft vereinbar, sofern die individuelle Freiheit zurückgenommen oder umdefiniert wird. Dass der Totalitarismus der Zukunft ein völlig anderes Gesicht als der Faschismus des 20. Jahrhunderts haben wird, ist seit langem klar und wurde von weitsichtigen Menschen wie Aldous Huxley («Brave New World») schon Anfang der 1930er-Jahre beschrieben. 1997 betonte der Philosoph Rüdiger Safranski rück- und vorblickend: «Weniger eine Neuauflage des National-Faschismus, als vielmehr ein moderner Bio-Faschismus bildet die Bedrohung der Zukunft.»[46] Safranski wies damit auf die biotechnologischen Gefährdungen der Menschheit hin, die kommenden Manipulationen und «Optimierungen», aber auch die Systeme der Überwachung und Kontrolle, der Restriktionen im Namen des «Lebens», das dann keines mehr ist.

Es ist daher wichtig, in Europa – und weltweit – nichts unversucht zu lassen, «über die Gegenwart nachzudenken, sich an die Vergangenheit zu erinnern und Überlegungen hinsichtlich der Zukunft anzustellen» (Snyder). Ja, es ist, wie ich meine, von essenzieller und existenzieller Bedeutung, den biotechnologisch aufgebauten Überwachungsstaat rechtzeitig zu verhindern, und die menschliche Gesellschaft durch eine geistige, ökologische und soziale Wende aus der Krise in Richtung der skizzierten Zielvorstellungen (vgl. S. 221ff.) weiterzuentwickeln.

Peter Selg

Dieser Beitrag ist die überarbeitete Fassung der Erstveröffentlichung in einer Sonderausgabe der Monatsschrift «Kernpunkte – Dreigliederung des sozialen Organismus, Geisteswissenschaft, Zeitgeschehen.» Dornach, 3. Jahrgang, Nr. 6 vom 7. Mai 2020.

Anmerkungen

1 Timothy Snyder: On Tyranny. Twenty Lessons from the Twenthieth Century. London 2017, S. 9.

2 Vgl. https://www.youtube.com/watch?v=Y6W-JIMCfmo, https://www.youtube.com/watch?v=bxVFqZnDHkA und https://www.servustv.com/videos/aa-23ud73pbh1w12/ (27.5.2020).

3 Sascha Lobo: Realitätsschock. Zehn Lehren aus der Gegenwart. Köln 2019, S. 136.

4 Vgl. hierzu u. a. vgl. Georg Soldner: «Das Skeptiker-Syndrom». Interview mit Ronald Richter. In: info3, Dezember 2019, https://info3-verlag.de/zeitschrift-info3/das-skeptiker-syndrom/ (27.5.2020) und Peter Selg: Rudolf Steiner, die Anthroposophie und der Rassismus-Vorwurf. Gesellschaft und Medizin im totalitären Zeitalter. Arlesheim 2020, S. 27ff.

5 IBAM (Hg.): Ärzte in Auschwitz. Der Nationalsozialismus und die Medizin im «Dritten Reich». Witten 2012; Ärzte in Auschwitz. Über die Beziehungen des Nationalsozialismus zur Medizin. Witten 2015; SS-Ärzte und Häftlingsärzte. Das Selbstverständnis der Medizin zwischen Vernichtung und Heilung. Witten 2019; Peter Selg: Nach Auschwitz. Auseinandersetzungen um die Zukunft der Medizin. Arlesheim 2020. Vgl. a. https:///www.thelancet.com/journals/lancet/article/PIIS0140-6736(19)32613-3/fulltext (27.5.2020).

6 Vgl. Alfons Labisch: Homo Hygienicus. Gesundheit und Medizin in der Neuzeit. Frankfurt a. M. 1992.

7 Carl Ludwig: Lehrbuch der Physiologie des Menschen. Vorwort des ersten Bandes. Heidelberg 1852, S. 1.

8 Rudolf Virchow: «Die naturwissenschaftliche Methode und die Standpunkte in der Therapie». In: Virchows Archiv für Pathologische Anatomie, Nr. 2, 1849, S. 7.

9 Zit. n. Heinrich Schipperges: Weltbild und Wissenschaft. Eröffnungsreden zu den Naturforscherversammlungen 1822–1972. Hildesheim 1976, S. 87.

10 Alfons Labisch: «Die ‹hygienische Revolution› im medizinischen Denken. Medizinisches Wissen und ärztliches Handeln». In: Angelika Ebbinghaus;

Klaus Dörner: Vernichten und Heilen. Der Nürnberger Ärzteprozess und seine Folgen. Berlin 2001, S. 88f.

11 Zit. n. Peter Selg: Gerhard Kienle. Leben und Werk. Bd. 1. Dornach 2003, S. 539.

12 Der polnische Mikrobiologe, Immunologe und Wissenschaftstheoretiker Ludwik Fleck (1896–1961), Häftling in den Konzentrationslagern Auschwitz und Buchenwald, entwickelte in seinem Hauptwerk Entstehung und Entwicklung einer wissenschaftlichen Tatsache (Basel 1935) die Begriffe «Denkstil» und «Denkkollektiv», die später u. a. von wesentlicher Bedeutung für Thomas S. Kuhns Paradigmenlehre wurde.

13 Zit. n. Peter Selg: Gerhard Kienle. Leben und Werk. Bd. 1. Dornach 2003, S. 555.

14 Vgl. Peter Selg: Nach Auschwitz. Auseinandersetzungen um die Zukunft der Medizin. Arlesheim 2020.

15 Steffen Vogel: «Der Corona-Crash: Die zweite Eurokrise?» In: Blätter für deutsche und internationale Politik, 5, 2020, S. 5.

16 Vgl. Holt-Lunstad, J., Smith, T. B., Layton, J. B. (2010). Social relationships and mortality risk: a meta-analytic review. PLoS med, 7(7), e1000316 bzw. Holt-Lunstad, J., Smith, T. B., (2012). Social relationships and mortality. Social and Personality Psychology Compass, 6(1), 41–53 sowie Rolf Heine: «Den Lebensraum des Mitmenschen entdecken. Über die Pflege von Kranken und Gesunden in der Coronaepidemie». In: Das Goetheanum, Nr. 18, 1.5.2020, S. 4.

17 Vgl. Ellen Ehmcke: «Indien: Der große Exodus». In: Blätter für deutsche und internationale Politik, 5, 2020, S. 76ff.

18 Ivan Illich: Die Nemesis der Medizin. Von den Grenzen des Gesundheitswesens. Reinbek bei Hamburg 1981, S. 13.

19 Hans-Georg Gadamer: Über die Verborgenheit der Gesundheit. Frankfurt a. M. 1993, S. 86,

20 Timothy Snyder: Über Tyrannei. Zwanzig Lektionen für den Widerstand. München 2017, S. 61.

21 Ebd., S. 73.

22 Vgl. dazu Lorenzo Ravagli: «Auf dem Weg zu einer Hygiene-Diktatur?». In: Ein Nachrichtenblatt. 10. Jg., Nr. 9, 10.5.2020, S. 6ff.

23 Sascha Lobo: Realitätsschock. Zehn Lehren aus der Gegenwart. Köln 2019, S. 255ff.

24 Vgl. Martina Renner und Sebastian Wehrhahn: «Die neue Rechte: Corona als Tag X». In: Blätter für deutsche und internationale Politik, 5, 2030, S. 43f.

25 Andreas Laudert: «Das Unsichtbare und das Undenkbare». In: Das Goetheanum, Nr. 14, 3.4.2020, S. 14.

26 Vgl. Sonja Shah: «Woher kommt das Corona-Virus? In: Le monde diplomatique. März 2020. https://monde-diplomatique.de/media/demo/woher_kommt_das_coronavirus.mp3 (27.5.2020) und https://www.thenation.

com/article/environment/coronavirus-habitat-loss (27.5.2020) sowie Georg Soldner: «Wie leben wir zusammen?» In: Das Goetheanum, Nr. 14, 3.4.2020, S. 11f.

27 Der Kinderarzt Georg Soldner schrieb in seinem wichtigen Aufsatz «Fragen in der SARS- Co-V2-Epidemie» dazu unter anderem: «Kurz vor Ausbruch der Pandemie publizierte Claus Otto Scharmer in seinen *Essentials der Theorie U* die [...] Sätze: ‹Aus der Vergangenheit lernen ist notwendig, aber nicht hinreichend. Alle umwälzenden Herausforderungen verlangen, dass wir uns der Sache mit einer neuen Herangehensweise nähern. Sie verlangen, dass wir uns entschleunigen, innehalten, die wichtigen Antriebskräfte der Veränderung erspüren, die Vergangenheit loslassen und die Zukunft, die entstehen möchte, kommen lassen.› Was möchte kommen? Eine andere Luft über Wuhan, Mailand und Stuttgart? Ein Bewusstsein, dass unsere Viren wie unser Genom fortwährend in Wechselbeziehung zu dem stehen, was sie prägt, nämlich die Tätigkeit und Beziehungen lebendiger Organismen? Und damit auch wir selbst? Ein Bewusstsein, dass wir Lebendiges neu denken, erfassen und gestalten müssen? Ein Empfinden, dass unsere Erde selbst nicht nur aus Atomen besteht, sondern lebendige, empfindende und selbst denkende Wesen umhüllt, von deren Verhalten aller Leben abhängt? Könnte es sein, dass das Leid, das wir Tieren zufügen – und die Medizin ist daran kräftig beteiligt – vielleicht schon heute Folgen für unsere eigene Gesundheit hat? Dass unser moralisch-soziales Handeln bis auf die Ebene des Mikrobioms, Viroms und Genoms seine Auswirkungen hat? Dass Ökonomie ohne Ökologie das Haus zerstört, dessen Gesetze sie angeblich zu erkennen sucht? Wann, wenn nicht jetzt, ist der Moment dafür aufzuwachen, dass wir ein neues, lebenswissenschaftliches Paradigma der Forschung benötigen?» https://www.gaed.de/fragenindersars-cov-2-epidemie.html (27.5.2020).

28 Vgl. hierzu Harald Matthes: «Corona und Salutogenese. Welchen Beitrag kann die Anthroposophische Medizin in der Versorgung von Covid-19 leisten?» In: Die Drei, 5, 2020, S. 8ff.

29 Vgl. u. a. Giovanni Maio: Geschäftsmodell Gesundheit. Wie der Markt die Heilkunst abschafft. Berlin 2014.

30 Heribert Prantl: «Verfallsdatum? Das Virus als Gesetzgeber: Viele Grundrechtseingriffe werden womöglich auf Dauer bleiben – zur Vorbeugung». In: Süddeutsche Zeitung, 25./26.4.2020, S. 6. – Seinen Kommentar in der Ausgabe der SZ vom 2./3.5.2020 begann Prantl mit den Sätzen: «Es wird neue Viren geben. Die werden auch gefährlich sein, womöglich noch gefährlicher als Corona. Wir werden auch in Zukunft Pandemien erleben. Wie wird der Staat dann reagieren? Wie bei Corona? Wird es dann zackig heißen: Maske auf, Klappe halten! Wird dann wieder die Bewegungsfreiheit eingeschränkt, wieder die Versammlungsfreiheit entzogen? Ein grundsätzliches Verbot der Versammlungsfreiheit, Versammlungen zum Gebet inbegriffen, hatte es bisher noch nie gegeben. Wird ein solches Verbot künftig Usus? Aus den Grundrechten würden dann virtuelle Grundrechte, sie stünden unter Pandemievorbehalt.» (S. 5).

31 Vgl. zu dieser Problematik u. a. Richard Ramsbotham: «Coronavirus Parallels: An Easter Article». In: New View, April-June 2020, p. 3ff.

32 Vgl. Rudolf Steiner: Die Kernpunkte der sozialen Frage. GA 23. Dornach 1976; Aufsätze über die Dreigliederung des sozialen Organismus und zur Zeitlage 1915–1921. GA 24. Dornach 1982.

33 «Die Spekulation oder Hochrechnung, das Argumentieren in einer Grauzone, ist hier [...] die vorherrschende Methode. Immer wieder wird betont, dass das alles Neuland sei für Wissenschaft, Wirtschaft und Politik, eben für die ganze Gesellschaft. Aus diesem Unbekannten und Unsichtbaren heraus – bzw. mit diesem, werden zugleich sehr konkrete und weitreichende Maßnahmen begründet.» Andreas Laudert: «Das Unsichtbare und das Undenkbare». In: Das Goetheanum, Nr. 14, 3.4.2020, S. 14.

34 Vgl. hierzu u. a. Edward S. Herman und Noam Chomsky: Manufacturing Consent. The Political Economy of the Mass Media. New York 2002; Naomi Oreskes und Erik M. Conway: Die Machiavellis der Wissenschaft, Das Netzwerk des Leugnens. Weinheim 2014. Zur Beauftragung der PR-Agentur Scholz & Friends Berlin GmbH (Berlin) durch das deutsche Bundesgesundheitsministerium zur bundesweiten Mobilisierungs- und Informationskampagne für die Schutzmaßnahmen und zur «Aufklärung» der Bevölkerung – mit einem Volumen von 22 Millionen Euro über vier Jahre (!) – vgl. https://fragdenstaat.de/anfrage/bundesweite-kommunikation-bzgl-corona (27.5.2020). «Zu den Aufgaben [der Agentur] gehört auch das permanente Monitoring der Social Media-Kommunikation, um schnell in Echtzeit auf Falschmeldungen und aktuelle Entwicklungen reagieren zu können», https://s-f.com/wirbleibenzuhause-scholz-friends-kommuniziert-in-der-corona-krise-fuer-das-bmg/ (27.5.2020). Bekannt wurde auch ein 17-seitiges internes Positionspapier aus dem Bundesinnenministerium aus der zweiten Märzhälfte 2020, das nicht nur verschiedene «Szenarien» und Strategien des Vorgehens (vor dem Hintergrund der zu erwarteten ökonomischen Schäden des Landes) diskutiert, sondern auch die jeweils notwendigen «Mobilisierungskampagnen» der Bevölkerung – und das dafür zu schaffende «gemeinsame Narrativ». Unter anderem ist in dem Papier davon die Rede, dass der Bevölkerung das ganze Ausmaß der Gefahr durch eine (so wörtlich) «gewünschte Schockwirkung» nahe gebracht werden müsse, um ihre Akzeptanz zu erreichen – durch die Vorstellung, dass Patienten von Krankenhäusern abgewiesen werden und zu Hause ersticken müssten («Das Ersticken oder nicht genug Luft kriegen ist für jeden Menschen eine Urangst. Die Situation, in der man nichts tun kann, um in Lebensgefahr schwebenden Angehörigen zu helfen, ebenfalls.») oder von infizierten Kindern, die zur tödlichen Bedrohung ihrer Eltern werden («Wenn sie dann ihre Eltern anstecken, und einer davon qualvoll zu Hause stirbt und sie das Gefühl haben, Schuld daran zu sein, weil sie z. B. vergessen haben, sich nach dem Spielen die Hände zu waschen, ist es das Schrecklichste, was ein Kind je erleben kann.» S. 13) Vgl. https://fragdenstaat.de/dokumente/4123-wie-wir-covid-19-unter-kontrolle-bekommen/ (27.5.2020).

35 Vgl. hierzu Silke van Dyk, Stefanie Graefe und Tina Hauber: «Das Über-

leben der ‹Anderen›: Alter in der Pandemie». In: Blätter für deutsche und internationale Politik, 5, 2020, S. 33–36. Unter anderem schreiben die Autorinnen kritisch: «Die [notwendige] Debatte über den Schutz der vom Virus besonders Gefährdeten wird weitgehend ohne Beteiligung der Älteren und Alten geführt. Dabei findet eine kollektive Entmündigung statt, obwohl in Wirklichkeit nur ein kleiner Teil dieser angeblich homogenen Gruppe tatsächlich nicht mehr kommunikations- und entscheidungsfähig ist.» (Ebd., S. 34) Vgl. a. Ulrike Baureithels Reflexionen über den Umgang mit definierten «Risikogruppen», darunter Menschen mit Behinderung, ebd., S. 37–40 («Triage; Leben oder sterben»).

36 Vgl. u. a. Paula Bleckmann, Ralf Lankau (Hg.): Digitale Medien und Unterricht. Eine Kontroverse. Weinheim und Basel 2019; Ralf Lankau: Kein Mensch lernt digital. Über den sinnvollen Einsatz neuer Medien im Unterricht. Weinheim und Basel 2017; Edwin Hübner, Leonhard Weiss (Hg.): Personalität in Schule und Lehrerbildung. Perspektiven in Zeiten der Ökonomisierung und Digitalisierung. Opladen und Berlin 2017.

37 Sonja Zekri: «Kulturbruch». In: Süddeutsche Zeitung, 18./19.4.2020, S. 4.

38 Sascha Lobo: Realitätsschock. Zehn Lehren aus der Gegenwart. Köln 2019, S. 181ff. (Kapitel 5: China).

39 «Sie werden behandelt wie Abwasser». In: Süddeutsche Zeitung, 14.4.2020, S. 11.

40 Vgl. das vom Kabinett in der «Corona-Krise» verabschiedete «Patientendaten-Schutz-Gesetz» (PDSG). «Die Digitalakte soll schon 2021 starten und Ärzte und Krankenhäuser verpflichten, sie zu befüllen. 2022 sollen auch Impf- und Mutterpass und das Zahnbonusheft gespeichert werden.» In: Der Freitag, 9.4.2020.

41 https://verfassungsblog.de/gottesdienstverbot-auf-grundlage-des-infektionsschutzgesetzes/ (27.5.2020). Zur eiligen Reform des Infektionsschutzgesetzes (IfSG), der erteilten «Blankovollmachten» an den Bundesgesundheitsminister, der im Krisenfall Gesetze außer Kraft setzen und Rechtsverordnungen ohne Zustimmung des Bundesrats erlassen kann, eines IfSG, das die Bindung der Regierung an parlamentarische Gesetze aufhebt (und damit elementare Grundsätze der Verfassung unterläuft) und den flächendeckenden Eingriff in elementare Grundrechte ermöglicht (darunter in die Freiheit der Person, die Versammlungsfreiheit und die Freizügigkeit) und sich dabei auf eine «schwammige Generalklausel» stützt vgl. Daniel Leisegang: «Corona und die Grundrechte: Einsicht in die Notwendigkeit». In: Blätter für deutsche und internationale Politik, 5, 2020, S. 25f. Vgl. hierzu auch Matthes, Anm. 28, S. 9f. Inzwischen hat das Bundeskabinett am 29.4.2020 bereits den Regierungsentwurf eines «Zweiten Gesetzes zum Schutz der Bevölkerung bei einer epidemischen Lage von nationaler Tragweite» verabschiedet. Vgl. https://www.bundesgesundheitsministerium.de/fileadmin/Dateien/3_Downloads/Gesetze_und_Verordnungen/GuV/S/Entwurf_Zweites_Gesetz_zum_Schutz_der_Bevoelkerung_bei_einer_epidemischen_Lage_von_nationaler_Tragweite.pdf (27.5.2020). Dem Regierungs-

entwurf zufolge soll im § 28 eine wichtige Einfügung erfolgen (Absatz 1 Satz 3): «Bei der Anordnung und Durchführung von Schutzmaßnahmen nach den Sätzen 1 und 2 ist in angemessener Weise zu berücksichtigen, ob und inwieweit eine Person, die eine bestimmte übertragbare Krankheit, derentwegen die Schutzmaßnahmen getroffen werden, nach dem Stand der medizinischen Wissenschaft wegen eines bestehenden Impfschutzes oder einer bestehenden Immunität nicht oder nicht mehr übertragen kann, von der Maßnahme ganz oder teilweise ausgenommen werden kann, ohne dass der Zweck der Maßnahme gefährdet wird. Soweit von individualbezogenen Maßnahmen abgesehen werden soll oder Ausnahmen allgemein vorgesehen werden, hat die betroffene Person durch eine Impf- oder Immunitätsdokumentation nach § 22 oder ein ärztliches Zeugnis nachzuweisen, dass sie die bestimmte übertragbare Krankheit nicht oder nicht mehr übertragen kann.»

42 Wissenschaftliche Dienste des Deutschen Bundestags: Staatsorganisation und § 5 Infektionsschutzgesetz. (PDF) Deutscher Bundestag, 2. April 2020, S. 9, abgerufen am 11.4.2020.

43 Timothy Snyder: Über Tyrannei. Zwanzig Lektionen für den Widerstand. München 2017, S. 59.

44 Ebd., S. 86.

45 Vgl. die exemplarische Studie von Helmut Fehr über die Lage in Ungarn und Polen: «Der Putsch gegen die Demokratie. Wie sich die Autokraten in Polen und Ungarn der Corona-Angst bedienen». In: Blätter für deutsche und internationale Politik, 5, 2020, S. 97–104.

46 Vgl. Rüdiger Safranski: Das Böse und das Drama der Freiheit. München 1997, S. 279.

Zu den Autorinnen und Autoren dieses Buches

Dr. Oliver Conradt, geboren in Dornach/Schweiz. Nach Besuch der Rudolf Steiner Schule Basel Studium an der Universität Basel und in der Jugendsektion am Goetheanum, Promotion mit dem Thema «Raum und Gegenraum in der mathematischen Physik». Mathematikdozent in der Fachhochschule Nordwestschweiz, vier Jahre Oberstufenlehrer in Hamburg, seit Sommer 2005 Leitung der *Mathematisch-Astronomischen Sektion* am Goetheanum.

Jean-Michel Florin studierte Landwirtschaft und Naturschutz in Frankreich und goetheanistische Naturwissenschaft am Forschungsinstitut am Goetheanum. Er hält viele Kurse und ist in verschiedenen Netzwerken zu Umweltfragen sowie sozialen Fragen aktiv. Derzeit ist er Koordinator des Französischen Biodynamischen Vereins «Mouvement de l'Agriculture Bio-Dynamique» in Colmar und Co-Leiter der *Sektion für Landwirtschaft* am Goetheanum. Verschiedene Veröffentlichungen zu biodynamischen Themen.

Dr. med. Matthias Girke ist Mitbegründer des Gemeinschaftskrankenhauses Havelhöhe, Klinik für Anthroposophische Medizin, und war dort über 21 Jahre Leitender Arzt der Allgemeinen Inneren Medizin. Heute ist er noch in beratender Funktion und in der Ambulanz der Klinik tätig. Im September 2016 übernahm Matthias Girke die Leitung der *Medizinischen Sektion* am Goetheanum in der Schweiz und seit April 2017 ist er Vorstandsmitglied der *Allgemeinen Anthroposophischen Gesellschaft*.

Dr. phil. Jan Göschel, Camphill Gemeinschaft Beaver Run in der Nähe von Philadelphia/USA, Studium der Psychologie, Theologie und Sozialwissenschaften an der Universität Edinburgh, Waldorflehrer, Qualifikation als sonderpädagogischer Lehrer in Pennsylvania und Leiter des Ausbildungsnetzwerks der Camphill Gemeinschaften in Nordamerika. Geschäftsführung und Mitglied des Leitungsgremiums der Dachorganisation ‹*Anthroposophic Council for Inclusive Social Development*› und in dieser Funktion auch Teilnehmer der erweiterten Goetheanum-Leitung.

Gerald Häfner, geboren in München, war Mitgründer der Grünen, Begründer der Organisationen Mehr Demokratie e. V., Democracy International sowie der Petra Kelly Stiftung und wirkte viele Jahre als Abgeordneter im deutschen Bundestag und dem Europäischen Parlament. Seit Oktober 2015 ist er Leiter der *Sektion für Sozialwissenschaften* am Goetheanum.

Dr. phil. Christiane Haid, Leiterin der *Sektion für Schöne Wissenschaften* und seit 2020 der *Sektion für Bildende Künste* der Freien Hochschule für Geisteswissenschaft – Goetheanum. Promotion zum Thema «Mythos Traum und Imagination – die Kleinen Mythen Albert Steffens» (Basel 2012). Veröffentlichungen zu anthroposophischen, historischen und literarischen Themen.

Prof. Stefan Hasler, aufgewachsen am Bodensee und in Dornach; Musikstudium u. a. in Basel und Budapest; Dirigierstudium in London; Studium der Eurythmie in Den Haag und Hamburg; Unterricht an der Waldorfschule Hamburg-Wandsbek, Dozententätigkeit an der Eurythmie Schule Hamburg; seit 2003 Professor für Eurythmie an der Alanus Hochschule; seit 2014 Sektionsleiter; seit 2018 Mitglied im Goetheanum-Eurythmie-Ensemble; Forschungsarbeiten zu Toneurythmie, Lauteurythmie, Raffael und Eurythmiepädagogik.

Ueli Hurter ist Co-Leiter der *Sektion für Landwirtschaft* am Goetheanum und seit 2020 in den Vorstand der *Allgemeinen Anthroposophischen Gesellschaft* kooptiert worden. Seit 2019 Mitglied im Verwaltungsrat der Weleda AG. Gleichzeitig ist er Landwirt und war viele Jahre in der Leitung von L'Aubier, einem Demeter-Hof, Öko-Hotel, Bio-Restaurant und Öko-Wohnquartier. Von 1997–2010 war er Präsident des schweizerischen Demeter-Verbandes und Mitinitiator von «Zukunft säen!».

Dr. Constanza Kaliks, geboren in Chile und aufgewachsen in Brasilien. Studium der Mathematik und der Waldorfpädagogik, Doktor in Erziehungswissenschaften mit Dissertation zu Nicolaus Cusanus. 19-jährige Tätigkeit als Waldorflehrerin und Dozentin in der Lehrerausbildung in São Paulo. Seit 2012 Leitung der *Jugendsektio*n am Goetheanum sowie seit Ostern 2020

Co-Leiterin der *Allgemeinen Anthroposophischen Sektion.* Seit 2015 Mitglied des Vorstandes der Allgemeinen Anthroposophischen Gesellschaft.

Florian Osswald, geboren in Basel, Schweiz, studierte Verfahrensingenieur. Nach einer Ausbildung zum Heilpädagogen in Camphill, Schottland, besuchte er das Lehrerseminar in Dornach. Während 24 Jahren unterrichtete er Mathematik und Physik an der Rudolf Steiner Schule Bern und Ittigen und war in verschiedenen Ländern als kollegialer Berater tätig. Seit Anfang 2011 leitet er zusammen mit Claus Peter Röh die *Pädagogische Sektion* am Goetheanum.

Dr. rer. nat. Matthias Rang ist Physiker und seit 2007 am Forschungsinstitut sowie seit 2020 Co-Leiter der *Naturwissenschaftlichen Sektion* am Goetheanum.

Claus-Peter Röh war nach dem Studium der Pädagogik von 1983 an als Klassen-, Musik- und Religionslehrer an der Freien Waldorfschule in Flensburg tätig. Seit 1998 ist er Mitglied im Initiativkreis der Pädagogischen Sektion in Deutschland. Ab Januar 2011 übernahm er in Kooperation mit Florian Osswald die *Pädagogische Sektion* und seit Ostern 2020 in der Leitung der *Allgemeinen Anthroposophischen Sektion* am Goetheanum in Dornach/CH.

Prof. Dr. med. Peter Selg ist Facharzt für Kinder- und Jugendpsychiatrie und -psychotherapie. Er unterrichtet medizinische Anthropologie und Ethik an der Alanus Hochschule für Kunst und Gesellschaft in Alfter und an der Universität Witten/Herdecke. Er leitet das Ita Wegman Institut für anthroposophische Grundlagenforschung in Arlesheim und ist seit Ostern 2020 in der Leitung der Allgemeinen Anthroposophischen Sektion am Goetheanum tätig.

Joan Sleigh, geboren und aufgewachsen in Camphill, Südafrika. Besuch einer ländlichen Staatsschule und der Waldorfschule in Kapstadt. 1982 Umzug nach Deutschland, Familiengründung und Waldorflehrerausbildung in Witten-Annen. 1995 Rückkehr mit den vier Kindern nach Kapstadt. Klassenlehrerin an der Michael Oak Waldorfschule von 1995 bis 2012 sowie Dozentin am Centre for Creative Education von 2006 bis 2012. Seit 2012 Mitglied der Internationalen Konferenz für Waldorfpädagogik (Haager Kreis) und Koordinatorin der Pädagogischen Sektion in Kapstadt. Seit 2013 Mitglied des Vorstandes der *Allgemeinen Anthroposophischen Gesellschaft* am Goetheanum.

Georg Soldner ist nach acht Jahren klinischer Ausbildung an Münchner Kinderkliniken dort niedergelassener Facharzt für Kinder- und Jugendmedizin und heute stellvertretender Leiter der *Medizinischen Sektion* am Goetheanum. Außerdem Leiter der Akademie Anthroposophische Medizin der Gesellschaft Anthroposophischer Ärzte in Deutschland und Herausgeber und Redakteur des Vademecum Anthroposophische Arzneimittel.

Dr. phil. Johannes Wirz, Biologe, Co-Leiter des Forschungsinstituts und seit 2020 der *Naturwissenschaftlichen Sektion* am Goetheanum.

Justus Wittich, geboren in Berlin, Studium der Volkswirtschaft und Jura an der FU Berlin, Diplom Volkswirt. Seit 1979 Redakteur verschiedener Zeitschriften und von 1985 bis 2018 Geschäftsführer der Bildungseinrichtungen «der hof» in Frankfurt-Niederursel. Seit 2012 im Vorstand der *Allgemeinen Anthroposophischen Gesellschaft* und deren Schatzmeister.